ÉTUDES DE DROIT PRATIQUE

ÉTUDES DE DROIT PRATIQUE

DE LA

RENONCIATION A SON HYPOTHÈQUE LÉGALE

PAR LA FEMME DU VENDEUR

AU PROFIT DE L'ACQUÉREUR

PAR

Albert AMIAUD

Notaire à Vars (Charente)

ÉTUDES EXTRAITES DE LA REVUE PRATIQUE DE DROIT FRANÇAIS (24 ET 26)

SUIVIES

1° D'une Réponse à l'Auteur par M. Verdier, auteur du Traité sur la
Transcription hypothécaire;
2° D'un Appendice contenant de nombreux Extraits des Auteurs.

Post tenebras spero lucem

PARIS

MARESCQ AINÉ, LIBRAIRE-ÉDITEUR

17, RUE SOUFFLOT, 17

1869

AVANT-PROPOS

Depuis l'arrêt rendu par la Cour de Lyon, le 22 décembre 1863 (1), confirmé par la Cour de cassation, le 29 août 1866 (2), le notariat n'a cessé de se préoccuper de l'importante difficulté qu'a fait naître l'interprétation de l'art. 9 de la loi du 23 mars 1855. Plusieurs membres de la corporation ont, dans divers recueils, hautement manifesté les craintes que leur inspire la jurisprudence nouvelle. Des auteurs éminents l'ont fort justement critiquée, et le Comité des notaires lui-même s'est fait, à plusieurs reprises, l'interprète de ces légitimes inquiétudes.

Toutefois, quelques jurisconsultes, et des plus recommandables, persistent à soutenir que l'arrêt de 1863 a fait une saine application de la loi. M. Verdier, notamment, auquel ses études spéciales sur la loi de 1855 donnent une autorité particulière, a, dans un remarquable travail publié par la *Revue pratique* en 1867 (3), essayé de justifier la jurisprudence de la Cour de Lyon et d'en asseoir défini-

(1) Dalloz, 1864, II, 193. — *J. du Palais*, 1864, p. 231. — *Revue du Notariat*, t. VI, n⁰ 668. — *J. des Not. et des Avoc.*, n⁰ 17890.

(2) S. V., 1867, I, 9. — Dall., 1867, I, 49. — *J. du Pal.*, 1867, p. 11. — *Revue du Not.*, t. VII, n⁰ 1593. — *J. des Not. et des Avoc.*, 1867, n⁰ 18647.

(3) *Revue pratique de Droit français*, t. XXIV, n⁰ de septembre, p. 209. — Voir cet article ci-après, à l'appendice.

tivement la doctrine, en repoussant certaines objections formulées par M. Thiercelin, dans le Recueil de Dalloz (P. 1864, II, 193).

« *Il faut donc regarder comme acquis*, disait cet auteur au « début de son travail, que la renonciation de la femme à « son hypothèque légale au profit d'un acquéreur et la « subrogation qu'elle peut y consentir font une situation « identique aux tiers. »

Une affirmation aussi précise, aussi absolue, ne pouvait rester sans réponse : c'était laisser croire que la question était irrévocablement résolue en faveur de la publicité des renonciations. Bien des esprits, enclins à accepter les solutions toutes faites, pouvaient aisément s'y tromper. On n'a que trop, de nos jours, la passion facile des faits accomplis. J'ai donc cru qu'une protestation nouvelle devait s'élever, au nom du droit et de la pratique notariale, contre l'arrêt de Lyon et les conclusions prématurées de M. Verdier.

Je n'ai pas été seul à penser ainsi : en même temps que j'adressais à la *Revue pratique de droit français* une réponse à l'article de M. Verdier, M. Teste du Bailler, notaire à Vienne (Isère), écrivait au savant directeur de ce recueil, M. Demangeat, une lettre pleine de sens qui a été publiée, et dont je donne un extrait à la fin de cette monographie. M. Verdier a répondu aux objections que j'avais eu l'honneur de lui adresser. Cette réponse a nécessité de ma part une réplique qui a été insérée dans le numéro de janvier 1869. Ce sont les diverses parties de cette polémique que j'ai réunies et que je publie aujourd'hui, en leur conservant la forme de lettre sous laquelle elles ont successivement paru (1).

(1) V. *Revue prat.*, t. XXIV, p. 209 et 481 ; t. XXVI, p. 5, et t. XXVII, p. 58.

Je voudrais que cette publication pût appeler l'attention de nos magistrats sur une grave question qui leur sera certainement soumise avant peu. Je voudrais aussi que tous les notaires comprissent qu'ils ont le plus grand intérêt à hâter la solution d'une difficulté qui pourrait, à certain point de vue, engager sérieusement leur responsabilité.

M. Verdier, avec un empressement dont je lui sais gré, a bien voulu m'autoriser à joindre à mes articles ceux qu'il a publiés lui-même à cette occasion. Enfin, je donne, dans un appendice, les extraits les plus importants des ouvrages où se trouve examinée, de part et d'autre, la difficulté à résoudre. Le lecteur aura ainsi sous les yeux toutes les pièces du litige ; il jugera de quel côté se trouvent le droit et la vérité. Je n'ai voulu que lui fournir les moyens de se prononcer sciemment.

A. A.

RENONCIATION A SON HYPOTHÈQUE LÉGALE

CONSENTIE PAR LA FEMME DU VENDEUR AU PROFIT DE L'ACQUÉREUR (1).

PREMIÈRE LETTRE A M. VERDIER SUR L'INTERPRÉTATION DE L'ART. 9 DE LA LOI DU 23 MARS 1855.

Monsieur et savant collaborateur,

L'arrêt rendu, le 29 août 1866, par la Cour de cassation avait momentanément clos le débat juridique qui s'était engagé sur l'interprétation de l'art. 9 de la loi du 23 mars 1855. Dans un travail remarquable (2), qu'a publié le dernier numéro de cette *Revue,* vous rappelez la discussion sur ce grave sujet, à propos de quelques objections formulées par M. Thiercelin dans Dalloz (P. 1864, 2, 193).

Malgré tout mon respect pour vos opinions, je ne puis admettre les conclusions que vous avez développées, et je viens essayer de défendre, sinon avec la haute autorité qui s'attache à votre talent, du moins avec la sincérité et l'indépendance de mes convictions personnelles, l'opinion que vous combattez.

Certes, ce n'est pas sans hésitation, je dois le dire, que j'interviens dans cette controverse, où les chances sont pour moi si inégales : j'aurais tout d'abord abandonné l'œuvre et jeté loin de moi ma plume impuissante, si je

(1) *Revue pratique,* t. XXIV, p. 481.
(2) Voir cette dissertation à l'Apppendice.

n'avais été soutenu par l'importance même de la cause, qui intéresse au dernier point le notariat, et si je ne m'étais souvent encouragé de ces paroles si judicieuses d'un légiste moderne :

« Les idées sont filles des idées ; elles sont engendrées
« les unes par les autres ; l'humanité creuse pendant des
« siècles, un homme donne le dernier coup de sonde et
« la vérité jaillit : mais elle n'est point à lui, elle est à tous
« ceux qui y ont travaillé. »

C'est sous la sauvegarde de cette dernière pensée que je place les lignes qui suivent, en demandant pour elles toute l'indulgence de mon savant adversaire.

Dans l'article auquel j'ai pris à tâche de répondre, vous laissez de côté, monsieur, le fond même de la question, que vous paraissez considérer comme suffisamment discutée et définitivement résolue par l'arrêt de rejet de la Cour de cassation ; permettez-moi cependant de revenir sur cette importante difficulté ; sans avoir la prétention d'apporter à l'appui de ma cause aucun argument nouveau, il ne sera peut-être pas inutile de bien établir les bases de la discussion et de l'éclairer par un aperçu des besoins sociaux qui ont donné lieu à la rédaction de l'art. 9 de la loi de 1855. J'examinerai plus tard, s'il y a lieu, le point de vue spécial auquel avait cru pouvoir se placer M. Thiercelin.

La question qu'il s'agit de résoudre est celle-ci :

Lorsque la femme d'un vendeur a renoncé à son hypothèque légale, au profit de l'acquéreur, sur l'immeuble aliéné, ce dernier est-il forcément soumis à inscrire cette hypothèque ou à la faire mentionner au bureau des hypothèques en marge de l'inscription préexistante ?

La sécurité de l'acquéreur n'est-elle complète qu'après l'accomplissement de l'une ou l'autre de ces deux formalités, et ses droits ne peuvent-ils être sûrement sauvegardés qu'à cette condition ?

A mon avis, la réponse à cette question est tout entière enfermée dans la solution de cette autre difficulté : L'art. 9 de la loi du 23 mars 1855 est-il applicable aux renonciations faites en faveur des *tiers acquéreurs*, ou bien, au contraire, ses dispositions ne s'imposent-elles qu'aux *créanciers cessionnaires* de l'hypothèque légale de la femme ?

C'est ce que je vais rechercher.

Tout le monde sait que les conventions, connues aujourd'hui et consacrées sous le nom de subrogations à l'hypothèque légale de la femme, ont été l'œuvre exclusive des praticiens. Ce n'est point dans notre Code Napoléon qu'il faut aller chercher cette idée, née de l'expérience des affaires, et le législateur n'en avait point encore réglementé l'application avant le décret du 28 février 1852 sur l'établissement des sociétés de crédit foncier, le premier texte où il en ait été fait mention ; en l'absence de textes précis et explicites, ce contrat de nouvelle origine fut, quant à ses conditions d'existence, sa nature, sa forme et ses effets, régi par les seuls principes généraux de notre droit civil; aussi, « arriva-t-il (ce qui arrive néces-« sairement toutes les fois que la loi n'offre pas le secours « de dispositions spéciales et formelles), que les applica-« tions des principes furent contestées sur chaque point. »

On ne pouvait non plus s'entendre et on ne s'entendit point sur les moyens à employer pour obtenir le but qu'on voulait atteindre au moyen de ces subrogations. Les parties, ainsi que la cour de Caen en faisait la remarque en 1843, les notaires eux-mêmes n'avaient que des notions confuses sur la valeur des formules en usage. En l'absence d'une convention-type, servant de mesure aux effets de l'intervention de la femme, la fantaisie des

praticiens se donna libre carrière. On employa une ter-
minologie peu propre à aplanir les difficultés ; il y eut
une telle confusion de langage, que l'équivoque, qui ne
s'était primitivement glissée que dans les mots, envahit
bientôt aussi les idées, et, « transformés en énigmes,
« les actes de subrogation firent le désespoir des tribu-
« naux appelés à en dégager la pensée des contractants. »
(Mourlon, *Transcr. hyp.*, t. II, n°ˢ 880 et suiv. — Paul
Pont, *Priv. et hypoth.*, I, n° 449. — Verdier, *Transc. hyp.*,
II, n°ˢ 664 et suiv. — Bertauld, *Traité de la subrogation*,
2ᵉ édition.)

De là naquirent les interminables controverses, que
vous connaissez, sur les renonciations *translatives* et *extinctives*, sur les renonciations *in favorem* et les renonciations
absolues, sur les cessions de *rang*, d'*hypothèque* ou de *créance
hypothécaire*, sur les subrogations *expresses* et les subrogations *tacites*, à ce point, dit Bénech, que jamais sujet de
droit ne mérita mieux ce jugement d'un ancien auteur sur
la subrogation en général : *Materia difficillima et inextricata.*

Malgré tant d'obscurités, on décidait généralement
alors et on reconnaît aujourd'hui :

1° Que les mots *cession, subrogation, renonciation*, expri-
maient toujours la même idée, celle d'une transmission,
en faveur d'un tiers, des droits de la femme : que ces diverses conventions n'étaient au fond qu'un même contrat,
produisant un effet commun, celui de mettre le cessionnaire, le subrogé ou le *renonciataire* au lieu et place de la
femme, pour pouvoir exercer les droits de cette dernière, comme elle eût pu le faire elle-même contre toute
personne.

2° La loi ne soumettant les cessions, renonciations ou
subrogations à aucune forme spéciale, qu'elles fussent
expresses ou tacites, qu'elles résultassent d'un acte

authentique ou sous seing privé, elles n'en devaient pas moins produire leurs effets.

3° Comme l'hypothèque légale aux mains des femmes était dispensée d'inscription, il s'ensuivait que celui que la femme avait subrogé dans son droit en était aussi dispensé.

De cette situation irrégulière naissaient de graves abus :

« Les jurisconsultes discutaient sans jamais s'entendre « sur le sens et la valeur des diverses conventions ; la « jurisprudence niait le lendemain ce qu'elle avait affirmé « la veille. »

La femme, sollicitée par des créanciers avides, pressée par son mari dont le crédit était en souffrance, n'était point protégée contre sa faiblesse et son inexpérience des affaires.

Enfin, rien n'avertissait les tiers des subrogations antérieurement consenties et ne les mettait en mesure d'éviter les piéges que la fraude et la mauvaise foi pouvaient leur tendre impunément.

Les choses en étaient là quand intervint la mémorable enquête de 1841 sur les réformes hypothécaires, « ce livre « d'or, disait Mourlon, que les législateurs de l'avenir « devront constamment lire et méditer, » et dans lequel furent consignées les justes réclamations de la Cour suprême, de nos cours d'appel et des facultés de droit de France ; quelques facultés et plusieurs cours émirent des propositions radicales qui, pour couper court aux difficultés théoriques et aux embarras judiciaires, avaient ce tort extrême qu'elles auraient porté la plus grave atteinte au principe fondamental de la liberté des conventions (Facultés de droit de Paris, de Rennes, de Strasbourg, de Caen ; — cours de Metz et de Pau ; — *Documents hyp.*, t. II).

« Mais ces remèdes héroïques ne prévalurent point ; » et de toutes les innovations formulées sur la question qui nous occupe, deux seules, qui avaient obtenu un assentiment à peu près général (l'authenticité et la publicité des subrogations), furent introduites d'abord dans les différents projets de loi présentés par le gouvernement de 1849 à 1855, puis dans la loi du 23 mars où elles ont revêtu la forme définitive de l'art. 9.

A l'appui de ces assertions et pour éclairer la discussion qui va suivre, permettez-moi, monsieur, de citer ici quelques passages de ces remarquables et précieux documents ; ils sont comme l'histoire de notre loi sur la transcription hypothécaire, et on ne peut se dispenser de les connaître, si on veut la bien comprendre et la bien appliquer.

..... Aucun texte du Code civil, disait la cour d'Aix, n'impose au *cessionnaire* de l'hypothèque légale, l'obligation d'inscrire, et par suite la jurisprudence a admis que les *créanciers subrogés* par la cession aux droits de la femme ont le même bénéfice qu'elle et sont dispensés d'inscription.

Mais cet état de choses est une source d'abus auquel il convient de remédier..... On voit trop souvent des femmes céder leur hypothèque légale, puis la céder de nouveau et tromper ainsi les *prêteurs* par l'appât d'un gage qu'ils croyaient encore entier. L'obligation d'inscrire les cessions préviendrait ce genre de fraudes ; c'est pourquoi la cour est d'avis que la loi impose cette obligation.

Cour de Dijon.

Les cessions et subrogations de l'hypothèque légale accordées par la femme à certains *créanciers* sont aujourd'hui une source de fraudes. La publicité devra être appliquée à ces sortes de conventions.

Cour de Nancy.

Les *créanciers subrogés* par la femme ne sont pas tenus d'inscrire : cela procure aux femmes le moyen de se créer un crédit fallacieux par l'appât qu'elles continuent d'offrir à d'autres *prêteurs*.

Il en est de même au regard des acquéreurs; la femme, il est vrai, peut bien lever son hypothèque légale sur l'immeuble aliéné par le mari; mais qui garantira l'acheteur contre la cession antérieure qu'elle aura pu faire de son hypothèque légale? Il faudra toujours qu'il purge. Le moyen d'obvier à tout cela est d'exiger que les *créanciers cessionnaires* de l'hypothèque légale soient tenus de s'inscrire et de prendre rang à la date de leurs inscriptions.

Cour d'Orléans.

La Cour pense qu'il faut poser en principe : 1° que toute cession expresse ou tacite faite par la femme de son hypothèque légale ne pourra avoir lieu que par acte authentique; qu'entre plusieurs *cessionnaires*, le rang sera réglé par la date de l'inscription sur le registre du conservateur des hypothèques.

La dispense de l'inscription est un privilége attaché non à la nature de la créance, mais à la personne de l'incapable. Lors donc que *l'hypothèque passe dans la main d'un tiers*, la dispense doit cesser, car rien ne s'oppose à ce que le cessionnaire fasse inscrire sa cession.

Cour de Paris.

Une autre disposition qui nous semble juste est relative

aux cessions d'hypothèque légale. La loi ne refuse pas à la femme le droit de *renoncer* en faveur de certains *créanciers* à son hypothèque légale, ou de la leur *céder*, et la jurisprudence a consacré ces sortes de cessions...

... La Cour a pensé qu'il était utile que les cessions fussent inscrites, afin que les cessionnaires nouveaux qui se présenteraient pussent connaître les cessions antérieures.

Cour de Pau.

Il serait encore utile de ne donner effet aux cessions consenties par la femme qu'autant qu'elles auraient été rendues publiques par l'inscription ; sans cela elle peut continuer à faire impunément des *dupes* sans que ceux qui traitent avec elle, après qu'elle a épuisé ses reprises sur son mari, aient aucun moyen de l'éviter [faute de connaître les cessions qu'elle a déjà faites.

Cour de Poitiers.

La loi ne soumet la cession ou la subrogation consentie par la femme à aucune forme spéciale, et le *créancier* qu'elle a subrogé dans ses droits est, comme elle, dispensé de prendre inscription.

De là naissent de graves abus : rien n'avertit les tiers d'une première subrogation consentie par la femme ; elle contracte avec son mari de nouveaux *emprunts*, sur une deuxième, une troisième subrogation qui n'offre plus qu'une garantie illusoire, car elle est alors dépouillée des droits dans lesquels elle subroge.

Au premier rang des améliorations à introduire dans notre régime hypothécaire on doit placer l'inscription des cessions d'hypothèque légale. La nécessité en est si généralement comprise qu'il devient inutile de s'y arrêter plus longtemps.

Faculté de droit de Dijon.

La Faculté proposait la rédaction d'un article ainsi conçu : toute subrogation, renonciation ou cession d'hypothèque légale consentie par la femme à l'un de ses *créanciers*, n'acquiert à celui-ci un droit de préférence qu'autant qu'elle est expresse et inscrite au bureau des hypothèques de la situation des biens.

Faculté de droit de Strasbourg.

Après des observations fort explicites, la Faculté proposait d'ajouter à l'art. 2135 les dispositions suivantes :

1° La femme ne pourra subroger à son hypothèque légale ni y renoncer qu'en faveur des *créanciers* de son mari envers lesquels elle se sera personnellement obligée.

2° La subrogation consentie par la femme à son hypothèque légale et même la déclaration de cession de cette hypothèque sans cession de tout ou partie de ses créances sur le mari, n'auront d'autres effets que ceux d'une simple renonciation et n'établiront aucune préférence entre les *créanciers* au profit desquels elles auront eu lieu.

3° Aucune subrogation, cession ou renonciation consentie par la femme au profit d'un *créancier* de son mari, ne pourra être opposée aux autres *créanciers* si elle n'a été rendue publique.

Les Facultés de droit de Poitiers et de Rennes expriment à peu de chose près les mêmes vœux, et proclament les mêmes inconvénients.

La *direction générale de l'enregistrement et des domaines,* consultée à la même époque, répondait sur le sujet spécial qui nous occupe :

Il est incontestable que l'hypothèque légale entrave le *crédit* des maris, et met obstacle aux *prêts hypothécaires*. Mais, sous le régime de la communauté, cet obstacle est facilement levé par le droit qu'a la femme de s'obliger, et par celui de renoncer à son hypothèque en faveur des *créanciers*. Le seul danger que court le prêteur est celui d'être primé par d'autres subrogations à la même hypothèque antérieurement consenties par la femme.

Pour faire disparaître ces inconvénients, l'administration proposait : 1° de soumettre à l'inscription toutes les subrogations à l'hypothèque légale de la femme, etc...

Si vous avez attentivement écouté, monsieur, chacune des réclamations qui viennent de se faire entendre, quelle impression vous est restée de cette lecture? Et quelle conclusion pouvez-vous bien en tirer?

Quel mal signalaient donc tous ces magistrats? tous ces jurisconsultes?

La clandestinité des cessions, subrogations ou renonciations consenties par les femmes aux *créanciers* de leurs maris.

Quels sont ces intérêts compromis qu'ils conjuraient de défendre?

Ceux des *créanciers* appelés à traiter avec les maris.

Que voulaient-ils? Que demandaient-ils unanimement?

La publicité des cessions, subrogations ou renonciations consenties au profit de ces *créanciers*.

Quelles étaient enfin les personnes auxquelles il fallait imposer l'obligation de cette publicité?

Les *créanciers* qui deviennent cessionnaires de l'hypothèque légale.

Donc, toujours et partout, les *créanciers*, les *prêteurs* ou *cessionnaires*, ou *subrogés* ou *renonciataires*.

Est-il question, en quelque endroit, des *tiers-détenteurs*, *acquéreurs* ou *donataires*, au profit desquels les femmes peuvent aussi renoncer à leur hypothèque légale? — Nullement.

Seule entre toutes, la cour de Nancy semble appeler sur eux son attention : Est-ce pour réclamer contre l'occultanéité des renonciations faites en leur faveur, pour en demander l'inscription?

Ecoutez plutôt : *Il en est de même au regard des acquéreurs : la femme, il est vrai, peut bien lever son hypothèque légale sur l'immeuble aliéné par le mari, mais qui garantira l'acheteur contre la cession antérieure qu'elle aura pu faire? Il faudra toujours qu'il purge.*

Le moyen d'obvier à tout cela, ajoute la Cour, est d'exiger que les *créanciers cessionnaires* soient tenus de s'inscrire.

Vous le voyez, la seule cour qui se soit préoccupée des acquéreurs ne s'en inquiète point pour assimiler leur condition à celle des créanciers, mais bien plutôt pour les en distinguer.

Si pourtant, comme vous le dites (*Transcript. hyp.*, t. II., n° 662), la position des acquéreurs et des créanciers est identique, les tiers ont le même intérêt à connaître l'une et l'autre; les mêmes dangers sont à craindre; les mêmes remèdes devront être employés; pourquoi alors ce silence général des cours et des facultés? Pourquoi cette différence établie par la cour de Nancy entre les créanciers et les acquéreurs? Vous n'oseriez supposer une négligence volontaire? Ce serait prêter à nos magistrats et à nos maîtres «*une conception dont un idiot rougirait.*» Alléguerez-vous un oubli, une inattention?

Cet oubli et cette inattention seraient invraisemblables

et inexcusables de la part d'une Cour suprême, de vingt-cinq cours d'appel, de sept facultés de droit, délibérant solennellement en face de la France, à l'invitation d'un ministre de la justice, sur l'avenir et la grandeur de notre législation !

Non, j'ose l'affirmer, il n'y avait en définitive dans ce silence unanime, comme dans l'observation spéciale de la cour de Nancy, ni oubli, ni inattention, mais une juste et saine appréciation de deux conventions essentiellement diverses.

Tous comprenaient admirablement la nécessité de rendre publiques les *cessions* ou *renonciations* consenties au profit de *créanciers* du mari, et on les confondait dans le même sort, parce que les unes comme les autres ont un effet commun : la subrogation dans l'hypothèque légale. Mais on jugeait inutile et avec raison de s'occuper de ces renonciations particulières qui n'ont, en principe, ni par leur nature, ni par leurs effets, aucun rapport avec celles dont il fallait régler l'exercice. Ces dernières étaient considérées comme inoffensives pour les tiers. Inscrire ces renonciations ? Et pourquoi ? vous aurait-on dit ; une hypothèque éteinte n'a plus à être rendue publique ; c'est un droit *mort* entre les mains de la femme qui ne peut plus s'en servir, *mort* sur la propriété de l'*acquéreur qui n'a point demandé de le faire survivre à son profit.* Qu'un créancier cessionnaire publie sa subrogation, à merveille ! il lui faut exercer son droit *activement ;* ce droit *vit* toujours, et il est d'un intérêt public que les tiers puissent en surveiller les *évolutions,* soit pour s'en défendre, soit pour en apprécier la valeur, s'ils jugent utile d'en acquérir le bénéfice.

Rien donc *avant* l'enquête, rien *dans* l'enquête qui puisse laisser supposer qu'on ait jamais songé à imposer aux tiers acquéreurs l'inscription des renonciations d'hypothèque légale faites à leur profit.

Le législateur, dans les divers projets de lois élaborés de 1849 à 1855, en vue d'accomplir les réformes demandées, a-t-il manifesté l'intention de modifier cet état de choses ? Pas le moins du monde. Vous pourrez vous en convaincre aisément, monsieur, en rapprochant, comme je vais le faire, les textes de ces divers projets relatifs à notre question ; les articles reflètent tous au contraire les usages précédemment suivis et les causes même qui avaient provoqué l'intervention du gouvernement.

Projet du gouvernement en 1849 (art. 2127).

Les femmes ne peuvent céder leurs droits à l'hypothèque légale ou y renoncer en faveur des tiers que par acte authentique, et les *cessionnaires* n'en seront *saisis* que par la mention qui sera faite de la cession en marge de l'inscription.

Projet de la commission de l'Assemblée législative en 1850 (art. 2115).

Les femmes ne peuvent céder leur hypothèque légale aux *créanciers* envers lesquels elles s'obligent conjointement avec leurs maris, ni renoncer à cette hypothèque en faveur de ces *créanciers* que par acte authentique.

Projet du conseil d'État en 1859 (art. 2130).

Les femmes ne peuvent céder leurs droits à l'hypothèque légale ou y renoncer en faveur des tiers que par acte authentique, et les *cessionnaires* n'en seront *saisis* que par la mention qui sera faite de la cession en marge de l'inscription.

Projet de loi discuté en 1851 devant l'Assemblée législative.

Les femmes peuvent par acte authentique céder leurs droits à l'hypothèque légale ou y renoncer en faveur des tiers. Les *créanciers* au profit desquels a été cédée l'hypothèque légale ne seront saisis du droit qui en résultera que par la mention de la cession faite en marge, de l'inscription de la femme.

Les dates de ces mentions détermineront l'ordre dans lequel les cessionnaires exerceront les droits hypothécaires de la femme.

*Projet du gouvernement des 13, 21 et 27 avril, 2 et 3 mai 1853
(art. 11).*

Les femmes ne peuvent céder leurs droits à l'hypothèque légale ou y renoncer que par acte authentique, et les *cessionnaires* n'en seront *saisis* à l'égard des tiers que par l'inscription de cette hypothèque prise à leur profit, ou par la mention de la subrogation en marge de l'inscription préexistante.

Dans tout cela que voyons-nous ? Le législateur, à chaque époque, subissant l'empire du passé, ne paraissant s'occuper et ne s'occupant en effet que des *créanciers cessionnaires*, et reproduisant toujours, sans en modifier l'esprit, la confusion de langage qui existait depuis l'origine des subrogations ; car rien n'atteste, dans les discussions qui ont eu lieu à l'occasion de ces divers projets de loi, que le législateur ait eu l'intention, par la suppression de tel ou tel mot, soit de généraliser le sens de la disposition, soit de le changer.

La loi de 1855 a-t-elle apporté quelque innovation à l'état de choses préexistant? Pas davantage. S'inspirant tout à la fois de la jurisprudence du passé, des travaux de

] l'enquête de 1841 et des divers projets de loi présentés
s sans succès de 1845 à 1854, elle a reproduit les termes
ı mêmes consacrés par une pratique imposante, de crainte
ı pour ainsi dire d'apporter dans les mœurs juridiques de
l l'époque, par des innovations irréfléchies et des mots
ı peut-être hasardés, une foule d'embarras que l'avenir
s seul aurait révélés.

« Nous n'avons pas voulu, dit M. de Belleyme dans son
«« rapport, modifié *en quoi que ce soit* la législation relative
«« aux droits de la femme mariée en matière de cession et
«« de renonciation à son hypothèque légale. »

« On sait, disait de son côté M. Suin, dans l'exposé des
«« motifs, à quelles contestations a donné lieu l'exercice
«« des droits hypothécaires de la femme par les *créanciers*
«« *subrogés* et quelles difficultés il a soulevées ; il y est mis
«« fin en donnant à la date des inscriptions ou mentions
«« l'effet de régler l'ordre dans lequel seront admis les
«« cessionnaires. »

L'art. 9, par son économie et son texte, répond, sans
ddoute possible, à cette pensée.

Que dit-il en effet ?

« Que les cessionnaires de l'hypothèque légale n'en sont
«« saisis à l'égard des tiers que par l'inscription de cette
«« hypothèque prise à leur profit ; or le tiers acquéreur en
«« faveur de qui la femme renonce à son hypothèque n'est
«« pas *cessionnaire* de cette hypothèque ; il est propriétaire
«« de l'immeuble qui en était grevé, et son droit de pro-
«« priété est par lui-même exclusif du droit d'hypothèque
«« sur le même immeuble.—Que dit encore l'art. 9 ? Que
«« la date des inscriptions ou mentions détermine *l'ordre*
«« dans lequel ceux qui ont obtenu des cessions ou renon=
«« ciations exercent les droits de la femme. Or, cette
«« question d'ordre et de rang dont la loi s'occupe ici

« exclusivement, et qu'elle tranche, est absolument étran-
« gère aux tiers acquéreurs.» (Paul Pont, *Revue du notariat,*
VII, p. 166.)

Mais le mot important dans l'article, cela ne saurait
vous échapper, monsieur, est le mot *cessionnaires ;* c'est
celui qui résume le sens de la disposition et la pensée du
législateur; donc en confondant sous ce mot les bénéficiaires des cessions ou renonciatio.... législateur a
proclamé indubitablement son inten.... de ne soumettre
à la règle édictée que ceux, *subrogés* ou *renonciataires,* qui
auraient à exercer le droit dont ils seraient *saisis.* Cette
dernière expression surtout complète sa pensée en la corro-
borant, et donne à la démonstration la force de l'évidence.

Je puis donc soutenir que la loi n'a été faite que pour
les *créanciers subrogés,* les seuls qui *bénéficient* de cessions
ou de renonciations *transmissives ,* les seuls qui aient
toujours besoin d'être *saisis* des droits de la femme et de
les *exercer* dans un ordre amiable ou judiciaire.

En vain diriez-vous, pour vous en faire un argument
contre les tiers acquéreurs, que le législateur a assimilé
les *renonciations* aux *cessions* et *subrogations,* en les confondant à dessein. (*Revue pratique,* t. XXIV, p. 210.)

« Qu'il est bien évident que cette expression (*cession-*
« *naire*) doit être entendue dans un sens général qui se
« rapporte aussi bien aux unes qu'aux autres. » (*Loc. cit.*)

Votre raisonnement, monsieur, manque de logique ;
« car la logique commande avant tout de rester dans
« l'ordre d'idées où le législateur s'est placé. » Les renonciations faites au profit des acquéreurs étant quatre-vingt-
dix-neuf fois sur cent fois *extinctives,* et celles faites au
profit des créanciers étant *toujours transmissives,* il n'est
pas possible et vous ne ferez croire à personne que,
créant une innovation, le législateur, s'il avait voulu sou-

mettre les premières au régime de la publicité, ne s'en fût point expliqué et eût pensé rendre sa pensée suffisamment claire en classant ces actes dans un ordre de conventions d'une nature essentiellement différente. Car, comme le fait remarquer Mourlon (*Revue pratique*, t. i, p. 482), si on prend les mots dans leur sens vulgaire et habituel, y a-t-il deux conventions qui se distinguent par des différences plus essentiellement radicales que la cession d'hypothèque et la renonciation ? Qui dit *renonciation*, dit en effet extinction, privation, annihilation ; qui dit au contraire *cession* ou *subrogation* exprime une idée certaine et nécessaire d'attribution, de communication, de dévolution, de transmission, d'investiture. Ici donc la *vie* se continuant, se perpétuant, se communiquant, s'exerçant ; là, la *mort* ; la mort seule et son inertie.

Écoutez sur ce point Furgole (*Des substit.*, tit. 1er, art. 28, p. 118) : « Il y a une espèce de renonciation, « dit-il, qui n'est d'autre chose qu'une répudiation, une « abdication et un abandon pur et simple du droit, sans « aucune intention de le transporter à autrui, et qui ne « produit qu'une simple exclusion du renonçant. »

Relisez aussi ce que vous avez écrit à ce sujet, dans votre *Traité de la transcription* (t. ii, n° 659).

Vous ne pouvez donc même pas, monsieur, vous prévaloir d'une analogie pour rendre applicable aux acquéreurs le texte de l'art. 9 ; en eussiez-vous trouvé quelqu'une et fût-elle justifiée juridiquement, que vous ne pourriez encore soumettre les tiers détenteurs aux prescriptions de notre article, car il s'agit ici d'une *déchéance*, et ce n'est pas en matière de déchéance, vous le savez, qu'on doit appliquer le principe : *ubi eadem ratio, idem jus.*

Appliquée au contraire aux créanciers, la confusion de langage de l'art. 9 s'explique naturellement :

Sous le régime du Code Napoléon, nous l'avons vu, on assimilait, dans leur nature et leurs effets, ces deux conventions qui étaient l'antithèse l'une de l'autre, la cession et la renonciation. Toutes les deux étaient reconnues transmissives et conduisaient à la subrogation. Les femmes s'en servaient indifféremment au profit des créanciers de leurs maris, pour relever leur crédit « que les « prérogatives attachées à l'hypothèque légale détrui- « saient par avance et inévitablement. »

La qualité même de la personne qui bénéficiait de la convention en indiquait alors la nature et la valeur. Était-il possible en effet, quand une renonciation avait été consentie au profit d'un prêteur, de ne pas lui assurer les mêmes effets qu'à une cession où à une subrogation? Pouvait-on logiquement voir dans le contrat autre chose que la volonté de transmettre un droit? De quelle valeur eût été, je vous le demande, pour le créancier, une renonciation purement extinctive? Serait-on venu sérieusement avouer que les parties avaient voulu faire un acte inutile, un acte qui ne leur pouvait être d'aucun secours? « Le simple bon sens répugne à une telle supposition, et « l'invraisemblable ne se présume point. »

Cette interprétation n'était en définitive qu'une juste application du texte de l'art. 1157 C. N. :

« Lorsqu'une clause est susceptible de deux sens, on « doit plutôt l'entendre dans celui avec lequel elle peut « avoir quelque effet que dans le sens avec lequel elle « n'en pourrait produire aucun. »

Vous expliquez-vous maintenant, monsieur, pourquoi le législateur de 1855 a pu et voulu confondre dans une même disposition les *cessions* et *renonciations*, sans pour cela embrasser, dans la généralité du texte, *toutes les espèces de renonciations?*

« Vis à vis des créanciers subrogés, il parlait comme
« il devait parler, en mentionnant les renonciations à
« côté des cessions pour soumettre les unes et les autres
« à une loi commune ; puisque la convention par laquelle
« les femmes abandonnaient leurs sûretés hypothécaires,
« en totalité ou en partie, à leurs créanciers ou à ceux de
« leurs maris, affectait dans la pratique, soit la forme de
« la cession, soit la forme de la renonciation, suivant l'oc-
« currence, et que, sous l'une et l'autre forme, elle abou-
« tissait à un résultat identique, la subrogation, qui est
« précisément le fait juridique dont notre art. 9 fixe les
« conditions d'existence et d'efficacité. » (Paul Pont, *Revue
du notariat*, t. VII.)

Voilà, monsieur, ce qui m'a paru ressortir clairement
de l'étude attentive et minutieuse que j'ai faite, non-seulement du texte de l'art. 9, mais encore des précédents
qui en ont fait naître l'idée, et, j'ajouterai, dicté pour ainsi
dire les expressions. Je persiste donc plus que jamais
dans cette conviction que le législateur de 1855 n'a en
rien innové et qu'il s'est au contraire renfermé strictement
dans les termes mêmes de la réforme qui lui était demandée.

Je sais, monsieur, que vous n'êtes pas seul à critiquer
cette distinction ; je n'ignore pas que quelques jurisconsultes en font, comme vous, assez peu de cas et la si-
gnalent comme « *puérile, spécieuse et peu solide,* » inadmissible en présence des termes de la loi et surtout de son
esprit ; il vous semble même « qu'aucun texte de loi ne
« saurait être plus explicite et vous vous étonnez qu'il ait
« pu servir de base à une controverse quelconque. » (*Revue pratique*, t. XXIV, p. 240.)

J'ai lieu de m'étonner bien davantage qu'avec votre
sagacité habituelle vous vous soyez égaré au point de mé-

connaître ici l'influence de toute une législation et de
suppléer au texte de la loi par des analogies que vous ne
justifiez point, que tout au contraire détruit.

Je m'étonne encore que M. Thiercelin ne puisse « conce-
« voir quelle différence radicale il y a entre les actes d'une
« femme mariée qui s'oblige solidairement avec son mari
« et renonce au profit de l'acquéreur à son hypothèque lé-
« gale, et l'acte de celle qui cède son hypothèque à un
« créancier du mari. » (Dalloz, p. 2, 193.)

Autant vaudrait dire, et c'est ce que vous affirmez vous-
même, monsieur (*Revue pratique*, t. XXIV, p. 211), « que la
« cession et la renonciation sont absolument *identiques* et
« que l'une et l'autre *équivalent* à la subrogation transmis-
« sive. »

Je suis de votre avis quand ces actes s'adressent à des
créanciers ; car je l'ai déjà dit, il faudrait supposer l'absurde pour admettre le contraire. Mais quand il s'agit de
tiers acquéreurs, nous ne sommes plus en face de cette
conséquence qui force notre interprétation en vertu de
l'art. 1157. Alors les mots reprennent leur sens propre et
les idées leur force ordinaire. La renonciation ne peut
plus être que *privative*, et lui donner le caractère ou les
effets d'une cession de droits, ce serait, comme le dit fort
bien Proudhon, « étendre les effets au-delà de ce que com-
« porte leur cause. »

De grâce, monsieur, rappelez-vous ce que vous écriviez
dans votre *Traité de la transcrip. hyp.*, t. I, n° 158, p. 294 :
« *la renonciation, la vraie renonciation* est, de son essence,
« *extinctive*. La renonciation translative n'est pas à propre-
« ment parler une renonciation, *c'est une cession.....* On
« *n'a jamais nié l'existence des renonciations extinctives.....*»

Vous le comprenez du reste si bien, encore aujourd'hui,
que, craignant d'avoir été trop loin, vous restreignez aus-

sitôt votre pensée en ajoutant : « Non pas que la renon-
« ciation ne puisse dans aucun cas avoir un *caractère pure-*
« *ment extinctif ;* mais c'est là un fait *exceptionnel* qui ne
« se présentera que fort rarement et qui ne peut être
« admis que s'il est *clairement établi par la volonté formelle*
« *et non douteuse des parties.* » (*Revue pratique, loc cit.*)

Assurément, monsieur, le législateur n'a jamais eu,
dans l'art. 9, la singulière idée d'offrir aux parties une
convention toute faite, dont elles ne pourraient point
s'écarter. « Les lois ne sauraient être tyranniques à ce
« point ; au lieu de comprimer la liberté des contractants,
« elles les laissent au contraire maîtres de faire, dans
« l'ordre du droit privé, toutes les conventions qu'ils
« jugent à propos de conclure et de les accommoder au
« but, quel qu'il soit, qu'ils veulent atteindre.» (Mourlon,
Transcr. hyp., t. ii, n° 948.)

Les contrats sont donc ce que les parties les font : leur
véritable signification se recherche et ne s'impose point,
selon l'heureuse et très-judicieuse expression de M. Bertauld. Ici, monsieur, nous sommes entièrement du
même avis, et j'ai, je dois le dire, quelque plaisir à le
constater.

Profitons de cet accord pour descendre ensemble dans
la réalité des faits, et rechercher, avec l'intention des
parties, le sens ordinaire de leurs conventions ; car, si on
a eu raison de dire que la pratique qui se tient orgueilleu-
sement à l'écart des règles n'est qu'un véritable non-sens,
il n'est pas moins exact d'ajouter que « *la science qui s'ab-*
« *sorbe dans la mysticité n'est bonne qu'à amuser d'aristocra-*
« *tiques loisirs.* »

Comment procèdent les parties dans un contrat de
vente, lorsque la femme veut renoncer à son hypothèque
légale au profit de l'acquéreur ?

Deux situations peuvent se présenter : ou la femme a déjà fait inscrire son hypothèque légale, ou cette inscription n'a pas encore été prise.

Dans le premier cas, la femme intervient dans la vente et déclare expressément renoncer à tous ses droits d'hypothèque sur l'immeuble vendu.

Dans le second cas, après s'être désistée de tous droits d'hypothèque, elle fait en outre mainlevée définitive de son inscription, en ce qu'elle grève l'immeuble, objet de la vente.

Telle est, dans la pratique, la forme sous laquelle je vois tous les jours se produire cette convention qui se résume toujours, vous le voyez, en une renonciation à l'hypothèque légale.

Réduite à ces termes, la renonciation consentie au profit de l'acquéreur vous paraîtra-t-elle une *renonciation transmissive?* Je ne le suppose pas ; ce serait ouvrir carrière aux interprétations les plus capricieuses ; que dis-je? Ce ne serait plus interpréter la pensée des contractants, ce serait la faire, et vous ne persuaderez à personne, *pas même* au conservateur des hypothèques chargé d'opérer la mention de subrogation, qu'en pareil cas un acquéreur puisse avoir le droit d'exercer activement sa renonciation à l'instar d'une véritable subrogation !

Je ne sais trop, monsieur, quelle bonne réponse vous pourriez donner aux réflexions qui précèdent; mais je vois d'avance que vous en avez une toute prête contre l'ensemble de mon argumentation. Vous avez même pris la peine de l'indiquer, en passant, dans votre dernier article de la *Revue :*

« Au surplus, dites-vous, il servirait de peu de soute-
« nir que la renonciation est simplement extinctive ; car
« la renonciation *extinctive* n'est pas moins *soumise à la*

« *publicité* que la renonciation *subrogative.* » (*Revue prat.*, t. xxiv, p. 211.)

Il serait difficile, monsieur, de condamner et d'exécuter plus sommairement un système de défense ; et il faut que vous soyez bien convaincu de votre infaillibilité pour traiter avec ce dédain l'opinion de vos adversaires.

Veuillez me permettre, néanmoins, de vous soumettre respectueusement quelques observations : elles me sont suggérées par le passage de votre *Traité sur la transcription hypothécaire* auquel vous renvoyez dans votre dernier article (t. ii, n° 661*bis*) ; j'y lis ce qui suit :

« Nous croyons qu'il faut en dire autant des renoncia-
« tions extinctives ; comme les transmissives, elles sont
« soumises au régime de la publicité, car elles sont,
« aussi bien qu'elles, opposables aux ayant-cause de la
« femme. »

Je traduis votre pensée :

Comme les renonciations *transmissives*, les renonciations *extinctives* sont soumises au régime de la publicité, parce qu'elles sont *transmissives !* Est-ce bien là, monsieur, ce que vous avez voulu dire ? Je ne sais ; mais c'est là très-certainement ce que vous avez dit. Car, pour qu'une renonciation soit *opposable aux ayant-cause de la femme,* il faut bien, de toute nécessité, supposer qu'elle est *subrogative.* Votre première raison n'en est donc pas une.

« La loi ne fait aucune distinction, ajoutez-vous (*loc.cit.*);
« elle soumet, d'une manière générale, les renonciations
« à la publicité, quelle que soit la forme où le caractère
« dont elles sont revêtues. »

Cette deuxième objection, pour être plus sérieuse, n'est guère plus embarrassante : je crois avoir démontré suffisamment que la loi de 1855 n'a pas prévu les renonciations faites au profit des tiers acquéreurs ; qu'elle ne s'est préoccupée que des créanciers cessionnaires, et que cette confusion de termes, qui se retrouve dans le texte de l'art. 9 et que vous m'opposez, parfaitement justifiable dans le sens que je lui ai donné, deviendrait un vice impardonnable de rédaction et ne s'expliquerait plus, si vous rendiez cette disposition commune aux tiers acquéreurs et aux créanciers ; car l'acquéreur n'est pas, je le répète avec M. Paul Pont, et n'a nul besoin d'être ce cessionnaire que la femme met éventuellement en son lieu et place, pour que, le cas échéant, il puisse exercer le droit hypothécaire de cette dernière.

Pourtant, « la clandestinité, dites-vous, est aussi con- « traire au simple bon sens et à la logique des règles qu'à « l'intérêt du crédit. » C'est exactement ce que proclamait Mourlon (*Revue prat.*, t. I, p. 189), qui cependant n'était pas de votre avis, pour d'autres raisons. Mais ce regrettable jurisconsulte, s'il applaudissait de tout cœur aux sages innovations de la loi, se gardait bien d'y ajouter partout où le silence des textes lui imposait une respectueuse réserve.

Écoutons ce maître en l'art de raisonner :

« Ceux-là seulement sont soumis au régime de publicité « que la loi organise, qui sont cessionnaires de l'hypothèque. « L'art. 9 *est bien précis à cet égard* ; or, le bénéficiaire d'une « renonciation extinctive n'acquiert point l'hypothèque « qu'elle a pour objet. Il n'en est donc point cessionnaire ; « et s'il n'en est point saisi, s'il n'y est point subrogé, « comment pourrait-il, dans le cas où elle n'a pas été an- « térieurement inscrite du chef de la femme, la faire ins- « crire à son profit ? » (*Revue prat.*, t. I, p. 189.)

Ce raisonnement me semble sans réplique.

Vous poursuivez pourtant et vous dites : « Les tiers « ont le même intérêt à connaître l'une et l'autre… » Je le nie. Quel besoin les tiers ont-ils de connaître les charges qui grèvent un immeuble dont la garantie leur échappe par le fait même de la transcription de l'aliénation?

La garantie elle-même disparaissant, qu'importe la valeur plus ou moins grande de la garantie?

« La renonciation extinctive ou abdicative, nous le « savons, n'a pas pour effet d'éteindre l'hypothèque d'une « manière *absolue*, elle la laisse intacte entre les mains de « la femme qui seulement renonce à en exciper contre « celui avec lequel elle contracte; celle-ci peut néanmoins « la *transmettre à de nouveaux subrogés*, lesquels sont fondés « à ne pas tenir compte de la renonciation qu'on ne leur « a pas fait connaître. » (*Revue prat.*, t. XXIV, p. 211.)

Si votre doctrine était exacte, monsieur, il faudrait proclamer l'inutilité de toute renonciation non transmissive, affirmation que je ne serais pas le seul à contester, qu'une pratique imposante repousserait avec moi; mais les choses se passent différemment, et, sur ce point encore, j'ai le regret de constater mon complet désaccord avec vous.

Je pourrais à la rigueur vous concéder votre conclusion, s'il s'agissait entre nous d'une *renonciation tacite*, par l'effet du concours de la femme à la vente d'un immeuble de son mari; parce que, dans cette hypothèse, rien ne démontre l'intention de la femme d'abandonner ses droits sur le prix; il faut interpréter la renonciation, et c'est alors le cas d'appliquer la règle: *renuntiatio est strictissimæ interpretationis*.

Mais quand la renonciation est expresse, qu'il n'existe aucun motif de doute sur la volonté expressément formulée de la femme, la renonciation a, selon moi, pour effet certain d'éteindre l'hypothèque et de l'éteindre vis à vis de l'acquéreur d'une manière absolue; *non-seulement quant au droit de suite, mais aussi quant au droit de préférence.* Le droit d'hypothèque qu'avait la femme est entièrement mort entre ses mains sur l'immeuble dont elle a spécialement autorisé l'aliénation. Comme conséquence, j'admets aussi que la femme ne peut, postérieurement à la transcription de la vente, céder à qui que ce soit son hypothèque légale, en tant qu'elle grève l'immeuble vendu à l'acquéreur bénéficiaire de la renonciation.

C'est ce qui a été décidé formellement par un arrêt de la Cour de cassation du 26 août 1862, rendu dans une espèce où la femme n'avait même pas renoncé expressément, et avait vendu en s'obligeant solidairement avec son mari à garantir la vente :

« Attendu que par cette renonciation, pour laquelle « l'art. 2180 C. N. ne prescrit aucune forme spéciale, « l'hypothèque légale de la femme Foucauld sur les « mêmes maisons s'est trouvée *éteinte*, aux termes dudit « art. 2180. » (*Revue du Not.*, n° 390. — *Adde* : jurisprudence des cours de Caen et de Rouen, 26 avril 1852. — Cour d'Amiens, 3 mars 1853. — Metz, 13 décembre 1854.)

Pour soutenir l'opinion contraire, vous vous appuyez, monsieur, sur l'assimilation que vous faites, quant à leurs effets, de la renonciation à la purge légale.

« Cette règle est applicable, dites-vous (l'exercice du « droit de préférence après la perte du droit de suite), « par analogie, dans le cas où la femme renonce à son droit « de suite en faveur de l'acquéreur des biens de son mari. « La renonciation expresse a les mêmes effets que la re-« nonciation tacite qui résulte de la purge accomplie. » (*Trans. hyp.*, t. II, n° 660 *in fine* et 660 *bis*.)

Et ailleurs... « Il en est *à plus forte raison* ainsi dans le « cas d'une renonciation. » (*Revue prat.*, t. XXIV, p. 224.)

Je ne relèverai pas, monsieur, l'étrangeté de ces mots :

à plus forte raison... Je ne saurais dire combien ils sont ici déplacés. Je fermerai les yeux également sur la contradiction que je constate entre votre *Traité de la transcription* (*loc cit.*) et votre dernier article qui exprime, je le pense, votre dernière opinion sur ce sujet, dans lequel vous repoussez toute analogie entre la purge légale et la renonciation expresse de la femme, tout en maintenant, en votre faveur, les conséquences que vous aviez déduites de votre première opinion. Je reprends donc quand même votre objection, car vous n'êtes pas le seul qui l'ayez opposée.

« En vertu de quel principe étendez-vous à un droit de
« préférence, révélé par une inscription, une disposition
« exceptionnelle faite pour l'hypothèse où l'hypothèque
« légale n'est pas inscrite? Comment pouvez-vous, même
« sous prétexte d'une analogie, qui n'existe pas, appliquer
« une disposition aussi normale à un cas tout à fait en
« dehors des prévisions de la loi? » Pensez-vous qu'il n'y
ait aucune différence entre le *créancier négligent*, il est
vrai, *mais toujours créancier*, qui n'a pas inscrit son hypothèque avant la transcription du jugement d'adjudication
dont parle l'art. 717 C., proc. c. et la femme renonçante qui
a fait l'abandon de ses droits sur l'immeuble vendu, en
s'obligeant à ne s'en point prévaloir à l'encontre du tiers
acquéreur? Certes, je comprends parfaitement, et il est
de toute justice que, même après la purge, tant que le
prix existe entre les mains de l'acheteur, la femme conserve son droit de préférence sur ce prix; car, en cette
occurrence, ses droits sont entiers, elle n'en a jamais consenti l'extinction ni partielle ni totale, et son silence,
aisément excusable, ne peut être la cause d'une déchéance
définitive; mais qu'après une abdication sans réserve de
ses droits sur l'immeuble aliéné, après un engagement

expressément formulé de ne les point exercer contre l'acquéreur, la femme soit admise à dire : J'ai renoncé à mon hypothèque, c'est vrai ; j'ai assuré à l'acquéreur une propriété paisible et incommutable, c'est vrai encore ; mais attendez et distinguons ; toute hypothèque donne au créancier deux droits : un droit de suite sur l'immeuble, et un droit de préférence sur le prix. J'ai renoncé à mon droit de suite ; je veux bien ne point déposséder l'acquéreur de mon mari, mais pour ce qui est du droit de préférence, nul doute que j'aie entendu me le réserver intact. Je puis donc l'exercer même au préjudice de l'acquéreur, et, au besoin, en disposer, selon mon bon plaisir.

Et cette femme, qui s'était engagée à ne point nuire à l'acquéreur, qui, par sa renonciation, s'était ôté le droit de le faire, pourrait impunément, par une cession ultérieure, rompre ses engagements, et dépouiller celui qu'elle avait garanti !

Ce serait là le régime protecteur qu'aurait inauguré la loi de 1855 ! Cette loi , qui a eu pour but de favoriser l'essor des mutations immobilières, de consolider le crédit, d'introduire la sûreté dans les transactions, *d'empêcher*, comme vous le dites, *les surprises, et de donner à tous le moyen de contracter en pleine connaissance de cause !*

Non, non, de telles conséquences sont impossibles ! elles répugnent :

1° Au texte formel de l'art. 2180, qui dit que les priviléges et hypothèques *s'éteignent par la renonciation du créancier à l'hypothèque ;*

2° Au texte de l'art. 6 de la loi de 1855, qui dispose que la transcription arrête le cours des inscriptions ;

3° Enfin et surtout à ce grand principe de droit et de bon sens que vous connaissez , *nemo plus juris ad alium transferre potest quàm ipse habet.*

En supposant donc que la femme ait pu faire, contre tout principe, une cession de son hypothèque légale après la transcription de la vente, l'acquéreur, pour repousser le cessionnaire importun, n'aura pas besoin, comme vous le pensez, de recourir à l'inscription ou à la mention de sa renonciation, il lui suffira d'opposer aux créanciers subrogés leurs titres mêmes et la transcription de son contrat, en leur objectant qu'ils ne sont pas saisis valablement, puisqu'ils ont acquis *à non domino*.

Et quand bien même, monsieur, pour ne laisser aucune de vos objections sans réponse, j'admettrais, avec une jurisprudence qui tend, il est vrai, à devenir dominante, que la renonciation n'a éteint de l'hypothèque que le droit de suite et respecté le droit de préférence ; quand j'admettrais que la femme peut, les choses étant toujours entières (c'est-à-dire le prix n'ayant été l'objet ni d'un transport ni d'un paiement régulier), venir participer à la distribution de ce prix, en quoi cette concession soutiendrait-elle votre théorie et vous donnerait-elle gain de cause ?

Seriez-vous mieux fondé à alléguer que la femme peut transmettre à un tiers son droit de préférence et que ce tiers peut venir, armé de ce droit, l'exercer au préjudice du tiers acquéreur ? J'en doute ; l'acquéreur opposerait toujours victorieusement au cessionnaire l'art. 6 de la loi de 1855, ainsi que l'irrégularité du titre dont ce dernier voudrait se prévaloir ; l'action que ce créancier intenterait contre l'acquéreur serait, en quelque sorte, une participation à la fraude commise par la femme ; elle serait repoussée, croyez-le, par les tribunaux, « *comme ayant une cause illicite et comme étant infectée d'une nullité absolue.* »

Je ne crois pas que vous puissiez m'objecter, monsieur, que les créanciers cessionnaires sont des tiers vis à vis de l'acquéreur, qu'ils ne succèdent point à l'obligation personnelle de la femme et que l'acquéreur ne peut par conséquent leur opposer sa renonciation, puisqu'elle n'est .pas revêtue des formalités exigées par la loi de 1855.

Car il serait aisé de vous démontrer, en se référant à ce qui précède, que ces cessionnaires n'ont même pas le droit de prendre cette qualité de *tiers* que vous leur attribuez, dans le sens que donne à ce mot la loi de 1855. Ont-ils en effet sur l'immeuble des droits régulièrement acquis et régulièrement conservés ?

Ce n'est pas tout, vous tirez encore un argument *à fortiori* de ce fait que la loi du 23 mars a soumis à la publicité les renonciations extinctives des droits d'usufruit, d'usage, d'habitation, de servitude et d'antichrèse. «Les abdica- « tions hypothécaires relèveraient-elles donc seules du « principe de la clandestinité ? Une pareille différence, « exclamez-vous, n'a pas sa raison d'être ; on ne saurait « l'admettre, les dispositions des art. 1 et 2 sont donc une « nouvelle et triomphante preuve de la vérité de notre « théorie. » (*Trans. hyp.*, t. ii, n° 662 *in fine.*)

Je réponds, monsieur, qu'il existe une trop grande différence entre les renonciations dont je m'occupe et celles soumises à la transcription prescrite par les art. 1 et 2, pour que vous ayez le droit de tirer de cette assimilation inexacte le moindre argument favorable à votre thèse et pour que je puisse songer en aucune façon à vous suivre sur ce terrain.

Le principe en cette autre matière a été parfaitement établi par M. Flandin (*Traité de la trans. hyp.*, t. 1er, n° 438), « *l'un des meilleurs interprètes de la loi de 1855 :* »

« Il n'y a de soumises à la transcription que les renon- « ciations, en quelque forme et de quelque manière « qu'elles aient eu lieu, qui opèrent une mutation de « propriété.»

Quel rapport voyez-vous donc entre ces deux espèces de renonciations ?

Je n'insiste pas davantage ; j'attendrai sur ce point que vous ayez précisé votre pensée, en développant votre analogie.

Il ne vous reste plus maintenant, monsieur, si je ne me trompe, qu'à invoquer le but suprême de la loi, c'est-à-dire le grand principe de la publicité, dont la doctrine que je défends ne tient, d'après vous, aucun compte : « La loi a « voulu que tout tiers qui traite avec la femme pût s'assurer « que celle-ci était encore maîtresse de tous ses droits et « n'avait pas cédé son hypothèque ou n'y avait pas re- « noncé. Elle a voulu empêcher, en un mot, les surprises, « et permettre à tout créancier de contracter en pleine « connaissance de cause. Or, ne serait-ce pas rendre la loi « inutile, que de laisser à un créancier, fût-il l'acquéreur « lui-même, la faculté de se dérober à la publicité et de « frustrer les tiers sous le prétexte que la convention qu'il « a passée avec la femme a trait non pas à une transmis- « sion de ses droits, mais à une simple renonciation « extinctive ? »

A cela je pourrais simplement répondre que la loi ne contient aucune disposition applicable aux renonciations extinctives ; qu'en l'absence d'un texte précis ce serait cesser de l'interpréter que lui donner l'extension dont vous parlez.

J'aime mieux poursuivre jusqu'au bout cette discussion et, si vous voulez me prêter encore un instant de bien- veillante attention, essayer d'établir que, malgré cette clandestinité des renonciations que vous alléguez, l'intérêt de tous est suffisamment sauvegardé ; qu'il n'y a point lieu de s'inquiéter de ces surprises et de ces frau- des que vous suspendez, comme une épée de Damoclès, sur la tête des tiers appelés à contracter avec la femme.

Faisons une espèce pour la circonstance, ma démonstration sera peut-être plus claire.

Primus et Prima, mari et femme, ont vendu, en 1860, une maison à Secundus ; Prima a, dans le contrat de vente, renoncé à tous ses droits d'hypothèque légale sur l'immeuble aliéné. En 1867, Primus demande à Tertius, un tiers, de lui prêter une somme de cinq mille francs, offrant pour garanties une hypothèque conventionnelle sur tous ses biens, et une subrogation dans l'effet de l'hypothèque légale de Prima.

Dans cet état des faits, direz-vous qu'il ne sera pas possible à Tertius de se rendre un compte exact de la situation hypothécaire de Primus ? Pensez-vous que, malgré la clandestinité de la renonciation faite au profit de Secundus, Tertius n'en pourra pas avoir connaissance ? Nous l'allons voir.

Je suppose le cas le plus embarrassant : celui où Tertius ignore quels sont les immeubles que Primus peut hypothéquer en sa faveur. Que va-t-il faire? Exiger un extrait de la matrice cadastrale, afin de connaître quels sont les biens qui appartiennent à Primus ; puis il demandera, au bureau des hypothèques, un état de toutes les transcriptions opérées au préjudice de l'emprunteur ; cet état mentionnera la vente consentie à Secundus et la renonciation de Prima.

Il fera encore, au même bureau, la réquisition d'un état d'inscriptions et de subrogations, et alors la position sera entièrement éclaircie, rien n'aura pu être célé à Tertius, rien n'aura dû lui échapper.

Vous le voyez, monsieur, la lumière ici est complète,

et les tiers n'ont aucun besoin de recourir à la publicité surabondante de l'art. 9.

Je n'ai pas besoin de vous faire remarquer combien la doctrine que je défends diffère par son principe de la théorie particulière de M. Thiercelin, si habilement réfutée par vous ; ce jurisconsulte admet bien, comme je le fais, que les tiers sont suffisamment protégés par la transcription du contrat de vente qui révèle en même temps la renonciation ; mais la doctrine de votre adversaire avait ce défaut immense qu'elle n'avait point de base certaine et reposait sur un principe arbitrairement adopté.

En effet, M. Thiercelin commence par admettre que l'art. 9 de la loi de 1855 est applicable aux renonciations extinctives aussi bien qu'aux renonciations transmissives. Les tiers acquéreurs tombent donc sous la règle spéciale de publicité édictée par cet article ; ils doivent donc forcément inscrire leur renonciation ; substituer un équivalent à cette prescription, remplacer l'inscription ordonnée par une transcription, est-ce appliquer la loi ? N'est-ce pas plutôt la méconnaître et la violer ?

Vous avez raison de dire, monsieur, que cette doctrine, si elle était acceptée en principe et généralisée, serait la négation absolue de la loi de 1855 et le renversement de toutes les innovations protectrices inaugurées par le législateur. Je la repousse avec vous, à ce titre, et considère que M. Thiercelin, bien qu'il ait choisi la bonne cause, s'est trompé sur le moyen de la défendre.

Est-ce à dire pourtant, monsieur, que la renonciation puisse toujours défendre l'acquéreur contre tous périls ? Pourra-t-il toujours se dispenser d'avoir recours à la purge légale prescrite par les art. 2193 et suiv. du C. N. ? — Non sans doute ; car, comme vous le remarquez fort bien (*Trans. hyp.*, n° 661), la femme peut avoir subrogé

des créanciers dont le titre a eu date certaine, avant le
1er janvier 1856, et, dans ce cas, le droit de ces créanciers,
quoique resté occulte, subsiste plein et entier, tant que
l'acquéreur n'aura pas rempli les formalités de la purge.
Mais quant aux autres créanciers subrogés, dont la subrogation se placerait, soit entre le 1er janvier 1856 et la
vente, soit après la transcription de cette vente, l'acquéreur n'a rien à en redouter. La renonciation vis à vis
d'eux, comme à l'égard de la femme, équivaut à une
véritable purge légale, elle produit même des effets plus
importants que cette dernière ; car, ainsi que j'ai eu
occasion de le dire, elle anéantit jusqu'au droit de préférence.

Tel n'est pas, je le sais, votre avis ; car je lis dans la
Revue pratique (t. XXIV, p. 224) : « Il est évident que la
« purge légale, soit par l'inscription qu'elle provoque,
« soit par la radiation qu'elle amène, après production
« dans l'ordre ou même, quand il n'y a pas eu d'inscrip-
« tion, par les formalités dont elle est environnée, im-
« prime à cet acte une publicité protectrice de l'intérêt
« des tiers qu'on ne rencontre pas dans la renonciation
« et que dès lors elle produit des effets plus importants. »

Vous prétendez que la *purge* provoque l'inscription ?

La *renonciation* fait plus, elle enlève à la femme le droit
d'inscrire sur l'immeuble aliéné.

La *purge* amène la radiation de l'inscription, après la
production dans l'ordre ?

Quand l'inscription existe à l'époque de la vente, la
renonciation est toujours suivie d'une mainlevée d'hypothèque légale.

Vous dites enfin que la *purge*, par les formalités dont
elle est environnée, imprime à cet acte une publicité protectrice de l'intérêt des tiers ?

Quels sont ces tiers dont vous parlez?

Les créanciers subrogés à l'hypothèque légale postérieurement à la transcription de la vente ?

Nous avons vu que l'acquéreur n'a pas à s'en préoccuper.

La femme? mais n'assiste-t-elle pas au contrat de vente, et sa présence n'est-elle pas la meilleure garantie que ses intérêts seront sauvegardés ?

Il ne faudrait pas d'ailleurs que vous vous fissiez illusion sur l'efficacité plus que douteuse d'une formalité qui n'est pas exempte de reproches : qu'est-ce, en définitive, comme le disait fort bien la cour de Riom en 1841 (*Docum. hyp.*, t. ii, p. 353 et 354), « qu'est-ce que cette mise en « demeure qui s'opère par une annonce dans un journal « que la femme ne lit point; par un dépôt dans un greffe « et une affiche dans une salle d'audience où elle ne va « jamais; par une notification directe qui peut lui être « soufflée, par une autre notification au procureur impé- « rial qui n'en tient aucun compte? »

Vous voyez bien que la renonciation n'offre pas moins d'avantages que la purge et produit autant d'effets.

J'en aurais fini, monsieur, avec l'ensemble de votre argumentation, si je n'avais encore à présenter quelques considérations générales sur les funestes conséquences du système que vous soutenez.

« Certes, bien des critiques ont été dirigées contre la « loi de 1855, dit M. Pont, mais il n'y en a pas de plus « fondée que celle qu'elle aurait encourue, si elle avait « consacré la doctrine que vous professez; car il ne faut « pas s'y méprendre, si la loi n'a pas admis la transcription « du titre comme suffisante pour la publicité de la renon- « ciation dans le cas proposé, elle a contraint le tiers « acquéreur, et cela pour la conservation de droits pure-

« ment négatifs, à prendre une inscription, par consé-
« quent à la maintenir par le renouvellement décennal,
« et à remplir les formalités de la purge, c'est-à-dire
« qu'elle a paralysé l'essor des mutations immobilières,
« la petite propriété ne pouvant pas supporter les frais
« onéreux de purge, d'inscription, de subrogation et de
« renouvellement. » (*Revue du notariat*, t. VII, n° 1703.)

Appréciez-vous en effet à combien s'élèveraient, dans votre système, les frais d'un contrat de vente de *cinq cents francs?* (La moyenne des ventes est au-dessous de ce chiffre). A plus de *cent soixante francs*, c'est-à-dire à un chiffre supérieur au quart du prix d'acquisition ; et je ne compte ni les frais de renouvellement d'inscription, ni les frais de la mainlevée que l'acquéreur (chose étrange) devra se donner à lui-même (1) !

Comprenez donc dans quelle situation vous mettez la petite propriété pour l'avenir.

Faites-vous maintenant un meilleur sort aux mutations immobilières accomplies depuis la promulgation de la loi de 1855 ? Je ne vous apprendrai rien de nouveau en disant que la pratique suivie depuis cette loi a toujours été contraire à votre opinion, que tous les acquéreurs se sont contentés de faire transcrire leur contrat authentique ou sous seing privé ; la situation de tous ces propriétaires va donc se trouver singulièrement compromise.

Aussi, l'arrêt rendu par la Cour de cassation, le 29 août 1866, a-t-il tout à coup jeté l'alarme dans le notariat,

---

(1) Cette conséquence ferait certainement repousser par le Corps législatif l'interprétation donnée à l'art. 9 par M. Verdier, si jamais cette question venait à lui être soumise ; et, en vérité, le moment est mal choisi pour défendre de pareilles doctrines, quand, par tous les moyens possibles, on cherche à dégrever la petite propriété des charges qui l'oppressent. (Nouvel Exposé des motifs de la loi en projet sur les ventes judiciaires, *Moniteur* du 30 novembre 1867.)

et la compagnie des notaires de Dreux, justement émue
des conclusions de cet arrêt, s'est-elle aussitôt adressée au
comité général des notaires des départements pour demander au pouvoir législatif une loi interprétative de l'article 9 (Circ. du comité du 3 avril 1867, n° 40). Le comité,
il est vrai, n'a pas cru devoir réclamer l'intervention du
législateur, mais il a reconnu la gravité de la situation et,
s'il s'est abstenu, c'est uniquement parce qu'il a jugé que
l'arrêt de la Cour de cassation n'était pas un arrêt de
doctrine, qu'il avait été motivé par la contenance même
de l'acquéreur qui, dans l'espèce, se présentait à l'ordre
comme créancier subrogé aux droits de sa venderesse,
sans avoir préalablement rempli les formalités exigées
en pareil cas.

Enfin, je vous signalerai, monsieur, cet autre résultat :

« Si, outre la transcription, vous exigez une inscrip-
« tion de la part du tiers acquéreur, comme cette inscrip-
« tion ne peut être prise qu'en vertu d'un acte authen-
« tique, vous supprimerez du même coup l'usage des
« actes sous seing privé pour les ventes, ce qui est, selon
« l'expression de M. de Belleyme, une grave perturba-
« tion dans les habitudes des transactions privées (1). »
(Rapp. sur la loi de 1855.)

Cessez donc, désormais, monsieur, d'appuyer vos
théories sur l'esprit de la loi de 1855 et sur le but que le
législateur s'était proposé, car, si je ne m'abuse, vous

______

(1) M. Verdier s'est expliqué lui-même fort clairement sur les dangers
qu'il y aurait à supprimer les actes sous seing privé, à propos des débats
qui avaient eu lieu, à ce sujet, lors de la discussion de la loi de 1855 :

« Je suis de ceux qui pensent, dit-il (*Revue pratique*, t. xxii, p. 299),
« qu'on a bien fait de repousser un pareil ostracisme et de conserver aux
« parties l'usage des actes sous leur seule signature ; parce que, en défi-
« nitive, les périls sont moindres qu'on ne l'a dit et qu'on ne doit pas sans
« raison sérieuse occasionner une aussi grande perturbation dans les habi-
« tudes des transactions privées. »

arrivez à un résultat diamétralement opposé : loin d'assurer les transactions, vous y mettriez obstacle et, sous prétexte de faciliter le crédit, vous ruineriez la propriété.

Telles sont, monsieur, les raisons qui me paraissent militer en faveur de mon opinion : je les crois décisives ; pourtant j'augurerais mal du succès de ma cause, si ma plume, encore novice, devait lutter seule contre votre dialectique puissante. Mais je sais que mon opinion est partagée par la grande majorité des praticiens qui ont été surpris des dangers de votre système, par de nombreux jurisconsultes au nombre desquels il me suffit de nommer : Mourlon (*Traité de la transcription*, et *Revue prat.*) ; — Paul Pont (*Commentaire-traité des priv. et hyp.*) ; — *Revue du notariat*, t. VII ; — Coin-Delisle (*Consultation citée par Pont*) ;—Grosse (*Commentaire sur la loi de 1855*) ;— *Dictionnaire du notariat* (v° *Subrog.*) ; — Berger (*Journal des notaires*) ;—Lefebvre (*Journal des notaires*) ;—Duchesneau (*Journal du notariat*).

Ne puis-je pas aussi citer en ma faveur M. Thiercelin (Dalloz, 64, 2, 193) qui, s'il ne combat pas à côté de moi, lutte du moins sous le même drapeau et pour la même cause (1) ?

Vous savez enfin, monsieur, qu'une pétition fut adressée au Sénat, en 1862, par un notaire de la Dordogne, pour demander la solution de cette question intéressante. M. de Casabianca, rapporteur, fut d'avis que la renonciation de la femme éteignait l'hypothèque légale, et que l'acquéreur n'avait aucune formalité à remplir que la transcription de son titre.

---

(1) La Compagnie des Notaires de l'arrondissement d'Angoulême, délibérant en assemblée générale du mois de mai 1867, a émis un avis favorable à mon opinion et décidé qu'il y avait lieu de s'abstenir quant à présent de faire inscrire les renonciations à l'hypothèque légale.

« Par ces motifs, disait-il, nous pensons qu'il n'est
« nullement nécessaire de provoquer une loi nouvelle
« pour modifier une loi récente, dont la saine interpré-
« tation suffit pour obvier aux inconvénients signalés. »

Ce n'est là, il est vrai, et vous le remarquez avec un
judicieux empressement, qu'une opinion sans aucune
autorité juridique. Toutefois il n'est pas exact d'ajouter,
comme vous le faites (*Trans. hyp.*, p. 596, notes), que la
pétition fut repoussée *pour ce motif*.

La vérité est qu'à raison de l'importance de la question
et des divergences qu'elle faisait naître, le rapporteur
proposa le dépôt de la pétition au bureau des renseignements, dépôt qui fut ordonné. (*Moniteur*, séance du 21
juin 1862.)

En résumé donc, monsieur, j'estime que l'acquéreur
dont la situation est entière, qui ne s'est point constitué
en faute par un paiement irrégulier ou prématuré, et qui
s'est conformé aux prescriptions ordinaires de la loi, n'a
nul besoin de recourir à l'inscription de l'art. 9 dont la
disposition n'est point écrite contre lui. Car, comme vous
le dites excellemment (*Trans. hyp.*, n° 663 *in fine*), ce n'est
pas dans des exceptions sans portée qu'il faut se préoccuper de la solution des difficultés, mais au contraire
en se plaçant dans une situation normale et régulière ; et
ailleurs (*Revue prat.*, t. xx, p. 65) : « Un principe ne doit
« être adopté que lorsqu'il s'appuie sur l'esprit de la loi
« et qu'il est d'ailleurs applicable dans la plupart des cas
« et surtout dans ceux qui se produisent le plus souvent.
« Il n'y a pas de preuve plus sûre de sa fausseté que celle
« qui résulte de ce qu'il ne peut trouver son application
« que dans une situation arbitraire et commandée. »

Il servirait donc de peu de supposer des hypothèses,
telles que celles d'un acquéreur qui paie sans s'inquiéter

de la légalité de son paiement et se trouve plus tard surpris par une surenchère. (*Trans. hyp.*, n° 660.) Ces espèces, créées pour les besoins de la cause, ne sauraient abroger un principe général. Je ne préjuge donc rien pour tous les cas, rares d'ailleurs, où, par sa négligence et son impéritie, l'acquéreur se serait mis dans une situation à avoir besoin d'une subrogation aux droits de sa venderesse ; la loi n'a pas pour mission de protéger contre toutes éventualités les simples et les insouciants.

Nos conclusions, vous le voyez, sont bien différentes ; vous affirmez que l'acquéreur, pour être à l'abri de tout péril, doit non-seulement purger, mais inscrire encore la renonciation qui lui a été consentie ; je soutiens au contraire que cette renonciation (toute subrogation antérieure à 1856 étant écartée) lui tient lieu de purge, qu'il n'a pas besoin de la publier autrement que par la transcription de son contrat d'acquisition. Après avoir pesé mes raisons, monsieur, vous jugerez et vous accepterez en bonne part, je l'espère, le désir que j'ai conçu de vous rallier à ma doctrine, non parce qu'elle est la mienne, mais parce que je la crois, plus que la vôtre, « logique, raisonnable et juridique. »

A. AMIAUD,
Licencié en droit, notaire à Vars (Charente).

DE LA SUBROGATION DE L'ACQUÉREUR

A L'HYPOTHÈQUE LÉGALE DE LA FEMME DE SON VENDEUR.

RÉPONSE A M. AMIAUD.

Monsieur·et honoré collaborateur,

J'ai lu avec le plus vif intérêt la réponse au travail que j'ai récemment publié dans cette *Revue* sur l'interprétation de l'art. 9 de la loi du 23 mars 1855 (1), que vous avez bien voulu m'adresser. C'est une étude complète, approfondie de la matière ; je dois avouer qu'elle était de nature à appeler mon attention toute particulière sur une question qui m'avait paru jusqu'alors suffisamment élucidée, et à ébranler même ma conviction, si elle n'eût reposé sur des bases aussi solides. Je ne puis, en effet, que rendre hommage au talent que vous avez déployé pour la défense d'une cause que vous avez crue bonne. Mais je me vois obligé de vous le déclarer dès le but ; après avoir examiné avec tout le soin dont je suis capable chacun des arguments à l'aide desquels vous cherchez à faire prévaloir votre opinion, je me suis senti fortifié dans la mienne. Et c'est le résultat de cet examen consciencieux que je vous demande la permission de vous faire connaître en empruntant la forme épistolaire que vous m'avez autorisé à adopter.

Vous me reprochez d'abord d'avoir négligé le fond de

(1) *Revue pratique*, XXIV t. , p. 202, 441.

la question et de m'être trop placé au point de vue spécial qu'avait pris l'auteur auquel je répondais. Selon vous, la difficulté à résoudre est celle-ci : lorsque la femme d'un vendeur a renoncé à son hypothèque légale au profit de l'acquéreur, sur l'immeuble aliéné, ce dernier est-il forcément soumis à inscrire cette hypothèque ou à la faire mentionner au bureau des hypothèques en marge de l'inscription préexistante? La sécurité de l'acquéreur n'est-elle complète qu'après l'accomplissement de l'une ou l'autre de ces formalités, et ses droits ne peuvent-ils être sûrement sauvegardés qu'à cette condition?

Je pourrais, monsieur, vous dire que je ne mérite pas le reproche que vous me faites, car, tout en réfutant le raisonnement particulier de M. Thiercelin, c'est bien là le point de vue auquel je me suis placé. Relisez les deux premiers paragraphes de mon article, et vous y verrez la question posée dans des termes à peu près identiques à ceux que je viens de vous emprunter. Ma solution avait une portée générale qui m'avait paru suffisamment ressortir de la discussion à laquelle je m'étais livré. Il était d'ailleurs certains côtés de la difficulté que je n'avais pas à toucher, parce que, d'une part, ils avaient été déjà l'objet de mon examen (*Transcript. hypoth.*, t. II) ; et, d'autre part, parce que mon contradicteur les avait laissés hors du débat. Peu importe, au surplus; j'accepte le terrain sur lequel vous m'avez appelé, et je veux bien étudier à nouveau avec vous le point de droit qui nous divise.

A la question ainsi posée, je réponds : la sécurité de l'acquéreur n'est complète qu'après l'accomplissement de l'une des deux formalités prescrites par l'art. 9 de la loi du 23 mars 1855, et ses droits ne peuvent être sûrement sauvegardés qu'à cette condition.

Votre réponse est tout autre, et vous la formulez ainsi :
l'art. 9 de la loi du 23 mars 1855 n'est point applicable
aux renonciations faites en faveur des *tiers acquéreurs*, mais
seulement à celles consenties en *faveur des créanciers*. Il
ne regarde point les acquéreurs, il ne concerne que les
prêteurs.

Une proposition aussi absolue, aussi radicale, a lieu de
m'étonner. Elle est bien imprudente en présence de
l'arrêt de la cour de Lyon, et de celui de la Cour de
cassation (29 août 1866). Elle est si imprudente que vous
êtes forcé, vous-même, de reconnaître plus tard qu'à ce
principe se trouvent des exceptions. Ce sont là des espèces,
me direz-vous. D'accord. Mais s'il existe des cas où l'acquéreur peut être obligé d'accomplir les formalités de
l'art. 9, que devient le raisonnement à l'aide duquel vous
cherchez à démontrer que ces formalités lui sont absolument étrangères, et que le législateur n'a songé, en les
édictant, qu'aux créanciers? mais je ne veux point anti-
ciper. L'erreur de l'opinion que vous soutenez ressortira
peu à peu, et à mesure que la discussion avancera. Pour
le moment, je veux vous suivre pas à pas, et examiner
l'un après l'autre les arguments que vous m'opposez.

Je n'ai point à entrer dans les détails historiques relatifs
à l'origine des subrogations. Je suis d'accord avec vous
à cet égard. C'est la pratique qui a tout fait. Le désordre
et la confusion régnaient avant la loi nouvelle, et le
législateur a voulu réglementer une matière laissée
jusqu'alors au caprice des interprétations privées. Pour
démontrer que sa pensée ne s'est portée que sur les créanciers, vous invoquez les précédents qu'a subis la disposition que nous étudions, ainsi que les documents où vous
supposez qu'il est allé s'inspirer. Vous m'opposez d'abord
la grande enquête de 1841, et vous me faites remarquer

avec un certain air de triomphe que nulle part, dans les opinions émises soit par les cours, soit par les facultés de droit, on ne parle des acquéreurs, mais seulement des créanciers subrogés.

Mais alors même que votre observation serait absolument exacte, l'argument que vous en tirez n'aurait rien de bien grave. L'opinion émise à cette époque sur la réforme à opérer dans nos lois ne saurait avoir de portée pour la solution de la question toute spéciale que nous avons à résoudre. Il n'y a rien d'étonnant à ce que les cours et facultés, consultées sur le point de savoir quelles modifications il y avait lieu d'apporter à une législation si défectueuse et à une jurisprudence qui, par suite, était un véritable chaos, n'aient songé qu'à poser un principe nouveau, l'authenticité et la publicité des subrogations, sans s'inquiéter des divers résultats que produirait ce principe dans son application ou même sans les prévoir. Elles ont surtout parlé des créanciers, parce que c'était le cas le plus fréquent, et le plus urgent en même temps. Elles ne pouvaient penser à ce moment-là à se demander si la subrogation consentie par la femme en faveur de tout autre qu'un créancier ne serait pas assujettie aux mêmes formalités. C'était déjà beaucoup réclamer, en présence du Code Napoléon que nous sommes habitués à regarder, et cela avec juste raison, comme une arche sainte à laquelle il faut toucher le moins possible. Il n'y avait pas, dès lors, à entrer dans les nombreuses espèces que pouvait présenter la subrogation, et à se préoccuper des différentes hypothèses où elle pouvait être utilisée. Ce n'est jamais du premier coup que toutes les conséquences d'un principe de droit sont entrevues. On se contente de le consacrer par une formule générale, laissant à la jurisprudence et au temps le soin d'en déterminer

l'étendue et la portée dans sa mise à exécution. N'est-ce
pas ainsi que sont formulées toutes nos lois? Et les recueils
de jurisprudence qui paraissent depuis plus d'un demi-
siècle ne sont-ils pas remplis de solutions que n'avaient
point prévues les auteurs du Code Napoléon? Est-ce que
cela diminue en rien le mérite et la gloire de ces grands
jurisconsultes? Et leur œuvre en est-elle moins belle
parce qu'elle contient des erreurs et des lacunes? Avez-
vous perdu de vue cette pensée si judicieuse d'un légiste
moderne, sous la sauvegarde de laquelle vous avez cru
devoir vous placer en commençant, et que je me plais à
remettre sous vos yeux, parce qu'elle résume parfaitement
la situation que j'essaie de définir : « Les idées sont filles
« des idées : elles sont engendrées les unes par les autres ;
« l'humanité creuse pendant des siècles ; un homme donne
« le dernier coup de sonde, et la vérité jaillit ; mais elle
« n'est point à lui ; elle est à tous ceux qui y ont travaillé. »
N'est-ce pas là ce qui a lieu dans l'espèce, et n'y voyez-
vous pas une réponse catégorique à l'observation que
vous m'adressez? Le principe est posé ; c'est à la pratique
et à la jurisprudence d'en développer les diverses appli-
cations. L'enquête de 1841 ne saurait donc avoir aucune
influence sur la signification d'une loi intervenue quatorze
ans plus tard, dans de tout autres conditions économiques, sociales et politiques. Il faut, dès lors, l'écarter
du débat.

Il ne me semble pas, au surplus, que cette enquête soit
aussi étrangère au but que nous nous proposons. Si l'on
examine de près le langage tenu par plusieurs des cours
que vous citez, on est autorisé à penser que la règle dont
j'invoque l'application est implicitement comprise dans
les termes employés par elles. Relisez ce que disent les
cours d'Orléans, de Paris, de Pau, et vous verrez qu'il

n'y a aucune incompatibilité entre l'opinion exprimée par ces cours et la jurisprudence que je défends. Il en est de même de l'avis émis par la Faculté de Rennes. S'il est vrai, comme vous êtes forcé de le reconnaître, que la cession et la renonciation ne font qu'un, vous serez obligé de convenir de l'exactitude de mon observation. Ce sont là d'ailleurs des documents dont il ne faut user qu'avec beaucoup de circonspection. Il y a de tout, et tout n'y est pas. Si, pour vous suivre dans cette voie, j'interrogeais à mon tour cette enquête, que d'opinions émises qui nous conduiraient dans la pratique à des résultats que la jurisprudence repousse, et que vous répudierez bien vite comme contraires aux principes aujourd'hui généralement reconnus! Cela ne diminue en rien le mérite de ce grand travail. Ce sont là de remarquables et précieux documents, je le constate avec vous, que les législateurs feront bien de relire et de méditer, afin d'y puiser d'utiles enseignements. Mais cela ne fait pas que la question particulière qui nous préoccupe ait été prévue. On s'est contenté de proclamer unanimement la nécessité d'un principe nouveau, l'authenticité et la publicité des subrogations; sans aller au-delà, et sans avoir la prétention d'en déterminer les bornes dans l'exécution. Votre argument ne serait acceptable que si les cours et facultés avaient nommément et formellement exclu l'acquéreur de cette application et fait une exception en sa faveur. Et encore, il y aurait lieu d'examiner jusqu'à quel point le législateur de 1855 s'était judaïquement conformé à l'opinion émise en 1841. Mais il n'existe rien de pareil. Il n'est pas question de l'acquéreur. Dès lors, votre argument pèche par la base. L'enquête de 1841 n'a aucune portée pour la solution de la difficulté.

Quant aux divers projets de loi qui ont été présentés,

projets qui n'ont pas abouti et sont restés à l'état embryonnaire, vous le confesserez, ils ne peuvent nous être
d'aucune utilité, et n'ont évidemment aucune autorité.
Arrivons tout de suite à la loi de 1855, et, nous pénétrant
bien de son esprit, voyons ce qu'elle a voulu.

Et d'abord, les travaux préparatoires ne nous apprennent presque rien par rapport à la difficulté. Il n'en résulte
qu'une chose, la nécessité de faire cesser les dangers
inhérents à la clandestinité de la cession de l'hypothèque
légale ou de la renonciation à cette hypothèque. Il est
vrai que M. Suin, dans son exposé des motifs, parle des
créanciers subrogés, et ne dit pas un mot des acquéreurs.
Mais M. Suin se trouvait placé dans la position de ceux
qui ont rédigé les documents de l'enquête de 1841, en
présence de la grande innovation que l'on proposait
d'introduire au Code Napoléon, et il a parlé *de eo quod
plerumque fit*. Il ne l'a fait d'ailleurs que dans une phrase
incidente, et en faisant allusion aux discussions auxquelles
avaient donné lieu autrefois les subrogations. Mais il n'a
point entendu poser un principe absolu et créer la moindre
exception. C'est donc étrangement abuser de ces paroles
que d'y voir une intention qui n'est certainement pas
entrée dans l'esprit de leur auteur. Un exposé des motifs
n'est pas un répertoire de jurisprudence, et il ne doit
point s'occuper des divers détails d'application que peut
entraîner l'exécution de la loi qu'il s'agit d'inaugurer.
Nous verrons, au surplus, un peu plus tard, que dans une
foule de cas cette expression de *créanciers subrogés* comprend l'acquéreur lui-même. A ce double point de vue elle
ne peut donc être mise en avant comme un obstacle invincible à la théorie que j'ai défendue.

Vous citez, également, monsieur, les paroles de M. de
Belleyme dans son rapport, et vous en concluez qu'on

n'a pas voulu modifier *en quoi que ce soit* la législation relative à la cession ou à la renonciation de la femme. Ici, je vous arrête, pour écarter ce texte que vous détournez du sens que lui a prêté son auteur. Rétablissons les paroles de M. de Belleyme, telles qu'elles ont été prononcées, et vous en serez convaincu : « Elle a fait subir (la « commission) à l'art. 11 un changement de rédaction « tendant à bien établir que la loi actuelle n'a pas eu pour « but de modifier en quoi que ce soit la législation relative « aux droits de la femme mariée en matière de cession ou « de renonciation à une hypothèque légale. » Quel est ce changement de rédaction ? Le voici : Le projet de loi adopté par le conseil d'État disait, art. 11 : « Les femmes « ne peuvent céder leurs droits à l'hypothèque légale ou « y renoncer que par acte authentique, etc.....» La commission modifie l'article ainsi (art. 9) : « Dans le cas où les « femmes peuvent céder leur hypothèque légale ou y « renoncer, cette cession ou cette renonciation doit être « faite par acte authentique , etc.....» Vous le voyez, monsieur, le langage de M. de Belleyme se rapporte à un tout autre ordre d'idées qu'à celles que vous lui prêtez. Il ne s'occupe de la législation qu'au point de vue de la capacité de la femme, et explique pourquoi la commission a modifié le texte du conseil d'État qui semblait trancher la question dans un sens toujours affirmatif, pour laisser les choses en l'état sur ce point. Mais des effets de la renonciation, et de l'étendue du nouveau principe par rapport aux tiers, il n'en est et il ne pouvait pas en être question. Vous avez donc commis là une erreur considérable et vous vous êtes laissé, sans aucun doute, emporter par le désir ardent et bien légitime de trouver partout des arguments en faveur d'une cause qui vous a paru bonne. Permettez-moi d'ajouter que les autres arguments que vous employez à l'appui de votre thèse et que vous puisez dans les précédents qu'a subis la loi actuelle, quoique plus spécieux, sont de la même nature. En citant les divers documents auxquels je fais allusion, vous leur donnez une interprétation et une portée qui ne sont jamais entrées dans l'esprit de ceux qui les ont présentés. Cette observation suffira, je l'espère, pour vous convaincre que ce n'est pas là qu'il faut chercher la solution de la difficulté qui nous divise, et que c'est ailleurs que nous devons la trouver.

Quant à la discussion de la loi, elle est complétement muette sur ce sujet. Il n'y est pas dit un mot de la cession ou de la renonciation que peut faire la femme. Nous sommes donc en présence du texte de la loi de 1855 et des principes nouveaux qu'elle a inaugurés. Tâchons de savoir ce qu'elle a voulu, et rétablissons sa pensée à l'aide des expressions dont elle s'est servie : « Dans le cas où « les femmes peuvent céder leur hypothèque légale ou y « renoncer, cette cession ou cette renonciation doit être « faite par acte authentique, et les *cessionnaires* n'en sont « *saisis*, à l'égard des tiers, que par l'inscription de « cette hypothèque prise à leur profit, ou par la men- « tion de la subrogation en marge de l'inscription préexis- « tante.

« Les dates des inscriptions ou mentions déterminent « l'ordre dans lequel ceux qui ont obtenu des cessions ou « des renonciations *exercent* les droits hypothécaires de la « femme. »

Ce texte, vous le voyez, ne fait point de distinction, et il s'exprime dans des termes généraux qui comprennent évidemment tous les cessionnaires et tous les renoncia- taires quels qu'ils soient. Il n'est pas jusqu'à l'absence du mot *créanciers* que vous avez relevé avec tant de soin dans

les documents qui ont précédé la loi de 1855, et qui
aurait eu pour résultat, jusqu'à un certain point, de spé-
cialiser la portée de la disposition que nous étudions, que
je ne sois fondé à vous opposer comme une preuve à l'appui de ma thèse. Car, s'il est vrai que le législateur n'ait
songé qu'aux créanciers, pourquoi a-t-il éliminé la seule
expression qui pouvait préciser sa pensée d'une manière
non douteuse ? Si, par exemple, au lieu de dire : *ceux
qui ont obtenu des renonciations*, il eût dit : *les créanciers
qui ont obtenu...*, ce qui pouvait se faire sans rien changer au texte à tous autres égards, il n'y aurait pas de difficulté, et l'opinion que vous défendez eût été consacrée
d'une façon certaine. Si donc cette expression a été écartée, c'est évidemment à dessein, dans le but avoué de
généraliser et d'étendre l'application de la loi à tous les
renonciataires sans exception aucune, qu'ils fussent
créanciers ou non. Vous m'arrêtez cependant, et me dites :
Prenez garde, lisez attentivement l'art. 9 dont s'agit et
vous verrez que les termes prépondérants, ceux qui résument le sens de la disposition et la pensée du législateur, ce sont les mots *cessionnaires, saisis* et *exercer*. Il en
résulte, cela est manifeste, que le législateur n'a soumis à
la publicité que ceux *subrogés* ou *renonciataires* qui auraient
à *exercer* le droit dont ils seraient *saisis*. Ce qui ne saurait
s'appliquer à l'acquéreur qui n'est point *saisi* du droit de
la femme et qui ne l'*exerce* pas. Votre raisonnement est
très-spécieux, mais il me paraît en contradiction avec la
véritable signification de la loi dont vous forcez certainement la pensée. S'il était fondé, nous retomberions dans
la logomachie et le chaos qui a précédé et suivi sur cette
matière le Code Napoléon et que vous avez rappelé au
début de votre étude. Nous verrions renaître à chaque
instant et dans chaque procès la controverse qui s'était

établie sur le point de savoir s'il s'agit d'une cession ou
d'une renonciation, si la renonciation est translative ou
seulement extinctive, et le but que s'est proposé le législateur en édictant une disposition de nature à couper court
sur ce point à toute discussion serait complétement man-
qué. Vous le reconnaissez vous-même, la loi ne fait pas
de différence entre le subrogé et le renonciataire, entre la
subrogation, la cession et la renonciation. Elle les assimile pour les soumettre à la même publicité. Le mot *cessionnaire* que vous m'objectez n'a donc pas le sens restreint
que vous lui attribuez, puisqu'il s'applique aussi bien à
la cession qu'à la renonciation. S'il fallait prendre cette
expression à la lettre, il en résulterait précisément ce que
vous n'acceptez pas, et ce que le texte ne permet pas d'admettre, que l'ancienne distinction entre la cession et la
renonciation existe toujours, et que la cession seule est
soumise aux nouvelles règles. Mais du moment qu'il est
certain que la subrogation et la renonciation sont une
seule et même chose, eu égard aux formalités qui les régissent, il ne saurait vous être permis, sans arbitraire, de
créer une exception que le législateur n'a pas faite, et de
dire : Oui, la renonciation est assujettie à la publicité,
mais seulement la renonciation consentie à tel, et non
point celle consentie à tel autre. Vous insistez néanmoins
sur les mots *saisis* et *exercer* qui, dites-vous, précisent
fort clairement la pensée du législateur. J'avoue ne pas
bien comprendre la portée juridique de votre observation,
et je crains bien que ce ne soit, en définitive, de votre
part, qu'un abus exagéré de la lettre. La loi a employé le
langage qui convenait à la circonstance et qui répondait
parfaitement à la situation créée par la subrogation et la
renonciation. Mais en tirer la conséquence qu'elle a entendu par là faire une distinction que tout d'ailleurs

repousse, aussi bien l'esprit de la loi que les autres expressions dont elle s'est servie, c'est manifestement en forcer les termes, et lui faire dire ce qu'elle n'a pas dit. Est-ce que, d'ailleurs, l'acquéreur qui est bénéficiaire d'une renonciation n'est pas *saisi* d'un droit? Est-ce qu'il ne l'*exerce* pas, quand son intérêt l'exige? Est-ce que, en réalité, il n'est pas saisi de l'hypothèque légale, puisqu'il empêche que la femme qui s'en est dessaisie à son profit puisse valablement la transmettre à autrui, en ce qui le concerne? Et l'usage qu'il fait de son droit n'équivaut-il pas à l'exercice des droits hypothécaires de la renonçante? Tout cela n'est donc que subtilité. Il faut voir les choses de plus haut et se placer à un point de vue plus large, qui a été celui du législateur. Je pourrais ajouter, pour compléter ma réponse sur ce point, que, dans bien des cas, l'acquéreur en faveur duquel la femme a renoncé n'est en définitive qu'un *créancier subrogé*, lorsqu'il a payé, par exemple, tout ou partie de son prix, et qu'alors, vous en conviendrez, il a besoin, pour employer vos expressions, d'être *saisi* des droits de la femme et de les *exercer*. Mais comme vous pourriez me répondre, ainsi que vous l'avez fait, que c'est là une exception en dehors de l'hypothèse absolue que nous examinons, j'aime mieux m'en tenir à l'observation telle que je vous l'ai présentée plus haut, sauf à tirer plus tard les conséquences qui découlent naturellement de la concession que vous êtes obligé de faire, relativement à ce cas particulier. Cette observation met à néant l'objection que vous puisez dans quelques-uns des termes dont s'est servi le législateur; il ne nous reste plus qu'à étudier la loi dans son ensemble et dans son esprit.

Vous me reprochez, monsieur, d'avoir dit qu'il *était bien évident* que cette expression (*cessionnaire*) devait être entendue dans un sens général qui se rapporte aussi bien aux subrogations qu'aux renonciations, et vous m'accusez de manquer de logique : « Car, dites-vous, la logique commande avant tout de rester dans l'ordre d'idées où le législateur s'est placé. » Je puis retourner l'argument contre vous, et répondre que c'est vous qui vous éloignez de l'ordre d'idées dans lequel s'est placé le législateur. Et ce qui le prouve, c'est qu'à l'appui de l'opinion que vous émettez, vous renouvelez l'ancienne distinction des subrogations et des renonciations, en faisant ressortir le caractère particulier de celles-ci, alors que la loi, vous êtes obligé d'en convenir, a eu pour but d'effacer cette distinction. « Qui dit renonciation, vous exclamez-vous à « la suite d'une réflexion très-juste de M. Mourlon, dit en « effet extinction, privation, annihilation; qui dit au con- « traire cession ou subrogation exprime une idée certaine « et nécessaire d'attribution, de communication, de dévo- « lution, de transmission, d'investiture. Ici donc la *vie* se « continuant, se perpétuant, se communiquant, s'exerçant; « là, la *mort*, la mort seule et son inertie. » Tout cela est très-bien en théorie, mais je ne conçois guère dans la pratique de convention qui puisse se résoudre autrement que par l'abandon d'un droit qu'un autre saisit et exerce à la place de celui qui y renonce. Une convention ne peut jamais engendrer la *mort*, mais bien plutôt la *vie*, pour me servir des paroles que vous avez employées. Il ne faut jamais supposer que les parties aient voulu faire un acte vain et inutile (art. 1157 C. N.). Cela est si vrai, qu'un au- teur a pu dire en parlant de la renonciation à la prescrip- tion : « Il n'est pas vrai de dire que celui qui renonce à la prescription ne se dépouille d'aucun droit. Nous croyons au contraire qu'il faut dire avec Pothier qu'une pareille renonciation renferme une aliénation. » (*Revue pratique*, t. 1, p. 482.) M. Mourlon dit aussi dans un autre passage : « La renonciation à l'usufruit constitue une véritable donation. » (*Rev. prat.*, t. 1, p. 298.) Certes, s'il est une renonciation qui ait le caractère extinctif, c'est celle de l'usufruitier qui abandonne son droit. Pourquoi, dès lors, reconnaît-on qu'elle entraîne après elle une véritable donation, c'est-à-dire un acte dans le sens actif, si ce n'est que c'est là le caractère général de la convention, son résultat nécessaire et immédiat ? Si ce n'est, en un mot, que tout acte de ce genre ne peut point se résumer, d'une manière absolue, dans la simple extinction d'un droit ? S'il en est ainsi, nous avons la clef des nombreuses difficultés créées par cette division purement théorique des renonciations extinctives et transmissives, et l'explication de l'assimilation faite par la loi de ces renonciations. Nous avons la preuve de la sagacité du législateur qui s'est exprimé de façon à confondre dans une seule et même disposition toutes les renonciations, et d'effacer ainsi toute distinction subtile, capable de renouveler les controverses sur un point de droit aujourd'hui suffisamment tranché.

N'est-ce pas ainsi que l'a compris M. Mourlon que vous aimez à citer ? Relisez, monsieur, l'article de la *Revue*, où vous avez puisé les dernières paroles qui ont servi de point de départ à votre raisonnement, et vous y verrez parfaitement expliquée la situation, très-bien établi et justifié le sens de la loi tel que je l'entends.

Cet auteur parle d'abord des précédents qu'a subis la loi de 1855, et il dit : « La cession de l'hypothèque y fut « constamment jugée régulière et tenue pour valable. On « fit plus encore. Bien qu'une *renonciation* soit, selon le « sens habituel et logique des mots, l'*antithèse d'une cession*, « les tribunaux n'hésitèrent point à reconnaître que ces « deux mots sont absolument *de même nature*, et qu'ainsi

« il n'y a *aucune différence à faire entre la femme* qui *cède*
« son hypothèque et la femme qui y *renonce*. La renon-
« ciation était donc déclarée *investitive* en même temps
« que *privative*. L'hypothèque abandonnée par la femme
« se détachait de la personne pour résider désormais en
« la personne du créancier ou de l'ACQUÉREUR au profit
« duquel la renonciation avait eu lieu. » Puis, après avoir
cité le texte de la loi nouvelle, il ajoute : « L'acte par le-
« quel la femme cède son hypothèque ou celui par lequel
« elle y renonce, doivent être assimilés ou plutôt consi-
« dérés comme équivalant l'un à l'autre... Comment dou-
« ter, lorsqu'on voit la loi appeler cessionnaire de l'hy-
« pothèque le bénéficiaire de la renonciation et déclarer
« qu'il n'est saisi de cette hypothèque que par la publi-
« cité qu'il est tenu de donner à la subrogation consentie
« à son profit, ajoutant que la date des inscriptions ou
« mentions qu'elle prescrit à cet effet détermine l'ordre
« dans lequel ceux qui ont obtenu des cessions ou renon-
« ciations exercent les droits hypothécaires de la femme.
« Ainsi il est manifeste que dans le système de la loi
« nouvelle la renonciation, de même que la cession, est
« tout à la fois privative et investitive de l'hypothèque
« qu'elle a pour objet. » C'est ici que cet auteur fait la
réflexion que vous relevez et que vous détournez du sens
qui y était attaché :

« Certes si on ne considérait que le sens vulgaire et
« habituel des mots, la cession de l'hypothèque et l'acte
« par lequel la femme y renonce dans l'intérêt d'un tiers
« constitueraient deux opérations qui, bien que sembla-
« bles sous certains rapports, se distingueraient l'une de
« l'autre par des différences radicales. Mais on fait dans
« le monde pratique un tel abus de langage, les mots y
« sont si souvent pris dans un sens opposé à celui qu'ils

« expriment naturellement et légalement, qu'il y a tou-
« jours du danger à s'attacher trop servilement aux quali-
« fications que les parties donnent à leurs actes..... Cette
« idée était entrée si profondément dans les habitudes de
« la pratique, qu'elle a dominé jusqu'au législateur lui-
« même. C'est ainsi que je m'explique l'assimilation dont
« je viens de parler. La loi a subi l'empire des usages
« reçus. » Vous le voyez, monsieur, c'est là absolument
le contraire de ce que vous prétendez. L'assimilation est
complète entre la renonciation et la cession. L'intention
du législateur est formelle. Votre théorie de la *vie* et de
la *mort*, de l'extinction et de la subrogation, est une pure
abstraction qui n'est point du domaine de la pratique et
que la loi a complétement répudiée. Je ne m'y arrêterai
pas plus longtemps. (Mourlon, *Revue prat.*, p. 181-182.)

Vous reconnaissez, il est vrai, plus loin, que l'art. 9 a
assimilé les renonciations et les subrogations, mais vous
ajoutez que cette confusion de langage, appliquée aux
créanciers, s'explique naturellement, tandis qu'elle n'a
pas sa raison d'être par rapport aux tiers acquéreurs, et du
coup vous mettez ces derniers à l'écart et les tenez pour
étrangers à la loi nouvelle. Cette proposition me paraît
bien hardie. J'établirai bientôt, je l'espère, avec les auteurs
et la jurisprudence, qu'elle est le résultat d'une erreur.
Auparavant, permettez-moi de vous suivre dans le développement de votre pensée. Pour démontrer le bien
fondé de votre raisonnement, vous ajoutez: « Il n'était pas
« possible, quand une renonciation avait été consentie au
« profit d'un prêteur, de ne pas lui assurer les mêmes
« effets qu'à une cession ou à une subrogation. Pouvait-
« on logiquement voir dans le contrat autre chose que la
« volonté de transmettre un droit? De quelle valeur eût
« été, pour le créancier, une renonciation purement

« extinctive ? Serait-on venu sérieusement avouer que les
« parties avaient voulu faire un acte inutile, un acte qui
« ne leur pouvait être d'aucun secours ? Le simple bon
« sens répugne à une telle supposition, et l'invraisemblable
« ne se présume point. » Si c'est là le seul argument que
vous puissiez mettre en avant pour prouver que l'art. 9 ne
s'applique qu'aux créanciers, je me crois autorisé à vous
dire qu'il est complétement inexact. Eh quoi ! la renonciation extinctive ne produirait aucun effet dans l'intérêt
d'un créancier, tandis qu'elle en aurait pour l'acquéreur?
Je ne conçois pas cette distinction. L'effet est le même pour
l'un comme pour l'autre. Dans plus d'un cas la simple
abstention de la femme peut être suffisante pour sauvegarder les droits du créancier. Par suite, en contractant
ainsi, les parties n'ont pas fait un acte inutile. Ce n'est
donc pas là le motif de la loi; ou plutôt s'il existait, il
existerait aussi bien à l'encontre des acquéreurs que des
créanciers; et alors il en résulterait toute autre chose que
ce que vous décidiez, c'est-à-dire l'application de la loi
aux uns comme aux autres. Je suis, par conséquent,
fondé à dire que la généralité du texte embrasse toutes les
espèces de renonciations, et que vous faites de l'arbitraire
en affirmant que telles renonciations n'y sont pas com-
prises, alors que le législateur ne distingue pas.

Vous en appelez à mes propres paroles, et vous me
renvoyez à mon *Traité de la transcription* (t. 1, n° 158,
p. 394), où je dis : « La renonciation, la vraie renonciation
est de son essence extinctive... La renonciation translative
n'est pas à proprement parler une renonciation, c'est une
cession... » et vous trouvez là une preuve à l'appui
de votre théorie. Je crains, monsieur, que vous ne fassiez ici une confusion, et que vous n'ayez pas peut-être
suffisamment compris la portée de mon raisonnement. Je

ne nie point que dans le langage purement scientifique et en théorie il n'y ait une différence sensible entre la renonciation et la cession, que même à certains égards, dans la pratique, il ne puisse s'en produire (*Transcript.*, t. II. n° 659), mais je prétends qu'en ce qui a trait aux formalités destinées à rendre l'acte public, il n'y en a aucune et que l'intention du législateur est formelle à cet égard, et qu'elle ne saurait être méconnue. Relisez, je vous prie, puisque vous croyez devoir emprunter quelques-unes de mes paroles, relisez en entier le paragraphe qui les contient, et vous y trouverez complète la réfutation de la thèse que vous soutenez, et la démonstration des principes que je défends. S'il est vrai, comme dit la loi elle-même d'une façon expresse, ce qui exclut la possibilité d'un doute quelconque, que *tous les actes de renonciation* (art. 1 et 2, § 2) soient soumis à la publicité qui se produit par la transcription, et remarquez qu'ici il ne peut s'agir que des renonciations extinctives, puisque dans les paragraphes précédents il est parlé des actes translatifs ou constitutifs, je ne comprends pas qu'il vous paraisse si étrange que la loi, pour être fidèle à sa logique, soumette à la publicité, qui a lieu par l'inscription, les actes de renonciation accomplis par la femme. Que devient alors votre argumentation puisée dans l'antithèse de la *vie* et de la *mort?* Et que signifie-t-elle, lorsque vous affirmez qu'un droit éteint ne peut pas survivre, et qu'il ne peut être d'aucune utilité à personne? Ne faites-vous pas là, sans le vouloir, un peu de cette *science qui s'absorbe dans la mysticité?*

Aussi sentez-vous le besoin de descendre dans la pratique afin d'y voir comment les choses s'y passent réellement. Je ne demande pas mieux que de vous y suivre : « Comment procèdent les parties, dites-vous, dans un contrat de vente, lorsque la femme veut renoncer à son

hypothèque légale? Deux hypothèses peuvent se présenter : ou la femme a déjà fait inscrire son hypothèque
légale, ou cette inscription n'a pas encore été prise. Dans
ce dernier cas, la femme intervient dans la vente et déclare expressément renoncer à tous ses droits hypothécaires sur l'immeuble vendu. Dans le premier, après s'être
désistée de tous droits d'hypothèque, elle fait en outre
mainlevée définitive de son inscription, en ce qu'elle
grève l'immeuble objet de la vente. » Ici, je vous arrête ;
la manière dont vous procédez dans votre pratique peut
être conforme aux principes du Code Napoléon : c'est une
tradition qui s'est conservée, mais qui n'est certainement
point en harmonie avec les principes inaugurés par la loi
de 1855. Aux termes de l'art. 9, l'acquéreur, s'il veut
avoir le bénéfice de la renonciation qui lui a été consentie,
devra faire inscrire l'hypothèque légale à son profit avec
mention de la renonciation, dans le second cas. Dans le
premier, il devra mentionner la subrogation en marge de
l'inscription opérée. Lequel des deux systèmes est préférable? Dans le vôtre, la renonciation reste occulte. Les
tiers qui voudront traiter avec la femme (car il ne peut
s'agir que du cas où des tiers peuvent être intéressés, et
non pas de celui où la femme est seule en présence du
tiers acquéreur, car, dans cette espèce, la difficulté ne
saurait se présenter) iront consulter le registre des inscriptions, qui ne leur apprendra rien relativement à l'acquéreur ; ils contracteront, et seront ainsi frustrés par le
droit de ce dernier qui surgira inopinément et au moment
où ils y songeaient le moins. Dans le mien, au contraire,
pas d'erreur, pas de fraude possible. Le tiers, consultant
les registres hypothécaires, trouvera inscrite la renonciation, et il se gardera bien de contracter avec la femme
et de demander la cession d'un droit dont elle s'est dé-

pouillée. La publicité est satisfaite, et tous les droits sont sauvegardés. Je ne sais si je me trompe, mais il me semble que mon système est, à tous égards, préférable, surtout si on se place au point de vue du législateur. Maintenant, quel inconvénient y voyez-vous? Dans la pratique il n'en est aucun, si ce n'est celui d'imposer aux acquéreurs une formalité de laquelle ils aimeraient à s'exonérer. Quant à la théorie, vous me rappelez cette antithèse, à laquelle j'ai déjà répondu dans mon premier article, d'un propriétaire prenant une inscription sur lui-même. Je vous renvoie donc à mes observations sur ce point, et vous dis que le droit est avant tout une science pratique, que c'est à ce point de vue que nous examinons la loi, et qu'on court le risque de s'égarer et de faire fausse route, quand on se tient dans les sphères un peu nuageuses de la théorie pure, et qu'on s'absorbe dans le mysticisme plutôt que dans la science vraie.

Cela posé, je n'ai pas besoin de me demander, comme vous le faites, si la renonciation, consentie au profit de l'acquéreur, est transmissive. Cela peut être indispensable dans votre système, mais n'est point utile dans le mien, puisque, dans tous les cas, la renonciation doit être rendue publique. C'est ce que je disais dans mon dernier article et dans mon *Traité de la transcription*, auxquels vous me renvoyez en me reprochant de croire à mon infaillibilité et d'exécuter sommairement la doctrine de mes adversaires. Non, monsieur, je ne crois à l'infaillibilité de personne, à la mienne moins qu'à celle de tout autre. Je respecte l'opinion de mes adversaires, et je la combats par les raisons qui me paraissent les meilleures, quand je pense qu'elle est le résultat d'une erreur. C'est ce que j'ai fait pour la question qui nous divise. Je ne me suis pas borné à une affirmation. Si vous aviez pris la peine de continuer la lecture du paragraphe (661 *bis*) auquel vous empruntez quelques-unes de mes paroles, vous auriez vu la démonstration suivre de près le principe posé, et peut-être y auriez-vous trouvé une raison de douter de votre manière de voir.

Vous poursuivez votre raisonnement, et vous me faites dire ce que je n'ai certainement pas dit : « Comme les renonciations *transmissives*, les renonciations *extinctives* sont soumises au régime de la publicité, parce qu'elles sont *transmissives*. » Vous me prêtez là un langage qui serait tant soit peu absurde, et je ne saurais vous savoir gré, monsieur, de traduire aussi mal ma pensée. Vous ajoutez pour vous justifier : « Car, pour qu'une renonciation soit *opposable aux ayant-cause de la femme* il faut bien de *toute nécessité* supposer qu'elle est *subrogative*. Votre première raison n'en est donc pas une. » Ici, monsieur, c'est moi qui ne vous comprends pas. Comment! pour qu'une renonciation soit opposable aux ayant-cause de la femme, il faut que de toute nécessité eile soit transmissive? Mais alors la renonciation extinctive ne leur est pas opposable. Quelle utilité peut-elle avoir pour l'acquéreur? et pourquoi la conseillez-vous? ou plutôt pourquoi dites-vous que quatre-vingt-dix-neuf fois sur cent la renonciation consentie au profit de l'acquéreur est extinctive? Il en résulte, d'après vos propres paroles, que quatre-vingt-dix-neuf fois sur cent l'acquéreur fait un acte inutile, et qui ne peut lui servir de rien. J'aimerais mieux croire, dans ce cas, en invoquant l'art. 1157 du Code Napoléon, que la convention avait trait à une renonciation subrogative, Réfléchissez mieux sur ce point, et vous reconnaîtrez que la renonciation extinctive est très-bien opposable aux ayant-cause de la femme, et qu'en parlant ainsi j'ai exprimé une pensée parfaitement juridique. Je ne suis pas seul à admettre ce principe. Relisez M. Mourlon, que vous aimez à citer, car sur le point de droit spécial qui nous occupe il est à certains égards de votre avis, mais pour d'autres raisons : « Les renonciations *extinctives*, dit-il, ne sont-elles point, de même que les renonciations transmissives, opposables aux ayant-cause postérieurs de la femme? Dès lors, où est la raison de les mettre en dehors du droit commun? » (*Revue pratique*, t. i, p. 188-189.) Ainsi, vous le voyez, ce maître en l'art de raisonner, ainsi que vous le qualifiiez à juste titre, n'en fait pas le moindre doute. Les renonciations extinctives sont opposables aux ayant-cause de la femme. L'objection que vous me faites tombe d'elle-même.

Cela posé, je veux bien vous suivre dans l'examen de l'opinion émise par ce jurisconsulte éminent; vous verrez combien cette opinion diffère de la vôtre, et à quel point elle se rapproche de la mienne. Il ne proclame pas une doctrine aussi absolue que la vôtre, et il est entraîné par la force des choses presque aussi loin que moi. « Ceux-là « seulement, dit-il, sont soumis au régime de la publicité « qu'elle organise qui sont *cessionnaires de l'hypothèque*; « l'art. 9 est bien précis à cet égard. Or, le bénéficiaire « d'une renonciation *extinctive* n'acquiert point l'hypothè- « que qu'elle a pour objet; il n'en est donc point *cession-* « *naire*; et s'il n'en est point saisi, s'il n'y est point su- « brogé, comment pourrait-il, dans le cas où elle n'a pas « été *antérieurement inscrite* du chef de la femme, la faire « inscrire à son profit? » Vous triomphez, monsieur, et vous me dites : Ce raisonnement me semble sans réplique. Ne vous hâtez pas cependant. C'est donc l'expression *cessionnaire* qui, aux yeux de M. Mourlon, comme aux vôtres, décide la question? Mais n'ai-je pas réfuté plus haut cet argument? et n'ai-je pas démontré qu'interpréter

ainsi la loi, c'est effacer le mot de renonciation ; c'est consacrer une contradiction et renouveler une controverse que
le législateur a voulu avant tout faire disparaître en assimilant de tous points dans leurs effets pratiques la subrogation et la renonciation? Il en est si bien ainsi que
M. Mourlon, dont le sens pratique était si profond, est
frappé lui-même des inconvénients que présente l'opinion qu'il émet ; aussi ne l'énonce-t-il qu'avec des ména-
gements et des restrictions qui me paraissent fort natu-
relles, et que vous rejetez parce qu'elles sont antipathiques
à votre manière de voir absolue. Faites bien attention
aux dernières paroles de cet estimable auteur : « S'il n'y
est point subrogé, comment pourrait-il, dans le cas où
elle n'a pas *été antérieurement inscrite du chef de la femme,
la faire inscrire à son profit ?* » Ainsi, il n'y a d'impossibilité
que pour une inscription à prendre par l'acquéreur. Mais
il est un autre cas prévu par la loi : la mention en marge
de l'inscription préexistante. M. Mourlon se demande
alors pourquoi l'acquéreur ne pourrait pas faire, en
marge de l'inscription prise par la femme ou requise
pour elle par lui-même, mention de la renonciation
consentie à son profit, et il ajoute, entre autres raisons :
qu'agir ainsi ce serait se conformer à l'esprit de la loi.
Il est vrai que M. Mourlon finit, non sans peine, par
abandonner cette théorie, mais nous allons voir que la
raison qu'il en donne contient sa propre condamnation.
« Le procédé qu'on nous conseille se conçoit à la rigueur,
« dit-il, lorsque l'hypothèque légale se trouve en conflit
« avec *d'autres hypothèques qu'elle prime.* Dans ce cas, en
« effet, la renonciation qu'en a faite la femme n'est point
« à proprement parler une *vraie extinction de l'hypothèque ;*
» à la vérité la femme a pris l'engagement de la laisser
« dans l'inaction en tant qu'elle *nuirait à l'acquéreur,* mais

« elle la *conserve* sous tout *autre rapport*. Dès lors rien ne
« répugne à ce qu'elle soit ou qu'elle reste inscrite. »
Mais c'est là absolument mon avis. La question ne peut
naître et n'a d'intérêt que lorsque l'hypothèque légale
est en conflit avec d'autres hypothèques. Il est bien évident que, lorsque l'acquéreur se trouve seul en présence
de la femme, il ne saurait y avoir lieu à aucune inscription, ou plutôt l'inscription est inutile, et il peut la négliger sans danger. Le contrat dont est armé l'acquéreur
suffira toujours pour l'écarter. Il ne peut y avoir d'intérêt
qu'au cas où la femme, avant de renoncer en faveur de
l'acquéreur, ou après le contrat intervenu entre eux, a
consenti des cessions ou subrogations en faveur d'autres
créanciers. Dans le premier cas, l'hypothèque est réellement éteinte. Il s'agit d'une vraie extinction. Il n'en est
pas de même dans le second. Me voilà donc d'accord
avec M. Mourlon contre vous. Je sais bien que son opinion telle qu'il la formule a quelque chose d'équivoque
qui semble réserver un point de la question contre moi.
Mais je m'étonne que ce jurisconsulte, d'ordinaire si judicieux, n'ait point compris que l'exception qu'il venait
de proclamer rendait impossibles les conclusions qu'il
adoptait, et était la preuve la plus manifeste des intentions du législateur dans le sens que j'indique. Cet auteur
semble dire que la publicité n'est nécessaire à l'acquéreur que lorsque, au moment où la femme renonce en sa
faveur, il existe déjà d'autres hypothèques inscrites, mais
qu'elle n'est point indispensable quand il n'en existe pas ;
qu'en un mot, il n'a rien à redouter des actes ultérieurs
de la femme. Voilà certes une distinction que j'ai peine à
comprendre, et je crois que c'est absolument le contraire
qu'il faut dire. Ce n'est que pour se mettre à l'abri des
actes ultérieurs de la femme que l'acquéreur est obligé

d'inscrire; en dehors de ce cas, l'inscription n'a pour lui aucune utilité. Analysons l'espèce. Au moment où l'acquéreur contracte avec la femme, il existe des créanciers inscrits sur l'immeuble acheté par lui. De deux choses l'une, ou la femme s'est engagée à leur égard et les a subrogés à son hypothèque légale, ou le mari est seul engagé. Dans ce dernier cas, l'acquéreur n'a rien à craindre d'eux, au point de vue spécial qui nous occupe; il n'a à redouter que la subrogation que la femme pourrait consentir à leur profit; mais ce serait là un acte ultérieur. L'acquéreur sera-t-il à couvert s'il n'inscrit pas, et si par hasard la femme vient à consentir au profit de l'un des créanciers déjà inscrits une subrogation à son hypothèque? Dans le premier cas la femme s'est déjà engagée envers les créanciers inscrits. A quoi peut lui servir l'inscription? Il sera toujours primé par les inscriptions qui le précèdent. Elle est donc inutile. Elle ne saurait lui être de quelque utilité que pour se garantir contre les nouvelles subrogations que pourrait faire la femme. Ainsi donc, c'est le contraire de ce que dit M. Mourlon qu'il faut reconnaître comme la vérité. L'inscription à faire par l'acquéreur ne peut être efficace et partant n'est nécessaire que pour le prémunir contre les actes ultérieurs de la femme. Notre adversaire reconnaît que, lorsque l'hypothèque légale se trouve en conflit avec d'autres hypothèques, la renonciation n'est pas une *vraie extinction* toutes les fois que l'acquéreur est en lutte avec un tiers quelconque au sujet de l'hypothèque légale. C'est dans ce sens que la loi a entendu les choses, lorsqu'elle a assimilé la renonciation à la cession. Toute autre interprétation s'éloigne de la vérité et méconnaît l'intention du législateur.

Maintenant que j'ai établi que l'inscription était utile à

l'acquéreur, il faut bien que je montre son utilité pour les tiers. Car c'est là la raison supérieure qui a fait adopter la disposition que nous étudions. Je disais dans l'article auquel vous répondez : « La renonciation extinctive est aussi bien soumise à la publicité que la renonciation transmissive. Les tiers ont le même intérêt à connaître l'une et l'autre. Dès lors, la situation doit leur être révélée par le même moyen. » Cette observation vous choque, et vous me répondez carrément : « Je le nie. Quel besoin les tiers ont-ils de connaître les charges qui grèvent un immeuble dont la garantie leur échappe par le fait même de la transcription de l'aliénation ? La garantie disparaissant, qu'importe la valeur plus ou moins grande de la garantie ? » Vous me permettrez de vous dire qu'une négation n'est pas une preuve, et qu'en présence d'un argument d'une pareille valeur, qui est le motif essentiel de la loi, une démonstration était au moins nécessaire. Examinons donc de quel côté se trouve la vérité. De quels tiers voulez-vous parler? Prétendez-vous qu'un tiers, un prêteur, par exemple, qui voudra contracter avec le mari, ne pourra pas acquérir une hypothèque conventionnelle sur l'immeuble vendu, ou une hypothèque judiciaire, s'il est déjà créancier, parce que l'acte de vente a été transcrit? Vous avez parfaitement raison. Cette garantie lui échappe. Mais ce n'est pas là l'hypothèse qu'il faut prévoir. Si la transcription suffit pour mettre l'acquéreur à l'abri des hypothèques conventionnelles et judiciaires, vous reconnaîtrez bien avec moi qu'elle ne purge pas l'hypothèque légale de la femme. Dès lors, la femme qui en a conservé la pleine disposition, peut la céder comme garantie à un créancier de son mari qui, jusqu'à ce moment, s'était contenté d'une simple hypothèque conventionnelle, soit même de la seule signature du mari, ou bien encore, par exemple, elle pourra la céder, pour faciliter le crédit de son mari, à un prêteur qui ne traiterait pas sans cela.

Dans ces divers cas, le tiers n'a-t-il pas intérêt à savoir si la femme est encore en pleine possession de tous ses droits, ou si elle n'y a pas renoncé? N'a-t-il pas intérêt à savoir si la sûreté qu'on lui donne est réelle ou illusoire? Si donc il n'a aucun moyen de s'éclairer; si la renonciation reste occulte, il sera trompé, et il courra le risque de perdre sa créance, alors qu'il n'aurait rien perdu s'il avait été averti. Direz-vous que l'acte de la femme consenti dans ces conditions est un acte frauduleux, qui n'a aucune valeur, et qui, d'un autre côté, donnerait lieu contre elle à des dommages-intérêts? D'accord. Mais où sera la garantie? Le mari est insolvable, il faut le supposer; et le seul gage que pouvait offrir la femme, elle s'en est dépouillée. C'est d'ailleurs précisément pour empêcher les fraudes de cette nature que la loi nouvelle a été édictée. Une personne vend un immeuble; avant que l'acheteur ait eu le temps de transcrire, elle revend à un second acheteur. Si ce dernier est de bonne foi, vous savez bien qu'il sera préféré, s'il a transcrit le premier. Cependant le précédent acquéreur est victime d'une fraude organisée à son détriment. L'acte consenti en dernier lieu par son vendeur est, dans ses rapports avec celui-ci, nul et de nul effet; il donne droit à des dommages-intérêts. Mais tout cela n'empêche pas que, par rapport aux tiers, et par conséquent eu égard au second acheteur, il ne soit parfaitement valable et ne produise tous ses effets. Il en est absolument de même en ce qui concerne l'hypothèque légale. Dans un intérêt de publicité, la loi a prescrit l'inscription des subrogations et des renonciations, afin que les tiers pussent toujours se renseigner sur la véritable position du mari et de la femme avec lesquels ils veulent contracter. C'est dans le même intérêt que le législateur, pour couper court à toutes les controverses, et pour effacer toutes les distinctions qui peuvent exister en principe entre la subrogation, la cession et la renonciation, les a assimilées, et soumis celle-ci d'une manière générale à la publicité. C'est là la doctrine que je résumais en ces mots que vous relevez : « La renonciation extinctive ou abdi-« cative, nous le savons, n'a pas pour effet d'éteindre « l'hypothèque d'une manière absolue ; elle la laisse « intacte entre les mains de la femme qui seulement re-« nonce à en exciper contre celui avec lequel elle contracte. « Celle-ci peut néanmoins la transmettre à de nouveaux « subrogés, lesquels sont fondés à ne pas tenir compte de « la renonciation qu'on ne leur a pas fait connaître. » Je regrette, monsieur, que vous n'ayez pas poursuivi cette lecture et que vous n'ayez pas étudié la discussion qui suivait ces paroles. Vous auriez reconnu, je l'espère, que la démonstration que j'essayais était complète, et que les scrupules de M. Mourlon, et les vôtres, par suite, n'étaient guère fondés. Permettez-moi de vous renvoyer, sur ce point, à mon *Traité de la transcription*, aux n°s 662 et suivants. Je ne pourrais que me répéter en reproduisant ici les raisons que j'ai données à l'appui de ma théorie, et qui m'ont paru triomphantes.

Vous concluez de mon raisonnement que toute renonciation non transmissive devient inutile. Je ne vais pas jusque-là. La renonciation extinctive peut avoir son utilité. Dans le cas, par exemple, où la femme est seule en présence de l'acquéreur, sa renonciation restera purement extinctive et elle n'en sera pas moins utile à l'acquéreur, Elle suffira pour le mettre à l'abri de tout péril, alors même qu'elle resterait occulte, à condition que la situation ne sera pas modifiée par les actes postérieurs de la femme. Vous me faites cependant une concession. Vous reconnaissez qu'il pourrait à la rigueur en être ainsi que je le prétends, s'il s'agissait d'une renonciation tacite, par l'effet du concours de la femme à la vente d'un immeuble de son mari; parce que, dans cette hypothèse, rien ne démontre l'intention de la femme d'abandonner ses droits sur le prix. « Mais quand la renonciation est « expresse, ajoutez-vous, qu'il n'existe aucun motif de « doutes sur la volonté expressément formulée de la « femme, la renonciation a, selon moi, pour effet certain « d'éteindre l'hypothèque et de l'éteindre vis à vis de « l'acquéreur d'une manière absolue : non-seulement « quant au droit de suite, mais aussi quant au droit de « préférence. » La distinction que vous faites est arbitraire. La renonciation tacite a les mêmes effets que la renoncia-tion expresse, et réciproquement. Loin qu'il faille inter-préter la renonciation tacite dans un sens restrictif, vous savez aussi bien que moi que la jurisprudence en a décidé autrement, et qu'elle l'a toujours considérée comme ayant le caractère subrogatif. Qu'en résulte-t-il, c'est que si la renonciation tacite de la femme est soumise aux nouvelles règles, à plus forte raison doit-il en être ainsi de la renon-ciation expresse. D'un autre côté, il est des cas où l'acqué-reur, lorsqu'il n'a pas de créance contre le mari ou la femme, n'a pas d'autre intérêt à stipuler une renonciation, que pour mettre l'immeuble par lui acquis à l'abri du droit de suite. Quant à l'exercice du droit de préférence, il lui est complétement indifférent. Pourvu qu'il paie le prix stipulé, peu importe qui le touchera. Dans cette hypothèse, pourquoi supposer que la femme qui a bien consenti à se dépouiller de tout droit vis à vis de l'acqué-reur, a voulu également se désarmer par rapport aux autres créanciers de son mari? Vous avez donc tort d'ériger en principe que, dans tous les cas, la femme qui renonce perd entièrement tous ses droits, lesquels s'éteignent et sont entièrement morts, comme s'ils n'avaient pas existé. Il suffit de cette observation pour démontrer l'erreur de la théorie absolue que vous proclamez. Que si la femme a consenti d'autres subrogations, postérieurement à la renonciation faite en faveur de l'acquéreur, nous savons que, dans cette hypothèse, cette renonciation n'est pas une vraie extinction et qu'il naît alors entre les divers subrogés ou renonciataires une lutte d'intérêts qui ne peut se décider que d'après l'ordre des inscriptions. Dans aucune hypothèse, votre raisonnement n'est fondé. Car le conflit peut toujours exister, soit par rapport au droit de suite, soit tout au moins par rapport au droit de préférence. Dès lors les conclusions que vous en tirez sont nécessairement fausses. Selon vous, la femme ne peut, postérieurement à la transcription de la vente, céder à qui que ce soit son hypothèque légale, en tant qu'elle grève l'immeuble vendu à l'acquéreur bénéficiaire de la renonciation. Je crois avec la jurisprudence, et, j'ajouterai, les vrais principes, qu'il en est autrement. Tout ce que j'ai dit précédemment l'a surabondamment démontré. Je n'insisterai pas davantage. Je me contenterai d'appeler à mon aide l'opinion du jurisconsulte que vous avez invoqué contre moi. Vous y verrez votre doctrine complétement réfutée. Et ce qu'il y a de singulier, c'est que c'est précisément le seul cas dans lequel la renonciation de l'acquéreur doive être inscrite. M. Mourlon, après avoir examiné si l'acquéreur qui a obtenu une renonciation a quelque chose à redouter des créanciers subrogataires qui n'ont pas inscrit avant la transcription, et avoir répondu négativement, s'exprime ainsi : « Mais que décider à

« l'égard des subrogations que la femme pourra consentir
« postérieurement à la vente? L'acquéreur doit-il, pour se
« mettre à couvert contre elles, joindre à la transcription
« de son titre l'accomplissement des formalités imposées
« aux subrogés pour acquérir, à l'égard des tiers, le
« bénéfice de la subrogation consentie à leur profit? Ne suf-
« fit-il pas, au contraire, qu'il fasse transcrire son titre? »
Et il conclut en disant que l'acquéreur est obligé de remplir une double formalité, la transcription et l'inscription
(*Rev. prat.*, t. I, p. 187, 188). Vous le voyez, la femme,
après avoir renoncé, peut consentir postérieurement des
subrogations valables. Il n'y a plus alors entre les divers
subrogés, y compris l'acquéreur, qu'une question de
priorité qui se vide par le registre des inscriptions.

Vous m'opposez la jurisprudence. Mais, prenez-y bien
garde, tous les arrêts que vous citez, y compris l'arrêt de
cassation du 26 août 1862 (D. P. 62, 1, 344), ont été rendus
sur des faits antérieurs à la loi de 1855, et sur des actes
passés sous l'empire du Code Napoléon. Ce dernier arrêt
a même trait à une espèce toute particulière et complète-
ment en dehors de notre hypothèse. Il s'agissait d'une
vente consentie solidairement par le mari et par la femme
en 1847. Un créancier de la femme qu'elle n'avait pas
subrogé crut avoir le droit d'utiliser l'hypothèque légale
à son profit, en usant de la faculté que lui donnait l'article 1166 du C. Nap., et en la faisant inscrire. La Cour de
cassation repoussa avec juste raison ses prétentions en
disant que, sous l'empire du Code Napoléon, la renonciation de la femme n'était soumise à aucune formalité spéciale, et qu'en vertu de l'art. 2180, se trouvant éteinte,
elle ne pouvait pas revivre au profit d'un créancier quelconque de la femme agissant en cette simple qualité, pas
plus qu'au profit de celle-ci qui y avait formellement

renoncé. Cette doctrine pouvait être, et était certainement exacte, je le reconnais, sous l'empire du Code Napoléon ; mais elle ne le serait pas en présence des nouvelles règles qui nous régissent. Vous avez donc tort de m'opposer cette jurisprudence. Les seuls arrêts qui aient jugé la question, l'arrêt de la cour de Lyon du 22 déc. 1863, et celui de la Cour de cassation du 29 déc. 1866, qui rejette le pourvoi formé contre le premier, l'ont décidée dans mon sens. La jurisprudence est donc pour moi. Quant à la doctrine, elle est plutôt en ma faveur, car, à part M. Pont, les auteurs se sont en général ralliés à la thèse que je soutiens, y compris M. Mourlon qui, au fond, partage mon opinion, quoiqu'il s'en sépare sur un point qui ne forme qu'une exception, pour ainsi dire, inapplicable, et dès lors sans portée. Je vous renvoie notamment à MM. Ducruet, *Ét. sur la transcript.*, n° 42 ; Hervieu, *J. des conserv.*, t. 2, p. 296 ; Rivière et Huguet, n° 391 ; Leroux, *Cout. de l'enreg.*, art. 10689 ; Bertauld, *Subr. à l'hyp. légale*, 2° édit., n° 99 ; Zachariæ, Aubry et Rau, t. II, p. 897, note 16. Lisez aussi une longue note insérée dans Dalloz sur l'arrêt de cassation en date du 29 déc. 1866 cité plus haut.

Je suis presque arrivé au terme de ma discussion, et, vous suivant pas à pas, je vous ai montré ou plutôt j'ai cru vous démontrer que les raisons sur lesquelles s'appuient vos scrupules n'avaient aucun fondement sérieux. Je veux la résumer en quelques mots par une observation qui, si je ne me trompe, détruit de fond en comble la base sur laquelle vous avez assis votre théorie. Selon vous, l'art. 9 de la loi nouvelle n'a été fait qu'en vue des créanciers subrogés, et l'acquéreur y reste toujours étranger. Vous ajoutez, pour fortifier cette assertion, que, quatre-vingt-dix-neuf fois sur cent, la renonciation con-

sentie en faveur de l'acquéreur est purement extinctive.
La conséquence forcée de votre raisonnement, c'est que
l'acquéreur, en faveur duquel la femme a renoncé, n'est
jamais soumis à la publicité formulée par l'art. 9 dont
s'agit, et qu'il peut se prévaloir de la renonciation à l'encontre des tiers, alors même que par la volonté expresse
des parties elle aurait le caractère subrogatif. Vous reconnaissez vous-même que cela peut être, puisque vous
réservez une chance sur cent. Malheureusement cette
proposition qui découle logiquement et nécessairement
de vos prémisses est inadmissible. Elle serait le renversement de la loi. La jurisprudence et la doctrine la condamnent unanimement. Personne ne vous a suivi et ne
vous suivra sur ce terrain. S'il est vrai que dans un cas
l'acquéreur puisse être obligé de s'inscrire, je ne comprends pas trop pourquoi il n'y serait pas tenu dans un
autre. S'il est vrai, en un mot, que la position particulière de l'acquéreur, en tant qu'acquéreur, ne soit pas un
obstacle à l'inscription, elle ne peut l'être plutôt dans une
hypothèse que dans l'autre. Mais, dites-vous, quand la
renonciation est purement extinctive, comment inscrire
une hypothèque éteinte? J'ai déjà répondu à cet argument, soit dans mon premier article, soit au commencement de celui-ci. J'ai montré qu'il était spécieux, mais
que rien ne s'opposait à l'inscription. Je vous renvoie à
ce que j'ai déjà dit à ce sujet, et je n'y répondrai pas sous
cette face. Je me contenterai de vous dire que, en posant
une pareille distinction, vous serez obligé de consulter
chaque fois la pensée des parties, et vous ferez dépendre
d'une interprétation de volonté souvent bien difficile à
constater, et par suite presque toujours arbitraire, le devoir de publier la convention, et le sort des subrogés
postérieurs. En agissant ainsi vous allez formellement

contre le vœu de la loi qui, en assimilant la renonciation à la subrogation, a voulu empêcher toute interprétation et dès lors toute controverse ; en même temps, poser un principe fixe et immuable qui régisse toutes les hypothèses. Et maintenant est-il vrai, comme vous l'affirmez, que quatre-vingt-dix-neuf fois sur cent la renonciation consentie en faveur de l'acquéreur soit extinctive? Je crois que c'est là une affirmation purement gratuite. Dans la plupart des cas elle est ou doit être considérée comme subrogative, car il est bien évident qu'étant plus avantageuse à l'acquéreur, on devra toujours plutôt supposer qu'il l'a entendue ainsi. D'ailleurs, est-ce que l'acquéreur, en invoquant l'hypothèque légale en sa faveur, en l'exerçant contre d'autres créanciers inscrits, en la faisant de la sorte revivre en faveur de tous les ayant-droit, n'en reconnaît pas le caractère translatif? Et n'est-ce pas ce qui arrivera le plus souvent? Comment les choses se passent-elles dans la pratique? Ou la femme s'engage solidairement dans l'acte de vente consenti par son mari. C'est là le cas d'une renonciation tacite, et vous êtes le premier à reconnaître que dans ce cas ma théorie est fondée ; ou la femme intervenant au contrat renonce formellement à son hypothèque. Quelle est alors la formule employée? N'est-ce pas ordinairement celle-ci : la femme a déclaré renoncer à son hypothèque légale en faveur de l'acquéreur? Qui vous autorise à ne voir dans cette renonciation qu'une simple renonciation extinctive? Cela vous serait permis si un commentaire explicatif venait donner à cette clause le sens que vous lui prêtez. Mais il n'en est rien. En l'absence de tout commentaire, il faut nécessairement interpréter la convention dans le sens le plus large et le plus avantageux à l'acquéreur. Je suis donc fondé à dire que, dans la plupart des cas, la renonciation est subrogative. Je crois pouvoir ajouter que c'est là ce qu'a entendu la loi, lorsqu'elle a confondu la renonciation avec la subrogation.

Si votre théorie était exacte, il faudrait, par contre, décider que, lorsqu'une renonciation purement extinctive serait clairement et formellement consentie en faveur d'un créancier, ce qui ne serait point, ainsi que je l'ai démontré plus haut, faire un acte inutile et sans valeur, ce créancier ne serait point obligé à la publicité. Ne serait-ce pas là méconnaître la pensée du législateur ?

Vous avez donc émis une double proposition inexacte quand vous avez avancé comme certain que quatre-vingt-dix-neuf fois sur cent les renonciations faites au profit des acquéreurs étaient *extinctives*, et celles faites au profit des créanciers *toujours* transmissives. Relisez au besoin M. Mourlon, et vous y trouverez la démonstration de votre erreur. (*Revue prat.*, t. i, p. 181-182; *Tran.*, n°ˢ 950-954; Verdier, *Transcr.*, n° 659.) Reportez-vous à la jurisprudence antérieure au Code Napoléon, et vous y verrez que la renonciation qui résulte d'une vente solidaire était considérée comme transmissive. Or, ce genre de renonciation au profit de l'acquéreur n'est-il pas le plus fréquent? Si les renonciations consenties aux acquéreurs ne sont pas dans la majorité des cas extinctives, et si les renonciations consenties en faveur des créanciers ne sont pas toujours transmissives, il n'y a pas à s'étonner que le législateur, en créant une innovation, se soit contenté d'une formule générale qui embrasse toutes les hypothèses, au lieu d'entrer dans des détails d'énumération qui eussent été plus dangereux qu'utiles. N'est-ce pas ainsi qu'il procède toujours? Et, où le voyez-vous comprendre dans ses dispositions nommément toutes les espèces qui s'y rapportent? Ouvrez le Code Napoléon, et

vous verrez, dans chaque article, un principe général qu
suffit à toutes les exigences et trouve son développement
naturel dans l'application qu'en fait la jurisprudence. La
loi de 1855 est elle-même un exemple frappant de la vérité de mon observation. Le premier alinéa de l'art. 1er
est ainsi conçu : « Est transcrit tout acte entre-vifs, translatif de propriété immobilière ou de droits réels susceptibles
d'hypothèque… » La loi ne s'occupe point des divers cas
où ce principe peut être applicable, et des différentes
espèces qu'il comprend : elle laisse à la jurisprudence le
soin de le déterminer plutôt que d'entrer dans une énumération pleine de périls. Il en est de même pour l'art. 9.
Veuillez méditer les paroles suivantes de M. Proudhon :
« L'aliénation consentie par les deux époux opère néces-
« sairement, au profit de l'acquéreur, le transport de tous
« les droits des vendeurs ; la femme n'aliène pas moins
« *son droit d'hypothèque* sur le fonds vendu que le mari son
« droit de propriété, puisque l'acte de vente consenti par
« eux emporte par sa nature la *cession des droits que l'un et
« l'autre avaient dans la chose.* » (Proudhon, *Usufr.*, n° 2340;
Riv. et Huguet, n° 391.) Ces paroles sont topiques. La
femme, en intervenant dans l'intérêt de l'acquéreur, fait
cession de tous ses droits hypothécaires. Et ce qu'il y a
de singulier et de plus important, c'est que M. Proudhon
parle ainsi, après avoir soigneusement distingué la renonciation d'avec la cession que la femme peut consentir en
faveur *d'un créancier.* Je sais bien que MM. Pont et Coin-
Delisle nient les conclusions de Proudhon et adoptent un
système absolument contraire. Ils ne voient dans l'intervention de la femme au contrat qu'une simple renonciation extinctive. Je pourrais répondre à ces jurisconsultes
que je ne trouve pas leurs raisons concluantes. Mais je
n'ai pas besoin d'aller jusque-là et de les discuter. Je me

bornerai à une simple observation. La divergence d'opinion entre les auteurs que j'ai cités prouve évidemment une chose, c'est que la question était controversée et qu'elle l'est encore aujourd'hui, car vous êtes pour MM. Pont et Coin-Delisle. Je tiens au contraire pour Proudhon et tous les écrivains qui ont partagé son opinion. Or c'est précisément là la situation qu'a réglée le législateur de 1855. Il a voulu faire cesser toute discussion sur ce point de droit si délicat, en édictant une disposition générale qui s'applique à toutes les hypothèses. Vous êtes donc mal venu à amoindrir son œuvre en ressuscitant une théorie qu'il a implicitement condamnée.

Si l'acquéreur est frappé d'une déchéance, lorsqu'il n'inscrit pas ou ne mentionne pas sa renonciation, c'est par la volonté formelle de la loi qui, assimilant les renonciations aux subrogations, sans faire aucune distinction, les a toutes assujetties aux mêmes règles. Il ne peut donc s'en prendre qu'à lui-même. Il subit la peine de son incurie et partage le sort de tous ceux qui, soumis à des prescriptions, en ont négligé l'accomplissement.

Permettez-moi de me résumer. J'ai démontré, si je ne m'abuse, premièrement : que la loi n'avait pas été faite seulement pour les créanciers subrogés ; que cette subrogation a pu servir de type et de modèle, parce que c'était la plus fréquente, celle qui avait donné lieu à tant de controverses, et qui avait préoccupé les esprits au plus haut degré ; mais que rien n'indique qu'elle ait été la seule prévue par le législateur. Que les termes généraux dans lesquels est conçu l'art. 9 prouvent au contraire qu'il n'y a aucune distinction à faire, et que la renonciation, quel qu'en soit le bénéficiaire, est soumise à la publicité. Autrement il faudrait dire qu'une renonciation formellement subrogative, consentie en faveur de l'acquéreur, n'y serait pas assujettie. Ce qui serait la négation de la loi.

Deuxièmement : que la loi ne s'applique pas seulement aux renonciations subrogatives, mais qu'elle comprend toutes les espèces de renonciations, par conséquent même les renonciations purement extinctives, parce qu'il n'est pas plus difficile d'inscrire dans un cas que dans l'autre, parce que l'inscription est utile dans toutes les hypothèses, si l'on veut fonder le crédit sur des bases solides, et créer une publicité qui ne soit pas trompeuse ; parce que, enfin, s'il en était différemment, il faudrait décider que la renonciation purement extinctive, alors même qu'elle serait consentie en faveur d'un créancier, par la volonté formelle et clairement exprimée des parties, reste étrangère aux nouvelles règles ; ce qui serait encore le renversement de la loi.

Troisièmement : que quatre-vingt-dix-neuf fois sur cent la renonciation consentie en faveur de l'acquéreur est subrogative, et non purement extinctive, comme vous l'entendez, parce que toutes les fois que l'acquéreur invoque l'hypothèque légale pour se défendre contre les tiers subrogés, il la fait revivre, pour ainsi dire, et, en l'exerçant, reconnaît qu'elle lui a été transmise. Il y a, en un mot, deux aspects qu'il ne faut pas perdre de vue. Dans les rapports personnels de la femme avec l'acquéreur, la renonciation peut être considérée comme extinctive ; mais il n'en est pas de même à l'égard des créanciers subrogés. Écoutez M. Mourlon : « Dans ce cas, dit-il, la renoncia-
« tion qu'a faite la femme n'est point, à proprement
« parler, une vraie extinction de l'hypothèque. A la vé-
« rité, la femme a pris l'engagement de la laisser dans
« l'inaction en tant qu'elle nuirait à l'acquéreur, mais elle
« la *conserve sous tout autre rapport.* Dès lors, rien ne ré-
« pugne à ce qu'elle soit ou qu'elle reste inscrite. » Il en

résulte que la femme peut valablement concéder des droits sur son hypothèque légale, après qu'elle a déjà renoncé en faveur de l'acquéreur. Si les tiers avec lesquels elle traite sont de bonne foi, ils auront le droit de s'en prévaloir. Ce sera alors entre l'acquéreur et le créancier subrogé un conflit qui ne pourra se décider que par la priorité de l'inscription. La femme commet sans doute une fraude, mais les tiers n'en sont pas responsables.

Quatrièmement enfin : votre système détruit toute l'économie de la loi et en fait manquer complétement le but en renouvelant une distinction qui avait donné lieu, sous le Code Napoléon, à une controverse interminable et excessivement confuse sur le caractère des subrogations et des renonciations, et qu'elle a voulu effacer. Car il est manifeste que, dans toutes les affaires, on verra se reproduire la question de savoir si la renonciation consentie en faveur de tel ou tel est subrogative ou purement extinctive, selon l'intérêt qu'auront les parties en cause. Au lieu d'une théorie excessivement simple et sans dangers d'aucune sorte, vous en créez une pleine de périls, et vous livrez toujours le sort des parties à une interprétation arbitraire et partant souvent erronée et injuste. Permettez-moi, sur ce point, de vous citer les paroles si judicieuses que je trouve dans Dalloz, dans une note placée au bas de l'arrêt de la Cour de cassation du 29 décembre 1866. Ces paroles résument ma pensée : « La renonciation « de la femme à son hypothèque légale y est prévue en « termes exprès. Par quelle raison celle consentie à l'ac- « quéreur ne serait-elle pas régie par cette disposition ? « Que la répudiation ait eu lieu pour exonérer l'acquéreur « de la charge des frais de purge, ou que la femme ait « entendu investir l'acquéreur de son hypothèque contre « d'autres créanciers inscrits, afin de prévenir son évic-

« tion ou d'en réparer les conséquences, peu importe.
« Dès que l'hypothèque a été l'objet d'une convention
« destinée, non à l'éteindre comme une purge ou un
« paiement, mais à en paralyser simplement les effets,
« relativement à celui, créancier ou acquéreur, avec
« lequel elle est intervenue, il est conforme à la lettre et
« à l'esprit de la loi que cette convention ne soit oppo-
« sable aux subrogés postérieurs que si elle a reçu la
« publicité prescrite par l'art. 9. Les termes généraux de
« cet article embrassent toutes les renonciations de la
« femme, quels qu'en soient le mobile et le but. La vo-
« lonté de la loi n'a-t elle pas été précisément de prévenir
« les contestations que pourraient faire naître les diverses
« dénominations données par les parties à la subroga-
« tion? L'acquéreur n'a qu'un moyen de se dispenser de
« l'observation de cet article, c'est de purger. La publicité
« de la purge avertira suffisamment les tiers, comme nous
« l'avons fait remarquer plus haut, de l'extinction de
« l'hypothèque légale. S'il préfère chercher la sécurité
« dans des conventions, soit libératoires, soit translatives,
« de l'hypothèque légale, les tiers qui peuvent ultérieu-
« rement se faire céder par la femme la même hypothèque
« doivent être instruits, selon les formes établies par
« l'art. 9, que la femme l'a abandonnée au profit de cet
« acquéreur et lui en a transféré le bénéfice, et qu'ainsi
« elle n'en a plus la disposition, dans la mesure de cet
« abandon ou de ce transport. »

Ma démonstration est donc complète. Nul doute n'est
possible. Vos scrupules ne sont pas fondés. La loi soumet
à la publicité de l'art. 9 toutes les renonciations, quelle
qu'en soit la nature. Je pourrais dès lors m'arrêter là.
Vous insistez cependant et vous me prenez à partie sur
d'autres points. Je veux bien, monsieur, consentir à vous

suivre jusqu'au bout, et examiner les nouvelles objections que vous m'opposez.

Vous me reprochez d'avoir fait, dans mon *Traité de la transcription*, une assimilation de la renonciation et de la purge, et d'avoir repoussé, en dernier lieu, cette assimilation. Vous voyez là une contradiction de nature à affaiblir singulièrement la portée de mes arguments. Je crains, monsieur, que vous n'ayez pas bien saisi ma pensée, et que tout ceci ne soit que la suite d'une confusion. Dans mon *Traité de la transcription*, je n'ai parlé de l'analogie, et non pas de l'assimilation, de la renonciation avec la purge, qu'à un point de vue spécial. J'ai dit que, lorsque la femme renonçait en faveur de l'acquéreur, la renonciation n'avait trait qu'au droit de suite qui seul pouvait lui être nuisible, mais qu'elle conservait son droit de préférence sur le prix ; parce que, en consentant à ne point porter préjudice à l'acheteur, elle n'entend point se dépouiller de tous ses droits vis à vis des créanciers de son mari, et rendre leur position meilleure à son propre détriment (n°ˢ 660-660 *bis*). C'est à ce sujet que j'ai dit aussi que, par analogie avec ce qui se passait au cas de survivance du droit de préférence par suite des formalités de la purge, la femme devait faire valoir ce droit, dans les conditions et les délais prévus par la loi du 21 mai 1858. C'est donc sur ce dernier point seul que porte mon analogie. Dans mon dernier article, tout en repoussant toute assimilation entre ces deux actes, et en montrant les différences qui les séparent en principe, j'ai cependant reproduit la même analogie en indiquant que, dans la purge, les formalités accomplies par l'acquéreur ont pour résultat de le mettre à couvert du droit de suite, mais laissent subsister le droit de préférence. Ce qui est parfaitement exact. J'ai ajouté : Il en est à plus forte raison ains dans le cas d'une renonciation. Vous soulignez ces mots : *à plus forte raison*, et vous les trouvez déplacés. Cependant, ils n'ont rien que de très-simple et de très-logique. En effet, dans la purge on aurait pu admettre (comme on l'admettait avant la loi nouvelle) que les formalités accomplies suffisent pour débarrasser complétement l'immeuble de l'hypothèque légale, tant du droit de suite que du droit de préférence. L'acquéreur qui remplit ces formalités peut être censé vouloir atteindre ce but, et ne rien laisser subsister de l'hypothèque. Mais, quand la femme renonce, c'est la supposition contraire qui domine. On ne saurait penser que, pour exonérer l'acquéreur, elle ait voulu se dépouiller de tous ses droits vis à vis des créanciers de son mari, et rendre ainsi, comme je l'ai déjà dit, leur condition meilleure à ses dépens. Il y a donc là un *a fortiori* qui explique parfaitement l'expression dont je me suis servi. Maintenant, me suis-je trompé en affirmant que le droit de préférence survit au droit de suite, et que la femme, en se dessaisissant de l'un, n'a pas entendu abdiquer l'autre ? Je ne le pense pas. Quoi que vous en disiez, l'abdication de la femme n'est pas complète, sans réserve. Elle a promis de ne point exercer son hypothèque légale au préjudice de l'acquéreur. Elle ne viole point sa promesse en se contentant de produire dans l'ordre, pour le montant de sa créance. Vous me demandez si je ne vois aucune différence entre le *créancier négligent*, mais *toujours créancier*, qui n'a pas inscrit son hypothèque avant la transcription du jugement d'adjudication dont parle l'art. 717 de la loi du 21 mai 1858, et la femme renonçante qui a fait l'abandon de ses droits sur l'immeuble vendu. J'avoue que, à ce point de vue, je n'en vois aucune. La femme qui a renoncé à son hypothèque en faveur de l'acquéreur est aussi, comme le créancier dont vous parlez, *toujours créancière*, seulement elle s'est engagée à ne pas user de son droit à l'encontre du tiers acquéreur. C'est ce qu'elle fait en se bornant à produire dans l'ordre. Elle a, en un mot, abandonné son hypothèque en tant qu'elle pourrait nuire à ce dernier, mais non sa créance et ses droits contre les créanciers de son mari. Voilà ce qui se passe quand la femme est seule en présence de l'acquéreur, relativement à son hypothèque légale. Il me semble qu'il n'y a rien là que de très-juridique.

Il est vrai que la position se modifie, quand la femme a cédé postérieurement cette même hypothèque à laquelle elle a déjà renoncé. J'ai indiqué plus haut quelles en étaient les conséquences. J'ai ajouté seulement sur ce point que l'intérêt pouvait exister à l'égard du droit de préférence, alors même qu'on admettrait que la femme n'a pas pu céder le droit de suite, et qu'en envisageant les choses à ce seul aspect par rapport aux tiers subrogés postérieurement, l'inscription aurait son utilité. Je me suis placé dans cette hypothèse, non-seulement pour faire reste de raison à l'opinion que je combats, mais encore parce que c'était précisément l'espèce de l'arrêt de la Cour de cassation que j'étudiais, et qui avait été l'objet des critiques que je repoussais.

Je sais bien que c'est là le résultat qui vous choque, et qu'il vous semble impossible d'admettre. « Cette femme, « dites-vous, qui s'était engagée à ne point nuire à l'ac- « quéreur, qui, par sa renonciation, s'était ôté le droit de « le faire, pourrait *impunément*, par une cession ultérieure, « rompre ses engagements et dépouiller celui qu'elle avait « garanti ! Ce serait là le régime protecteur qu'aurait « inauguré la loi de 1855. Cette loi, qui a eu pour but de « favoriser l'essor des mutations immobilières, de con-

« solider le crédit, d'introduire la sûreté dans les trans-
« actions, d'empêcher les *surprises*, et de donner à tous *le*
« *moyen de contracter en pleine connaissance de cause !* » Oui,
monsieur, quoi que vous en disiez, c'est là un régime
protecteur, parce que les intéressés ont toujours un moyen
de se mettre à l'abri des surprises dont je parle, en rem-
plissant certaines formalités ou en prenant certaines précautions, à la différence du droit du Code Napoléon, qui
laissait les parties désarmées et à la merci de la mauvaise
foi. Je regrette que vous ne l'ayez pas compris, et qu'o-
béissant à d'anciens préjugés, ou trop imbu des traditions
du passé, vous n'ayez pas tout à fait saisi l'esprit de la
loi nouvelle. Qu'a-t-elle voulu ? Que tout droit fût livré
à la publicité pour être exercé à l'encontre des tiers, et
qu'en l'absence des formalités prescrites, il fût comme
non avenu à leur égard. Il n'y a rien d'extraordinaire à
ce qu'une disposition oblige tous les bénéficiaires d'une
renonciation à la rendre publique, sous peine de la voir
inefficace. Vous vous étonnez, monsieur, que la femme,
après avoir renoncé au profit de l'acquéreur, puisse
encore valablement et *impunément* disposer de son hypothèque légale en faveur d'autres créanciers. Rien d'étonnant cependant à cela, car c'est en vertu même du principe nouveau. Non pas que la femme, pour ce qui la
regarde personnellement, puisse le faire impunément,
comme vous le dites. C'est évidemment là une fraude
dont elle est responsable vis à vis de l'acquéreur, et qui
l'oblige à des dommages-intérêts. Mais pourquoi voulez-
vous que les créanciers qui sont restés étrangers à la
fraude, et sont par conséquent de bonne foi, soient, eux,
dépouillés par suite d'un acte qu'ils n'ont connu, ou
qu'ils sont censés légalement n'avoir pu connaître ?
Est-ce que leur sort n'est pas aussi intéressant que celui

de l'acquéreur? Pourquoi ne pas les protéger? L'acquéreur est en faute, il doit en supporter les conséquences. Il aurait pu se mettre à l'abri en livrant son titre à la publicité ; s'il ne l'a pas fait, et qu'il en souffre, il ne peut s'en prendre qu'à lui-même. Voilà quel est le sens et l'esprit de la loi. Il en est si bien ainsi, que toute son économie repose précisément sur cette donnée. Quand un propriétaire a vendu son immeuble, ne s'est-il pas ôté le droit de le revendre à une seconde personne? Ne rompt-il pas ses engagements et ne dépouille-t-il pas son premier acheteur? Ne commet-il pas une fraude pareille à celle que vous reprochez à la femme? Vous ne sauriez le nier, la situation est identique. Cependant, la seconde vente est parfaitement valable par rapport à l'acquéreur. Comment se vide alors le conflit entre les deux acheteurs? Par la date de la transcription. Celui des deux qui le premier aura publié son titre sera préféré. Si donc vous supposez que c'est le deuxième, n'est-il pas vrai que le premier acheteur aura été dépouillé par suite d'un acte frauduleux, consommé à son préjudice par un propriétaire qui s'était ôté le droit de disposer de l'immeuble vendu, et s'était engagé à lui en procurer la possession paisible et incommutable? Cela empêche-t-il que le régime de la loi ne soit un régime protecteur? Évidemment non, car le premier acheteur est en faute de n'avoir pas transcrit. S'il avait accompli cette formalité, il n'aurait pas éprouvé de préjudice. Pourquoi voulez-vous que le second acheteur, lui qui est de bonne foi, soit dépouillé, parce qu'à son insu un acte a été passé avant celui qui lui a été consenti? Vous savez aussi bien que moi que c'est là précisément le but que s'est proposé la loi. Les registres du conservateur sont le livre où tout intéressé a le droit de trouver les indications nécessaires et qui doivent le guider dans sa conduite. Pour les mutations, c'est le registre des transcriptions, pour les renonciations à l'hypothèque légale, le registre des inscriptions. Cet exemple suffirait pour légitimer la théorie que vous critiquez. Permettez-moi cependant d'insister encore sur ce point. Ce résultat que vous niez par rapport à l'acquéreur, est-ce qu'il n'existe pas entre les divers créanciers subrogés par la femme? Quand celle-ci a cédé en totalité à un créancier son hypothèque, ne s'est-elle pas obligée à maintenir l'inviolabilité de son engagement, et ne s'est-elle pas ôté le droit d'en disposer de nouveau? Et cependant vous reconnaissez, je n'en doute pas, la validité des cessions ultérieures. Tout se réduit donc entre les divers subrogés à une question de priorité qui, sous le Code Napoléon, se décidait par la date de l'acte de subrogation, et sous la loi de 1855, par la date de l'inscription. Ce résultat qui vous semble si étrange n'a donc rien que de simple, de naturel, de très-juridique, et je ne vois pas pourquoi vous avez tant de répugnance à l'admettre en ce qui concerne l'acquéreur qui, dans bien des cas, est lui aussi créancier. La conséquence est donc forcée, si la femme peut valablement disposer à nouveau au profit d'un créancier, elle le peut, que le premier bénéficiaire soit un créancier, ou qu'il soit un acheteur.

Tel n'est pas cependant votre avis. « Non, non, vous écriez-vous, de telles conséquences sont impossibles ! » Vous invoquez alors à l'appui de votre affirmation : 1° le texte de l'art. 2180 du Code Napoléon, aux termes duquel les priviléges et hypothèques s'éteignent par la renonciation du créancier à l'hypothèque. Mais je ne vois pas trop quelle peut être la portée de cet article pour la solution de la difficulté qui nous divise. Prenez-y bien garde ; vous jugez la question par la question, et vous oubliez que la loi de 1855 est postérieure au Code Napoléon, et qu'elle a eu pour but d'en modifier, sur le point qui nous occupe, les règles et les principes. L'art. 2180 pourra encore dans quelques cas, et notamment dans celui d'une hypothèque ordinaire, ou même quand la femme sera seule en présence de l'acquéreur, et qu'il s'agira d'une vraie et pure extinction, trouver son application. Mais dans toutes les hypothèses où l'intérêt qu'a voulu sauvegarder la loi nouvelle sera en jeu, vous serez mal venu à m'opposer ce texte. Toutes les fois qu'il y aura en litige de nombreux bénéficiaires de la renonciation ou de la cession à son hypothèque légale, consentie par la femme, les choses se passeront différemment. Ce seront les dispositions de l'art. 9 de la loi de 1855, et non l'art. 2180 qui réglera .e conflit. 2° L'art. 6 de la loi de 1855, qui dispose que la transcription arrête le cours des inscriptions. Mais ce texte pose un principe général qui trouve son exception dans l'espèce qui nous occupe et dans les règles particulières formulées par l'art. 9. Vous en revenez là à l'opinion exprimée par M. Thiercelin, que vous avez rejetée, ce me semble, de laquelle il résulte que l'acquéreur au profit duquel la femme a renoncé n'a qu'une formalité à remplir, la transcription. Je ne reviendrai pas sur ce que j'ai déjà dit à ce sujet. Je me contenterai de vous renvoyer à mon dernier article, ainsi qu'à la doctrine et à la jurisprudence qui ont unanimement condamné cette théorie (Mourlon, *Revue pratique*, t. 1, p. 188 ; arrêt de 1866, cité plus haut). Vous m'opposez enfin 3° le grand principe de droit *nemo plus juris...* Je ne récuse pas l'autorité de ce principe, mais à une condition, c'est qu'il sera appliqué à propos. Or, dans l'espèce, il ne saurait trouver son application. Ai-je besoin de le démontrer ? Les observations qui précèdent l'ont suffisamment établi. Si le vendeur peut valablement revendre, si la femme qui a cédé en totalité son hypothèque, peut valablement la céder à un autre, n'est-il pas clair que la règle *nemo plus juris...* est ici inapplicable, et qu'elle s'efface devant des considérations et un intérêt supérieurs? C'est donc à tort que vous ajoutez que les créanciers subrogés postérieurement ne sont pas saisis valablement parce qu'ils ont acquis *a non domino*. Car en vertu des nouvelles règles, la femme n'est point, à l'égard des tiers, dessaisie de son hypothèque, quand celui en faveur duquel elle a renoncé en premier lieu n'a point rempli les formalités prescrites. Elle la conserve par rapport à eux intacte. Telle est l'économie de la loi de 1855.

Vous reconnaissez cependant, et je prends acte de votre aveu, que la jurisprudence qui tend à devenir dominante est contraire à votre opinion et qu'elle admet que la renonciation ne saurait tout au plus éteindre que le droit de suite, et qu'elle respecte le droit de préférence. Cet aveu ne vous embarrasse point. La femme peut bien conserver ce droit, dites-vous, mais elle ne saurait le transmettre à un tiers; et ce tiers n'est point fondé à l'exercer au préjudice de l'acquéreur. A l'appui de cette assertion vous reproduisez l'argument tiré de l'art. 6 déjà réfuté, et vous ajoutez : L'action que ce créancier intenterait contre l'acquéreur serait, en *quelque sorte*, une participation à la fraude commise par la femme; elle serait repoussée par les tribunaux, « comme ayant une cause illicite et comme étant infectée d'une nullité absolue. » Je n'en crois rien, monsieur. J'ai trop de confiance dans les lumières et la sagacité des magistrats chargés de distribuer la justice, pour les supposer capables de tomber dans une pareille méprise. Et vous-même, vous ne paraissez pas être bien sûr de l'opinion que vous exprimez, car vous hésitez en affirmant. En effet, l'action qu'exerce le créancier qui a traité de bonne foi avec la femme ne peut le constituer en état de mauvaise foi. C'est l'exercice d'un droit légitime qui doit trouver l'appui de la loi et des magistrats chargés de l'appliquer. Il n'y a donc pas ici de cause illicite, et de contrat infecté d'une nullité absolue. S'il en était ainsi que vous le dites, il y aurait bien peu de contrats valables, et contre lesquels on ne pût invoquer l'argument dont vous parlez. Les règles sur la transcription et l'inscription des actes deviendrait inutile, et seraient une lettre morte. Tout se réduirait à une question de fraude. Or, c'est là l'exception. Vous pressentez l'objection et, pour venir en aide à votre théorie, vous affirmez que les subrogés postérieurs ne sont point des *tiers* dans le sens de la loi de 1855 ; que, par suite, ils succèdent à l'obligation personnelle de la femme, et ne peuvent se prévaloir d'un acte qui, au regard de celle-ci, au moins, est frauduleux. Vous prétendez qu'il vous eût été facile de démontrer la vérité de cette proposition. Mais vous vous contentez d'ajouter, comme seule preuve, cette simple observation sous forme de question : « Les subrogés ont-ils, en effet, sur l'immeuble des droits régulièrement acquis et régulièrement conservés ? » On a beaucoup discuté sur le point de savoir ce que c'était qu'un tiers, et sur la différence qui séparait l'ayant-cause du tiers. Je n'entrerai pas dans les détails de cette discussion, cela me mènerait trop loin. Je me bornerai à vous faire observer qu'on entend par tiers tout ayant-cause qui, tenant un droit d'une personne, et ne succédant pas aux obligations personnelles de son auteur, et se trouvant en conflit avec un autre ayant-cause, a intérêt à lui opposer son droit. Seulement il est des cas dans lesquels la loi exige des conditions particulières pour que le tiers puisse se prévaloir de son titre. Mais alors elle le dit en termes exprès. C'est ce qu'elle fait notamment dans l'art. 3 de la loi de 1855, où elle veut que le tiers ait un droit sur l'immeuble conservé en se conformant aux lois. Mais la règle générale est qu'il suffit d'être un tiers et avoir intérêt pour opposer son droit, ou plutôt pour se prévaloir du défaut de formalités commis par le porteur d'un droit rival, et le repousser. Veuillez, à ce sujet, remarquer la différence de rédaction des art. 3 et 7 qui exigent une condition particulière pour que le tiers puisse opposer l'absence de transcription ou la perte de l'action résolutoire, et des art. 8 et 9 qui se contentent de dire : à *l'égard des tiers*, sans aucune qualification; ce qui revient évidemment à dire : tous les tiers quels qu'ils soient, qui ont intérêt (voy. mon *Traité de la transcription*, nᵒˢ 639-695). Je pourrais donc vous répondre qu'il suffirait que le créancier subrogé fût un simple tiers, et qu'il eût intérêt, pour qu'il pût opposer à l'acquéreur le défaut de publicité; mais j'aime mieux satisfaire à votre question par une réponse plus directe et plus catégorique. Oui, le créancier subrogé qui a inscrit est un tiers qui a un droit sur l'immeuble régulièrement acquis, et régulièrement conservé. Comment pouvez-vous soulever le moindre doute à cet égard? Le tiers subrogé succède aux droits hypothécaires de la femme : par l'inscription, il se les approprie et les conserve. Il remplit donc toutes les conditions qui vous semblent nécessaires, et que vous revendiquez.

Vous repoussez l'argument que je tire de l'art. 2, § 2, de la loi qui soumet à la publicité les renonciations extinctives des droits d'usufruit, d'usage, d'habitation, de servitude et d'antichrèse. Je ne sache pas cependant d'argument qui batte plus en brèche votre théorie. Car s'il est vrai que le législateur, comme il n'est pas permis d'en douter ici, ait voulu que tous les actes de renonciation

fussent rendus publics, même les actes de renonciation
qui ne peuvent qu'être extinctifs, on ne voit pas pourquoi il n'y aurait pas soumis les abdications hypothécaires. A la vérité, vous ne vous donnez pas même la peine
de réfuter mon observation, et vous vous contentez de
dire, sans l'établir, qu'il y a entre ces diverses renonciations trop de différence pour que je puisse tirer d'une
assimilation inexacte le moindre argument favorable à ma
thèse, et pour que vous ayez à songer en aucune façon à
me suivre sur ce terrain. Je le regrette, monsieur ; j'aurais
été heureux de savoir quelles bonnes raisons vous pou-
viez mettre en avant pour repousser une analogie aussi
manifeste et dont les conséquences sont forcées. Vous me
permettrez de croire, jusqu'à présent, qu'il n'en existe
pas, et que l'argument reste debout avec toute sa force.
Il est vrai que vous citez, comme pour l'acquit de votre
conscience, quelques mots extraits du livre de M. Flandin,
en ayant soin de souligner la qualification dont je me
suis servi à l'égard de cet auteur. Oui, certes, M. Flandin
est un jurisconsulte distingué, et son commentaire est
l'un des meilleurs qui aient été publiés. Mais cela ne prouve
point que, sur le sujet qui nous occupe, il n'ait pas pu se
tromper, et qu'il ne se soit pas trompé. Les paroles que
vous citez seraient complétement fausses, s'il fallait les
prendre dans un sens absolu. Elles peuvent être vraies
jusqu'à un certain point, si on les prend dans un sens
large. Ce qui prouverait au besoin que c'est dans ce
dernier sens que l'auteur les a entendues, c'est le commencement du paragraphe auquel vous les empruntez, dans
lequel l'auteur répudie toute distinction entre les renonciations translatives et les renonciations extinctives ou
abdicatives. Ce qui démontre encore que c'est bien là sa
pensée, c'est qu'aux numéros qui suivent (453, 454, 455),

il soumet à la publicité les actes de renonciation dans les cas prévus par les art. 656 et 699 du Code Napoléon, renonciations qui sont purement extinctives. Il faut donc comprendre ces expressions : *qui opèrent une mutation* (n° 438), dans le même sens que M. Troplong, auquel M. Flandin se réfère, et qui dit : « Il y a dans cette hypothèse, non pas, si l'on veut, une transmission proprement dite, mais l'équivalent d'une transmission (Tropl., n° 94).» La vérité est qu'au fond il n'y a dans ces actes ni mutation de propriété, ni transmission, ni l'équivalent ; il n'y a qu'un droit qui s'éteint, et, par la vertu de la loi, se réunit au droit qu'il grevait, et l'augmente d'autant. L'erreur de ces écrivains est d'avoir posé un principe absolu, dont l'inexactitude est venue se briser contre la force de cette vérité que je proclamais tout à l'heure, et qui ressort du texte comme de l'esprit de la loi nouvelle. C'est ce qui explique la concession qu'ils sont obligés de faire, et les ambiguïtés du langage dont ils se servent. Je ne reproduirai pas ici la discussion à laquelle je me suis livré sur ce point dans mon *Traité de la transcription*, auquel vous me permettrez de vous renvoyer (nᵒˢ 157 et s., t. 1). Je me contenterai de vous dire : Lisez attentivement les art. 1 et 2 de la loi, et vous serez convaincu que la proposition formulée par MM. Flandin et Troplong est contraire aux vues du législateur. L'art. 1ᵉʳ, § 1ᵉʳ, soumet à la transcription les actes translatifs de propriété immobilière et de droits réels susceptibles d'hypothèque; le 2ᵉ paragraphe y soumet les actes de renonciation à ces mêmes droits. Voilà une distinction nettement posée. Dans le 1ᵉʳ paragraphe, les actes translatifs qui opèrent une mutation; dans le 2ᵉ, les actes de renonciation, c'est-à-dire qui n'opèrent pas de mutation, mais une simple extinction du droit. Cette distinction clairement établie, la loi les as-

simile pour les assujettir à la même formalité, la publicité.
Si le paragraphe 2 s'appliquait à des actes translatifs, le
paragraphe 1er eût suffi pour les comprendre dans les actes
qui ne peuvent impunément rester clandestins. Et remarquez bien qu'il n'y a pas d'équivoque possible, car la loi
dit : *tout acte* portant renonciation. Cette observation est
encore plus décisive, s'il est possible, dans l'art. 2. Le
1er paragraphe soumet à la transcription les actes portant
constitution d'antichrèse, de servitude, d'usage et d'habitation ; le deuxième, tous les actes portant renonciation
à ces mêmes droits. Toujours la même distinction aussi
tranchée pour le fond des actes ; toujours la même assimilation au point de vue de la publicité. Il en est de
même pour les actes portant subrogation ou renonciation,
prévus par l'art. 9. Le même article les comprend sous
une seule disposition pour les astreindre les uns et les
autres à la même publicité, sans qu'il soit possible, sans
arbitraire, de faire aucune distinction. Ce texte est, on
ne peut plus précis ; et l'intention du législateur est tout
aussi formelle. Il ne procède jamais autrement. Quand il
emploie une expression dans un sens général, il faut
l'entendre ainsi, si d'ailleurs rien ne vient indiquer le
sens restreint qu'elle peut avoir. Il suffit donc qu'il ne
soit rien dit nommément des renonciations extinctives
pour que la disposition dont s'agit leur soit applicable.
Imposer à la loi la restriction dont vous parlez, c'est cesser de l'interpréter, pour me servir de vos expressions,
c'est la refaire.

Vous niez, monsieur, que la doctrine que je défends
soit destinée à atteindre le but supérieur de la loi, la
publicité, et vous cherchez à établir par un exemple que,
malgré la clandestinité de la renonciation, l'intérêt de
tous est suffisamment sauvegardé. Je crois encore que

vous vous êtes complétement mépris sur ce point, et que, si l'on suivait votre conseil, dans la plupart des cas, l'intérêt des tiers serait sacrifié. Je prends l'espèce que vous posez. Vente par Primus et Prima, mari et femme, en 1860, à Secundus; renonciation de la femme. En 1867 Primus veut emprunter à Tertius 5,000 fr. avec subrogation dans l'effet de l'hypothèque légale de Prima. Cela fait, dites-vous, vous choisissez le cas le plus embarrassant. Je pense, au contraire, que c'est le cas le plus commode pour votre démonstration; mais je veux bien l'accepter. Voyons si le tiers sera aussi assuré que vous l'affirmez. Tertius ignore quels sont les immeubles que Primus peut hypothéquer en sa faveur. Il est, dès lors, obligé de s'en informer. Que va-t-il faire? exiger: 1° un extrait de la matrice cadastrale; 2° un état des transcriptions; 3° un état d'inscriptions et de subrogations. Rien ne peut, s'il agit ainsi, lui être célé; la lumière est complète. Voilà bien votre raisonnement. Je dis, au contraire, qu'avec votre système, dans la plupart des cas, le tiers sera trompé. Il n'est pas toujours facile de distinguer parmi les clauses d'un acte de vente plus ou moins long, plus ou moins bien rédigé, la renonciation consentie au profit de l'acquéreur. Il faut être un homme d'affaires consommé et très-attentif pour l'y découvrir bien souvent. Or les lois ne sont pas faites seulement pour les jurisconsultes, mais pour toutes les parties. Comment donc le législateur aurait-il soumis le sort de l'hypothèque légale à sa mention dans un acte dont l'objet principal est tout autre chose ; alors qu'il existe un registre particulier pour l'inscription des hypothèques où elles sont complétement en relief, même pour les esprits les moins habitués aux affaires? C'est précisément pour cela que la loi a voulu que la subrogation fût inscrite sur le registre des inscriptions. S'il en était autrement, il faudrait aller jusqu'à dire que, toutes les fois qu'une subrogation serait consentie dans un acte sujet à transcription, l'inscription serait inutile, parce que la publicité qui résulte de cette formalité est suffisante. Vous avez supposé une renonciation expresse. Mais si la renonciation est tacite, la clandestinité sera bien pire. Où le tiers reconnaîtra-t-il l'existence de cette subrogation? Il faut alors qu'il soit, ainsi que je l'ai dit, un jurisconsulte distingué, qu'il connaisse la doctrine et la jurisprudence; qu'il puisse discerner si, dans l'espèce, il y a réellement subrogation, ou non, etc. — Croyez-vous que ce soit une publicité suffisante que celle qui exige autant de lumières ou autant de précautions? Croyez-vous surtout qu'elle soit de nature à faciliter les transactions? Veuillez vous reporter aux difficultés et aux controverses qu'ont soulevées le caractère et la nature des subrogations soit expresses, soit tacites, et demandez-vous s'il est possible d'admettre que le législateur ait soumis le sort des tiers à une interprétation toujours si difficile et si périlleuse. Écoutez M. Mourlon: « Si la transcription du titre d'ac« quisition ne suffit point, c'est qu'on a pensé, sans « doute, qu'elle ne mettrait pas suffisamment en lumière « la subrogation qui ne s'y trouve relatée qu'accessoi« rement et comme perdue au milieu des clauses nom« breuses qui l'obscurcissent. » J'ajoute que, dans la pratique, ce n'est pas dans le registre des transcriptions que l'on va chercher la lumière, lorsqu'il s'agit d'un emprunt à faire par le propriétaire d'un immeuble. Le prêteur réclame un état des inscriptions, et c'est sur cet état qu'il se fonde pour connaître la situation hypothécaire de l'emprunteur. Il est rare, en effet, que l'on exige un état des transcriptions, toujours très-coûteux, et qui pourrait ne rien apprendre au créancier sur la position hypothécaire de son débiteur.

Il faut enfin dire qu'on néglige d'autant plus le registre des transcriptions que, dans la plupart des cas, le prêteur connaît quels sont les immeubles appartenant à l'emprunteur ; et si on le consulte, ce n'est qu'au point de vue de la mutation. Quoi qu'il en soit, qu'arrivera-t-il au créancier muni, je le suppose, de ces trois états ? Dans la matrice cadastrale, il verra quels sont les immeubles qui sont la propriété du débiteur ; dans le registre des transcriptions il apprendra qu'il a vendu tel immeuble ; quant au registre des inscriptions, qui doit lui révéler la situation hypothécaire d'une manière complète et exacte, il n'y trouvera rien relativement à l'hypothèque légale. Il croira pouvoir contracter sûrement avec la femme ; et il sera dépouillé par suite d'une renonciation restée clandestine. L'inconvénient que je vous signale sera bien pire si, comme vous le voulez, la renonciation occulte au profit de l'acquéreur peut valablement résulter d'un acte sous seing privé. Ne le voyez-vous pas grossi de toute l'ignorance, ou du moins de l'inexpérience des parties inhabiles à rédiger une convention ; et ne conviendrez-vous pas avec moi qu'au lieu d'une disposition simple, facile à comprendre et à appliquer, vous soumettez, comme je l'ai déjà dit, le sort des tiers au caprice d'une interprétation toujours difficile, quelquefois impossible, et dans tous les cas pleine de périls ? Tel n'est pas le vœu de la loi. Deux registres existent ; à chacun sa mission. Le registre des transcriptions est relatif à la transmission de la propriété : le registre des inscriptions regarde seul les hypothèques. L'un ne peut pas suppléer l'autre et le remplacer. Permettez-moi de terminer sur ce point en vous renvoyant encore à l'opinion exprimée par M. Mourlon sur la difficulté.

« Ce n'est point d'ailleurs le registre des transcriptions que
« consultent les tiers, lorsqu'ils sont intéressés à connaître
« les charges privilégiées ou hypothécaires dont un im-
« meuble peut être grevé. Les renonciations doivent donc
« être mentionnées là où les tiers vont chercher les ren-
« seignements qu'il leur importe d'avoir, c'est-à-dire, sur
« le registre des inscriptions. Telle est partout et tou-
« jours la pensée de la loi. Le Code Napoléon et la loi
« nouvelle nous en fournissent des preuves irrécusables.
« Ainsi, qu'un acte de vente soit transcrit : la transcription
« sauvegarde sans doute le privilége du vendeur ; mais le
« conservateur doit avoir le soin de le détacher de l'acte
« transcrit, où il est un peu dans l'ombre, afin de le re-
« porter sur le registre des inscriptions où il sera plus en
« lumière (art. 2108 C. N.). Et si la loi nouvelle elle-
« même exige que la subrogation mentionnée dans l'ins-
« cription d'une hypothèque conventionnelle du subrogé
« en soit dégagée et reportée en marge de l'inscription
« antérieure de l'hypothèque cédée, n'est-ce pas égale-
« ment afin d'ajouter à la publicité, déjà si grande, résul-
« tant de la première inscription, une publicité plus sail-
« lante encore ? »

Vous le voyez, votre théorie, pas plus que celle de
M. Thiercelin, ne tient devant un examen approfondi ; elle
est également repoussée par la doctrine et la jurisprudence.
Vous reconnaissez cependant que la renonciation ne peut
pas toujours défendre l'acquéreur d'une manière efficace
contre tous périls et qu'il est des cas dans lesquels celui-
ci est tenu de recourir à la purge. Vous partez de là pour
faire une comparaison entre la purge et la renonciation et
pour établir que, sauf dans l'hypothèse que vous venez de
noter, la renonciation produit des effets plus importants
que la purge. Vous continuez à commettre ici la même

erreur que j'ai déjà relevée, qui consiste à confondre deux hypothèses bien distinctes : celle où la femme est seule en présence de l'acquéreur, et celle où postérieurement à la renonciation elle a transmis à de nouveaux subrogés l'hypothèque légale. Dans le premier cas, il est vrai, la renonciation pourra bien amener les résultats que vous proclamez, et suffire amplement à l'acquéreur ; mais il n'en est pas de même dans le second. Les tiers auxquels la femme a cédé l'hypothèque légale à laquelle elle a déjà renoncé, peuvent opposer le défaut d'inscription et se prévaloir de leur subrogation à l'encontre du tiers acquéreur négligent. Il est, dès lors, manifeste que la renonciation ne supplée pas la purge, et qu'elle produit des effets moindres. Je n'ai pas à revenir sur la démonstration de cette proposition que j'ai déjà établie. Je me bornerai seulement à vous faire remarquer, qu'en maintenant votre solution à cet égard, et en excluant les tiers subrogés du bénéfice de leur subrogation, vous continuez à juger la question par la question, et vous tranchez par une affirmation une difficulté que les termes et l'esprit de la loi résolvent contre vous. Cela posé, je n'ai pas à vous suivre dans la critique que vous faites de la purge, et dans l'examen des dangers qu'elle présente. Je crois que pour le besoin de votre cause vous les exagérez, et qu'en réalité elle offre plus de sécurité que vous ne dites. Mais cette discussion est hors de notre sujet ; je n'y insisterai pas davantage.

Vous abordez, maintenant, un autre ordre d'idées, et vous critiquez ma doctrine, parce que, d'après vous, elle impose à la petite propriété des frais énormes, ce qui est contraire à la tendance du législateur actuel. Cela dit, vous prenez pour exemple une vente de 500 francs, et vous faites le calcul que les frais s'élèveraient à plus de

160 fr., c'est-à-dire, à un chiffre supérieur au quart du prix d'acquisition, sans compter les frais de renouvellement d'inscription, ni les frais de la mainlevée que l'acquéreur, dites-vous (chose étrange !), devra se donner à lui-même. Vous ajoutez que le moment est mal choisi pour défendre de pareilles théories, quand, par tous les moyens possibles, on cherche à dégrever la petite propriété des charges qui l'oppressent. Cette conséquence ferait certainement repousser par le Corps législatif l'interprétation que je donne à l'art. 9. Voilà bien votre observation dans toute sa force et sa nudité. Mais, permettez-moi de vous le dire, c'est un de ces arguments qui ont pour eux au premier abord une apparence de vérité qui frappe, mais qui, examinés de près, perdent bien vite de leur valeur. Ils ont d'ailleurs le malheur d'être pris tout à fait en dehors du cercle d'idées dans lesquelles s'est renfermé le législateur. Ils sont, dès lors, impuissants pour expliquer sa pensée, et déterminer d'une manière sûre le but qu'il a poursuivi. Et d'abord le chiffre de 160 fr. n'est-il pas exagéré pour le besoin de la cause que vous soutenez ? car en y comprenant les frais d'enregistrement, les frais de transcription et d'inscription, les frais et honoraires du notaire, ainsi que ceux de purge, je ne crois pas qu'on puisse dépasser un chiffre qui variera entre 110 fr. et 125 fr. Je n'insiste pas, au surplus, sur cette observation, car je suis prêt à reconnaître avec vous que, même réduits à cette limite, les frais sont encore trop considérables, et ne sont pas en proportion avec la valeur de l'immeuble vendu. Mais vous me concéderez bien aussi, je le pense, que jusqu'à aujourd'hui ce n'est pas là le point de vue auquel s'est placé le législateur. Il a cherché par tous les moyens propres à assurer les transactions, à relever le crédit et à l'asseoir sur des bases plus solides, mais il ne

est pas préoccupé des frais que pourrait occasionner l'accomplissement des formalités qui devaient amener le résultat qu'il voulait atteindre. En 1855 notamment, loin qu'il en ait été ainsi, il résulte de la discussion qui a eu lieu au Corps législatif que cette considération, invoquée par un député (M. André), a été écartée comme exagérée, inopportune, et comme n'étant pas de nature à empêcher l'adoption des nouvelles règles (Discours de M. Rouher; *Traité de la transcription*, t. I, Doc., p. xciv, xcvii). On a donc passé outre en faisant observer que, si les craintes exprimées se réalisaient, ce n'est point par la suppression des formalités protectrices de l'intérêt des tiers qu'on devrait remédier à l'inconvénient, mais par la diminution du tarif fiscal. Qu'en résulte-t-il? c'est qu'alors même que votre objection serait fondée, elle ne serait point un argument contre la doctrine que je défends, et qu'elle n'en atténue en aucune façon la force de vérité. Il ne sert de rien de dire que, si le Corps législatif était saisi de la question, il interpréterait la loi dans votre sens; car vous préjugez la question, et affirmez une chose que ni vous ni moi ne savons. Je pense, au contraire, que, si la difficulté lui était soumise, il serait mieux inspiré que vous ne le supposez et qu'il ne consacrerait pas une contradiction qui serait un désaveu de son œuvre de 1855, et un pas rétrograde. Si la petite propriété est surchargée, ce n'est pas, je le répète, par la suppression des formalités qui sont pour elle aussi bien que pour les tiers une protection, qu'il faut la soulager, mais par l'abaissement des tarifs. Là se trouvent la solution et le moyen de concilier tous les intérêts. Espérons que le législateur comprendra cette pensée, et que, dans les projets de loi qui s'élaborent en vue de dégrever la petite propriété, il la mettra en pratique. S'il en est autrement, il est douteux qu'il atteigne le résultat qu'il ambitionne, sans léser les droits les plus légitimes.

Cela posé, je ne vois pas trop comment ma théorie impose à la propriété des frais trop onéreux ; car, qu'exige-t-elle ? une inscription qui est, en définitive, peu coûteuse. Tous les autres frais, ceux qui surchargent réellement la propriété, auront lieu tout de même. Sur les 160 fr. dont vous parlez, l'inscription n'y entre que pour quatre à cinq francs tout au plus. Où voyez-vous donc la surcharge énorme dont je frappe la petite propriété ? Vous allez sans doute me répondre que votre système a l'avantage de rendre la purge inutile, et qu'elle supprime ainsi une portion considérable des frais. Mais est-ce que l'inscription n'atteint pas le but d'une façon bien plus sûre, puisqu'elle avertit les tiers qu'ils n'ont pas à compter sur l'hypothèque légale dont la femme s'est dessaisie, et qu'ils ne doivent pas traiter avec elle? Ce qui est une garantie que l'acquéreur ne sera pas inquiété par des subrogations postérieures. Que si, néanmoins, soit par suite de leur négligence, soit par suite d'une fraude de la femme, ils contractent, est-ce que l'inscription qui donne à l'acquéreur la propriété ne le met pas à l'abri des entreprises des tiers ? Il est des cas, sans doute, où la purge conserve son utilité. Mais dans la plupart des hypothèses, et notamment dans celles où la vente peu importante fait désirer d'épargner des frais, l'acquéreur pourra sans inconvénient en négliger les formalités. Vous conviendrez, dès lors, facilement que la considération que vous invoquez est réellement sans importance, et qu'elle n'a pas pu influer sur la décision du législateur. Un dernier mot sur ce point. Vous prétendez qu'au chiffre énorme de 160 fr. que coûterait une vente de 500 fr., il faudrait encore ajouter les frais de renouvellement, et ceux de la mainlevée que l'acquéreur devrait se donner à lui-même. C'est encore là un fantôme fait pour frapper l'esprit au premier abord, mais qui s'évanouit quand on le serre de près. L'acquéreur n'aura pas toujours besoin de recourir à un renouvellement, et encore moins à une mainlevée qu'il se donnera à lui-même. De deux choses l'une, ou la femme est seule en présence de l'acquéreur ; au bout de dix ans, il n'a plus rien à craindre d'elle; son contrat transcrit et la renonciation qu'il contient lui suffisent. Sans compter que la dissolution du mariage peut arriver, et alors la femme rentre dans le droit commun. Si dans l'intervalle elle a subrogé des tiers, ceux-ci n'auront pas attendu dix années sans exercer des poursuites, et sans faire régler leurs droits, car ils savent bien qu'aux termes de l'art. 2180 du Code Napoléon, l'acquéreur est couvert par la prescription décennale à partir de la transcription de son contrat. Il est vrai que la prescription ne court pas pendant le mariage contre la femme, mais cette immunité, toute dans l'intérêt de la femme, ne peut point protéger ses ayant-cause. L'acquéreur n'a donc pas à renouveler une inscription devenue désormais inutile. Fallût-il la renouveler, les frais sont réellement si peu importants, relativement à ceux déjà exposés, que certainement ils ne sont pas de nature à faire repousser l'usage d'une formalité destinée à procurer à l'acquéreur, comme aux tiers, une sécurité complète. Quant aux frais de mainlevée, vous reconnaîtrez bien avec moi que l'acquéreur n'a pas besoin de rédiger un acte pour cela. Il laissera tomber tout bonnement l'inscription en péremption sans recourir à une formalité inutile et coûteuse. La propriété en sera tout aussi bien dégrevée ; et puis, qu'est-ce qu'une inscription grevant la propriété d'un acquéreur du chef de ce même acquéreur? Croyez-vous qu'elle puisse nuire à son crédit ou paralyser l'essor des mutations?

Les frais des ventes par expropriation forcée, ceux de surenchère sur aliénation volontaire, sont aussi très-considérables et hors de toute proportion avec la valeur de l'immeuble. Ils en absorbent souvent le prix en entier. Cependant aucun jurisconsulte n'a songé à soutenir que, pour ce motif, on pût supprimer aucune formalité indiquée par la loi. Il est vrai qu'il est fortement question de modifier l'état de choses actuel, et qu'une loi est sur le point d'être présentée au Corps législatif. Mais qu'importe? Jusqu'à ce que la loi ait statué à nouveau, il faut bien s'en tenir aux règles édictées et les observer. Quant au point de savoir si le projet dont s'agit résoudra la difficulté, sans léser aucun intérêt et sans violer aucun principe de droit, c'est une question à laquelle il est difficile de répondre, mais sur laquelle il est permis d'exprimer des doutes.

La situation de la petite propriété ne s'est donc pas aggravée, quoi que vous en disiez, et ce n'est pas à la formalité de l'inscription, que je crois commandée par la loi, qu'il faut attribuer la surcharge des frais dont elle souffre. Avant la loi de 1855, les frais étaient aussi considérables, et cependant le but qu'elle s'est proposé, cela est manifeste, a été tout autre, ainsi que je l'ai déjà fait observer, que celui d'économiser des frais aux contractants. Je n'en voudrais au besoin d'autre preuve que les préoccupations actuelles. Vous me dites que la pratique suivie a toujours été contraire à mon opinion ; que tous les acquéreurs se sont contentés de faire transcrire leur contrat authentique ou sous seing privé ; que par suite la position de tous ces propriétaires va se trouver singulièrement compromise. Je ne sais, monsieur, si la pratique est partout telle que vous l'affirmez, mais ce ne serait pas là une raison concluante. Nous savons tous que, dans la pratique, soit les parties, soit leurs mandataires, ont une tendance très-marquée à négliger toute formalité gênante ou coûteuse, sans crainte de mettre leur droit en péril. J'ai connu des notaires qui ne faisaient jamais transcrire les contrats, si, n'ayant pas affaire à une partie éclairée, ils n'étaient pas poussés par elle. S'il est, en effet, une pratique telle que celle que vous m'indiquez, il est certain que les parties négligentes compromettent leurs droits, et que les mandataires engagent plus ou moins leur responsabilité, selon les cas. Je conçois donc cette pratique ; elle est commode, mais elle est illégale et partant dangereuse. Je ne m'étonne pas trop de l'émotion éprouvée par le notariat, et des efforts qu'il a tentés pour obtenir une solution conforme à ses désirs. L'arrêt de la Cour de cassation du 29 août 1866 était bien fait pour jeter un certain trouble dans des habitudes aussi contraires à la pensée de la loi. Car, quoi qu'en ait jugé le comité, c'est bien là un arrêt de doctrine. Il est, à la vérité, rendu dans une espèce on ne peut plus favorable à la thèse que je soutiens, mais il en entraîne forcément l'adoption dans tous les cas, et rend impossible la pratique que vous soutenez de tous vos efforts. Je pense, dès lors, que la décision prise par les notaires de l'arrondissement d'Angoulême de s'abstenir, quant à présent, de faire inscrire les renonciations à l'hypothèque légale est une violation de la loi, et que partant elle est pleine de périls non-seulement pour la partie contractante, mais encore pour le notaire chargé de surveiller ses intérêts.

Je réponds, monsieur, à une dernière objection. « Si, « dites-vous, outre la transcription, vous exigez une « inscription qui ne peut être prise qu'en vertu d'un acte « authentique, vous supprimez du même coup l'usage

« des actes sous seing privé pour les ventes. » — Cette
objection m'étonne à un double point de vue. Je ne supprime en aucune façon l'emploi des actes sous seing privé
pour les ventes. A l'avenir, comme avant la loi nouvelle,
les parties sont libres de traiter sous leur seule signature,
sans avoir recours à l'intervention d'un officier public.
Seulement dans l'acte ainsi passé, la vente sera excellente ; mais la renonciation qui y sera faite sera nulle.
N'est-ce pas là ce qu'a voulu la loi ? Vous savez aussi bien
que moi que c'est dans une pensée de protection pour la
femme, et afin de la soustraire à l'influence si prédomi-
nante de son mari, et de l'entourer des conseils d'un
homme éclairé et impartial, que l'authenticité a été exigée pour la validité de la subrogation ou de la renonciation. Or n'est-il pas manifeste que la femme a besoin de
la même protection quand elle veut se dessaisir de son
hypothèque en faveur d'un acquéreur, que lorsqu'elle
s'en dépouille au profit d'un créancier ? La position n'est-
elle pas, à son point de vue, identique ? Et le péril n'est-
il pas même plus considérable ? Car, il suffit que la femme
consente solidairement à la vente, pour qu'elle perde ses
droits hypothécaires vis à vis de l'acquéreur. Elle peut
ainsi, par suite de cette convention tacite, être privée
de toutes ses garanties, sans le savoir, et sans avoir cru
prendre un engagement aussi étendu. Loin donc de voir
dans votre observation une objection à ma doctrine, j'y
puise, au contraire, un argument des plus puissants. Car
la conséquence forcée de votre théorie, c'est précisément
de permettre à la femme l'usage du sous seing privé pour
sa renonciation. Il en résulte que vous supprimez ainsi
toutes les règles de protection que le législateur a pris un
soin tout particulier d'élaborer, afin de sauvegarder les
divers intérêts qui sont en jeu, dans les conjonctures que

nous étudions. C'est là, si je ne me trompe, la plus éclatante condamnation de la théorie que vous soutenez. Permettez-moi donc de penser que vous et vos confrères,
mieux éclairés, vous finirez par comprendre la vérité de
la jurisprudence que je défends, et que, prenant des habitudes plus rassurantes pour les intérêts qui vous sont
confiés, vous appliquerez la loi telle qu'elle a été édictée.

Quant à l'avis émis sur la question par M. Casabianca
sur une pétition adressée au Sénat en 1862, vous êtes
obligé de convenir qu'il ne saurait avoir aucune portée,
puisque, quel qu'en soit le motif, il n'a pas été donné
d'autre suite au rapport que le dépôt de la pétition au
bureau des renseignements, où elle reste et restera enfouie, parce que, pour employer les expressions mêmes
de M. Casabianca, il n'est pas nécessaire de provoquer
une loi nouvelle pour modifier une loi récente dont la
saine interprétation suffit pour obvier à tous les inconvénients.

J'ai fini, monsieur, cette trop longue discussion. Je
vous ai suivi pas à pas et j'ai répondu à chacun de vos
arguments. Si je ne me trompe, il n'en reste pas un seul
debout. Aussi, en arrivant au terme, je me suis de plus
en plus convaincu de l'exactitude de la doctrine que j'ai
soutenue. Je ne puis que vous remercier des attaques
dont vous l'avez honorée, car elles n'ont servi qu'à me
fortifier dans mon opinion. Plus on cherche, plus on
creuse, plus on entre, en un mot, dans tous les détails de
la question, plus on se sent avancer dans la démonstration de la thèse qui seule est véritable. Les objections
s'effacent, les scrupules s'évanouissent. N'avez-vous pas,
à votre insu et tout en me combattant, accompli dans
votre esprit une évolution pareille et cédé malgré vous à

l'ascendant de la vérité ? Permettez-moi de vous le faire remarquer, il y a bien loin de vos conclusions à votre point de départ; au début de votre article, vous avez proclamé comme un axiome indiscutable que la loi ne regardait que les créanciers et n'avait point été faite pour l'acquéreur qui n'avait, dès lors, jamais à se préoccuper des formalités de l'art. 9. Ce principe absolu, vous l'abandonnez maintenant, et vous êtes obligé de reconnaître qu'il est des cas, et des cas nombreux, dans lesquels l'acquéreur pourra être tenu de s'y conformer. Cette concession, il ne faut pas vous y méprendre, est la condamnation de votre thèse. Car s'il est des hypothèses où l'acquéreur soit assujetti à la publicité prescrite par l'art. 9, on ne voit pas pourquoi dans une seule il n'y serait pas soumis, alors que la loi proclame un principe général et qu'elle ne fait nulle part l'exception dont vous parlez. C'est donc manquer à la logique, et en même temps méconnaître la pensée du législateur, que de créer une distinction qui n'existe pas. Il n'est pas jusqu'à votre langage qui ne se ressente un peu de la confusion que doit jeter dans tout esprit, quelque brillant qu'il soit d'ailleurs, le soutien d'une cause impossible. Après avoir reconnu qu'il est des hypothèses dans lesquelles votre système est inapplicable, vous ajoutez qu'après tout ce sont là des espèces créées pour le besoin de la cause qui ne sauraient abroger un *principe général*. De quel principe général voulez-vous parler ? Vous ne pouvez, ce me semble, arriver à justifier votre doctrine qu'en la présentant comme une exception aux règles posées par le législateur. Ces règles sont le *principe général* que toutes les renonciations sont soumises aux formalités de l'art. 9. Vous avez donc tort d'invoquer le principe général en cette matière, puisqu'il vous condamne. Quant à l'exception dont vous vous prévalez, elle ne saurait exister, soit en présence des espèces qui la repoussent, soit surtout en présence des termes et de l'esprit de la loi. Je suis donc plus fondé que vous à revendiquer pour qualifier la doctrine que je défends les expressions que vous m'empruntez, parce qu'elle est seule vraiment logique, raisonnable et juridique. Je ne vous en sais pas moins gré d'avoir appelé mon attention sur la difficulté, et de m'avoir fait connaître les scrupules que la solution que je lui ai donnée avait soulevés dans votre esprit. Certes, je n'ai point la prétention de vous rallier à ma doctrine, mais j'espère que la polémique à laquelle vous m'avez convié élucidera assez la question pour que bien des préjugés s'effacent, et que plus d'un esprit, d'abord hostile, l'adopte pleinement et sans arrière-pensée.

Un dernier mot encore. Permettez-moi de saisir l'occasion que vous m'offrez de répondre en quelques lignes à un auteur des plus autorisés, M. Pont, qui a soutenu la même doctrine que vous dans un article publié dans la *Revue du Notariat* (t. VII, p. 162, 170, 171), et qui, sans le vouloir, a accompli la même évolution. Après avoir exposé son opinion avec la plus grande énergie, il en arrive, comme vous, en terminant, à reconnaître, qu'au principe absolu qu'il vient de poser, il y a cependant des exceptions qu'il faut réserver. Les arguments qu'il a employés sont les vôtres ; ils sont donc déjà réfutés par les observations qui précèdent. Je me bornerai, dès lors, à une réflexion unique. Si le principe que vous adoptez, dirai-je, comporte de nombreuses exceptions, il n'est pas aussi absolu que vous le prétendez. S'il est des cas où l'acquéreur soit forcé de se conformer aux dispositions de l'art. 9, c'est que sa qualité n'est point un obstacle à la publicité dont s'agit ; on ne voit pas alors pourquoi on ne

ferait pas de la publicité une règle générale à laquelle
celui-ci se conformerait ou non, selon les cas, sous sa
responsabilité. S'il existe enfin des exceptions assez nombreuses pour faire de la règle générale l'exception, et
réciproquement de l'exception la règle, vous en arrivez
par le fait à mon opinion, et vous en reconnaissez la vérité. Ainsi M. Pont réserve, 1° l'espèce jugée par l'arrêt
de cassation du 29 août 1866, dans lequel l'acquéreur,
ayant payé une partie de son prix, était devenu créancier
de son vendeur ; 2° le cas où la renonciation de la femme
n'intervient qu'après la vente, et n'est faite, par exemple,
que postérieurement, dans la quittance du prix ; 3° le cas
où il existe sur l'immeuble aliéné des hypothèques postérieures en rang à celle de la femme qui a consenti la
renonciation en faveur de l'acquéreur ; 4° *tous les autres
cas* enfin où la renonciation pourrait n'être pas considérée
comme *purement extinctive*.

Que pensez-vous, monsieur, de toutes ces exceptions ?
N'est-il pas vrai, ainsi que je le disais tout à l'heure, qu'elles
détruisent la règle que vous posez, et en font l'exception ?
ou plutôt n'est-il pas évident qu'elles font ressortir toute
l'inconséquence de la doctrine que vous proclamez ? Parmi
ces exceptions, je ne veux en examiner qu'une seule, parce
que je me suis déjà occupé des autres dans le cours de
cette étude ; parce qu'enfin elle me paraît plus propre à
mettre en saillie la méprise dans laquelle M. Pont est
tombé comme vous. Toutes les fois que la renonciation
n'intervient qu'après la vente, la publicité est indispensable, dit M. Pont. Ainsi donc le mari vend, par un acte
postérieur la femme renonce à son hypothèque légale au
profit de l'acquéreur. Si celui-ci n'inscrit pas sa renonciation, il pourra être primé par les créanciers que la femme
aura subrogés à son hypothèque depuis la vente. Pour-

quoi cela ? Si la renonciation consentie en faveur de l'acquéreur est purement extinctive, il importe peu qu'elle
intervienne dans l'acte de vente ou qu'elle ait lieu par un
acte subséquent. Cette circonstance n'en change pas la
nature. Dès lors, les mêmes règles doivent la régir. Cette
observation prouve aussi qu'il n'est pas nécessaire, pour
que la publicité devienne obligatoire, qu'il existe, au moment de la renonciation, d'autres hypothèques inscrites
sur l'immeuble vendu, puisque dans l'espèce le péril peut
venir des subrogations postérieures. Que me répondra
M. Pont ? Que dans cette hypothèse il exige l'inscription,
parce que la renonciation n'ayant pas été faite dans l'acte
de vente transcrit, elle demeurerait sans cela occulte ?
Mais si vous reconnaissez la nécessité d'une publicité quelconque, pourquoi ne pas admettre la publicité spéciale
prescrite par la loi ? Vous savez quelles sont les règles
en cette matière. Quand la loi édicte des formalités particulières, elles ne peuvent être remplacées par des formalités plus ou moins équivalentes. La jurisprudence est
formelle à cet égard. Et d'ailleurs, pourquoi la publicité
s'il s'agit d'un droit qui s'éteint et n'existe pas ? J'avoue
que je trouve plus logique l'opinion radicale de M. Berger
(*J. des not.*, 24 février 1864), qui n'admet aucune exception pour ce cas, et celle de M. Mourlon, qui va jusqu'à
maintenir la renonciation, bien que l'acte de vente dans
lequel elle est faite n'ait pas été transcrit (*Transcript.*,
n° 1106).

Que conclure de là ? C'est que l'opinion que vous soutenez avec ces auteurs trouve en elle-même sa propre réfutation, parce qu'elle vient se heurter contre de nombreuses et toujours nouvelles contradictions. La vérité est
que l'acquéreur est soumis comme tout autre à la règle
de l'art. 9. Il n'est qu'un seul cas dans lequel il peut im-

punément négliger l'accomplissement des formalités prescrites par cette disposition, c'est celui où il se trouve seul en présence de la femme, et qu'il n'y a point de créanciers subrogés par elle. C'est là l'unique hypothèse où l'on puisse dire, pour me servir de cette expression si souvent répétée que la renonciation est *purement extinctive*. Quoi qu'on dise, il faut aboutir à ce résultat, et la doctrine contraire, si on examine bien au fond, ne contient pas d'autre conclusion. Mais, je le répète, il était inutile de tant discuter pour en arriver à poser un principe absolu qui n'est applicable que dans un cas où la difficulté n'existe pas et ne peut pas même surgir.

Je croyais ma tâche terminée, mais au moment où je venais d'écrire ces lignes, j'ai lu dans le journal le *Droit*, du 8 mars 1868, un nouvel article de M. Pont, dans lequel ce jurisconsulte, revenant sur la concession qu'il avait faite précédemment pour le cas où la renonciation de la femme est consentie dans un acte postérieur à la vente, adopte l'opinion radicale que j'indiquais comme plus logique, et qui consiste à dire que, même dans cette hypothèse, la renonciation peut rester occulte. Que penser de cette nouvelle évolution de l'éminent auteur? N'est-elle pas une preuve du cercle vicieux dans lequel on tourne quand le point de départ est erroné, et que la thèse que l'on soutient est dans le faux? Ainsi donc, la logique amène cette conséquence étrange, contraire au but que s'est proposé le législateur, qu'une renonciation peut rester absolument clandestine, et cependant être opposée aux tiers. On comprenait jusqu'à un certain point le raisonnement auquel vous vous êtes associé, quand la transcription de l'acte de vente permettait de connaître la renonciation : mais j'avoue que je ne le comprends plus, quand les tiers n'ont pas même cette ressource pour s'éclairer. Examinons donc cette nouvelle opinion de l'auteur auquel je réponds en ce moment, et demandons-nous quelle est sa valeur. MM. Aubry et Rau, que je suis heureux de trouver parmi les défenseurs de la thèse que je soutiens, avaient dit (t. ii, p. 897, note 16) : « Les aliéna-« tions faites par le mari ne portent par elles-mêmes au-« cune atteinte aux droits hypothécaires de la femme, « qu'elles *laissent subsister dans leur intégrité;* le créancier « auquel cette dernière offre la subrogation de son hypo-« thèque légale n'a point à s'enquérir si le mari a ou non « vendu ses immeubles, et peut *accepter cette offre sans avoir* « *préalablement recours au registre des transcriptions.* D'ail-« leurs, ajoutent-ils, il peut arriver que la femme qui n'a-« vait pas concouru à la vente passée par le mari renonce « plus tard, et par acte séparé, à son hypothèque légale « au profit de l'acquéreur ; en pareil cas, la transcription « de l'acte de vente n'apprendrait rien aux tiers, quant à « la renonciation à l'hypothèque légale, et il faudrait « bien en venir à l'application de l'art. 9. » Cette double observation est certes irréprochable tant au point de vue de la logique que du droit. Elle a de plus le mérite de forcer la doctrine que vous soutenez dans ses derniers retranchements, et d'avoir obligé M. Pont à une rétracta-tion qui me paraît en flagrante contradiction avec la prétendue vérité des principes qu'il proclame. Mais voyons quelle réponse il y fait à cette heure. « Le créan-« cier qui accepte la subrogation doit, dit-il, s'enquérir « du point de savoir si des immeubles ont ou n'ont pas « été aliénés par le mari, et pour cela consulter le registre « des transcriptions ; car il n'est vrai que les aliénations « faites par le mari ne portent par elles-mêmes aucune « atteinte aux droits hypothécaires de la femme qu'elles

« laissent subsister dans leur intégrité, *qu'autant que ces*
« *droits n'ont pas été abdiqués*. Au contraire, si la femme y
« a renoncé soit expressément, soit tacitement en concou-
« rant à la vente par son mari d'un immeuble grevé de
« l'hypothèque légale, elle a perdu par là même, sinon
« son droit de préférence sur le prix, au moins son droit
« de suite sur l'immeuble, et ne peut plus rien faire au
« point de vue de ce droit de suite contre l'acquéreur dont,
« par son concours, elle a garanti l'acquisition. C'est là
« un point constant en jurisprudence (Cour de cass., 26
« août 1862, arrêt approuvé par MM. Aubry et Rau). »
Je pourrais me borner à faire remarquer que M. Pont fait
ici une distinction entre le droit de préférence et le droit
de suite, et qu'il reconnaît que, quant au premier, la
doctrine de MM. Aubry et Rau est exacte. Cela seul suffirait pour justifier l'interprétation que je soutiens avec
ces estimables auteurs. Mais j'aime mieux attaquer l'objection dans toute sa force. Je l'ai déjà réfutée plus haut
en vous répondant. Et je m'étonne de la voir de nouveau
formulée par un jurisconsulte aussi judicieux, sans qu'il
donne à l'appui autre chose qu'une simple allégation
erronée. M. Pont confond deux époques bien distinctes
et juge la question par la question. Sous le Code Napoléon et avant la loi de 1855, la proposition pouvait être
et était exacte ; mais il n'en est plus de même depuis la
promulgation de cette loi qui est venue précisément modifier l'état de choses alors en vigueur, et apporter de
nouvelles conditions à l'existence et à la valeur des subrogations et renonciations consenties par la femme. Il
oublie encore la différence qui existe entre les rapports
de l'acquéreur avec la renonçante, et les rapports de cet
acquéreur avec les tiers. Eu égard à ceux-ci, c'est la loi
nouvelle qui le proclame, la femme n'est point dessai-

sie tant que le tiers, créancier ou acquéreur, n'a point livré son titre à la publicité par les moyens particuliers édictés par l'art. 9. Jusque-là, les tiers, eussent-ils eu connaissance de la renonciation, soit par la transcription, soit par tout autre moyen, sont légalement censés ne pas la connaître, et sont autorisés à ne pas en tenir compte et à la regarder comme non avenue. La jurisprudence, y compris l'arrêt de 1862, qu'invoque M. Pont, est tout entière relative à des faits et à des actes qui se sont passés antérieurement à la loi nouvelle (*supra*, p. 30). Elle ne prouve donc rien pour la solution de la difficulté. M. Pont reconnaît au surplus si bien lui-même que la raison tirée de la quasi-publicité émanant de la transcription est sans importance, qu'il avoue lui-même que ce n'est pas là la raison principale, essentielle. Il le fallait bien faire cet aveu ; car cette raison tombe précisément dans plus d'un cas, et notamment dans celui où la renonciation n'a pas eu lieu dans l'acte de vente, mais dans un acte postérieur. Aussi, quand il examine cette seconde partie de l'objection, il ajoute : « La raison principale, la raison juri- « dique pour laquelle l'art. 9 est inapplicable aux acqué- « reurs, c'est parce que les renonciations qui leur sont « consenties par les femmes sont *purement extinctives*, « qu'elles ont pour but de dégrever simplement l'im- « meuble, au lieu de maintenir l'hypothèque toujours « subsistante. Dès lors peu importe que la renonciation « soit contemporaine de l'acte de vente ou faite après « coup, le résultat est identique. » Nous retombons ici dans le même cercle vicieux. C'est une simple allégation que rien ne justifie de soutenir que les renonciations faites au profit de l'acquéreur sont toujours purement extinctives. M. Pont reconnaît lui-même qu'il y a à ce principe de nombreuses exceptions. Dès lors, qui déterminera si l'on se trouve dans la règle ou dans l'exception? Car il ne faut pas en douter, dans toutes les affaires on verra se reproduire la discussion sur ce point. Ce sera évidemment le juge. L'on substitue alors l'interprétation, c'est-à-dire l'arbitraire, à l'application d'une règle fixe, sûre, immuable, qui ne peut tromper personne. On retombe dans les inconvénients et les hasards que la loi nouvelle a voulu prévenir et empêcher. On la paralyse dans la plupart de ses effets.

Quoi qu'on en dise, je crois l'avoir démontré plus haut, il n'y a qu'un seul cas où la renonciation puisse être, dès l'abord, sûrement considérée comme purement extinctive, c'est celui où l'acquéreur se trouve seul en présence de la femme, et où il n'a pas à redouter le concours d'autres créanciers subrogés. Dans ce cas, je le répète, l'acquéreur peut impunément négliger l'inscription ou la mention, parce que personne n'est en droit de lui reprocher le défaut de publicité, et d'en profiter ; et, dès lors la difficulté ne surgit pas. Ce n'est donc pas en vue de cette exception unique que la loi a été faite. Si la théorie que je repousse était exacte, il en résulterait forcément que le créancier auquel une renonciation purement extinctive aurait été formellement et clairement consentie, pourrait aussi se dispenser de la publicité. Que deviendrait alors la loi? M. Pont revient ici sur le raisonnement que j'ai déjà réfuté et que je dois reproduire, parce qu'il repose sur une équivoque. Ce sera là la meilleure démonstration de l'erreur de la thèse à laquelle il sert d'appui. « La renonciation de la « femme, dit-il, vaut par elle-même, et n'a nullement « besoin d'une publicité qui n'ajouterait rien à sa valeur au « regard des créanciers ultérieurement subrogés. Évi- « demment cette femme n'a pas pu, après avoir dégrevé « un immeuble *déjà sorti des mains de son mari,* trans-

« mettre, par des cessions ultérieures de son hypothèque,
« plus de droits *sur cet immeuble* qu'elle n'en avait elle-
« même. Ici apparaît dans toute son énergie la jurispru-
« dence que je rappelais tout à l'heure, laquelle, *formée*
« *même depuis la loi de* 1855, établit que la femme qui a
« renoncé au profit d'un tiers acquéreur ne peut plus rien
« faire contre celui-ci au point de vue du droit de suite
« qu'elle a perdu par l'effet de sa renonciation. En sorte
« que si, *au nom et du chef de la femme,* la situation de
« l'acquéreur venait à être attaquée, celui-ci serait fondé à
« dire, en *s'autorisant de cette jurisprudence,* qu'après la
« renonciation l'immeuble s'est trouvé entre ses mains
« définitivement libéré et complétement à l'abri du droit
« hypothécaire de la femme, droit désormais éteint, *du*
« *moins quant à l'immeuble,* non-seulement pour elle, mais
« encore pour ses ayant-droit généraux et particuliers. »
Ce raisonnement contient autant d'erreurs que de mots.
Cela me paraît suffisamment démontré par tout ce que j'ai
dit. Je le prouve par une dernière observation. L'argument, l'unique argument sur lequel il se base, repose sur
la jurisprudence, *formée même depuis la loi de* 1855, c'est-
à-dire sur l'arrêt rendu par la Cour de cassation le 26
août 1862. Or, que mon contradicteur veuille bien prendre
la peine de relire avec attention cet arrêt, il y verra que,
quoique rendu en 1862, c'est-à-dire postérieurement au
1er janvier 1856, date de l'exécution de la loi de 1855, il
est relatif à des faits et à des actes antérieurs à cette loi.
Il s'agissait, dans l'espèce, d'une vente solidaire par deux
époux, et, par suite, d'une renonciation consentie par la
femme au profit de l'acquéreur, le 14 novembre 1847
(*suprà,* p. 30). Or, aux termes de l'art. 11 de la loi de 1855,
les règles de l'art. 9 ne sont point applicables aux actes
ayant acquis date certaine avant le 1er janvier 1856. Qu'en

résulte-t-il? C'est qu'un arrêt, rendu sous l'empire des règles édictées par le Code Napoléon, ne peut avoir aucune portée pour la solution d'une question relative à l'application de la loi de 1855. Dès lors, toute l'argumentation de M. Pont est renversée et tombe. La vérité est que, sous la loi nouvelle, la solution doit forcément être différente. La règle *nemo plus juris*... ne saurait être opposée par l'acquéreur aux créanciers subrogés postérieurs, pas plus qu'il ne le pourrait s'il n'avait pas transcrit et qu'il fût en lutte avec un second acquéreur qui, lui, aurait rempli la formalité. Il y a ici une question de publicité qui domine tout. L'acquéreur ne peut pas plus y échapper qu'un autre.

Je passe rapidement sur deux observations que j'ai eu déjà à examiner, et sur lesquelles je suis forcé de revenir parce que M. Pont les a reproduites : « Quelque effort « que l'on fasse, dit-il, on n'arrive pas à concevoir la né- « cessité d'une inscription destinée à *conserver un droit* « *absolument négatif*, ou même qui *n'existe pas.* » J'en demande bien humblement pardon à mon savant contradicteur, mais nous tombons ici dans une confusion de langage bien difficile à comprendre. Qu'est-ce que c'est qu'un *droit absolument négatif*, et qui *n'existe pas?* Voilà des mots qui jurent de se trouver réunis. Si l'acquéreur a un droit, il existe; s'il existe, il n'est pas *absolument négatif*; car un droit absolument négatif est un droit qui n'existe pas. Or, comment nier que l'acquéreur ait un droit actif, parfaitement vivant, puisqu'il ne peut écarter les tiers qu'en l'invoquant? S'il en était autrement, il ne pourrait pas s'en prévaloir. Dès lors, quelle inconséquence ou quelle impossibilité voyez-vous à ce qu'on l'ait obligé à l'inscrire, pour qu'il puisse le *conserver* et l'opposer?

L'on insiste et l'on dit : « Si l'acquéreur est tenu d'ins-
« crire, il est, par cela même, obligé de maintenir l'ins-
« cription par le renouvellement décennal, et cela *indé-*
« *finiment*, sans qu'on puisse apercevoir et dire quand
« cessera l'obligation de renouveler. » J'ai déjà dit que
cette objection n'était pas aussi sérieuse qu'elle en avait
l'air au premier abord, Dans la plupart des cas le renouvellement ne sera pas nécessaire, et encore moins indéfini. Fût-il indispensable, l'acquéreur serait soumis à la
loi commune. Pourquoi ne la subirait-il pas comme un
autre ? (*Suprà*, p. 51.)

M. Pont termine ainsi son argumentation : « Exiger
« une inscription, c'est tout simplement vouloir que l'ac-
« quéreur fasse contre le droit et la vérité soit l'inscription
« *sur lui-même* d'une hypothèque *qui n'existe plus*, soit la
« mention d'une subrogation qui *n'a jamais existé.* »
Je m'étonne de trouver un pareil raisonnement sous la
plume de mon éminent contradicteur. Ce sont là des jeux
de mots qui ont la prétention d'être des raisons juridiques,
mais qui n'en sont pas. Tout y est faux. Dire que l'hypothèque n'existe pas, c'est confondre deux choses bien distinctes. Dans les rapports de la femme renonçante avec l'acquéreur, on peut jusqu'à un certain point considérer
l'hypothèque comme inexistante ; mais il n'en est pas de
même dans les rapports de ce même acquéreur avec les
tiers auxquels la femme a consenti une subrogation. La
règle *nemo plus juris...* n'est point applicable. La loi
de 1855 a eu précisément pour but de modifier sur ce
point la législation et la jurisprudence. Pour tous les cessionnaires ou renonciataires de la femme, quels qu'ils
soient, il n'y a plus désormais, contrairement à ce qui se
passait sous l'empire du Code Napoléon, qu'une seule
règle : l'inscription ou la mention. C'est elle qui fixe et

détermine le droit de chacun d'eux. Dès lors, il est inexact de soutenir que l'hypothèque est éteinte, parce que la femme a renoncé en faveur de l'acquéreur. Elle est si peu éteinte, que la femme peut valablement la céder à autrui; et que c'est pour ce motif que l'inscription a été prescrite. J'ai déjà eu l'occasion, dans le cours de cette étude, de mettre cette idée en relief; je n'ai donc pas à y insister davantage.

Quant à l'inscription que l'acquéreur a à prendre *sur lui-même*, l'observation n'est pas plus exacte. A la rigueur je pourrais répondre qu'il n'est pas plus difficile et anormal d'inscrire que de transcrire. L'un et l'autre sont une formalité utile dans l'intérêt des tiers, et qui assure la tranquillité de l'acquéreur. Mais j'ajoute que ce dernier ne prend pas inscription *sur lui-même;* il prend inscription contre son vendeur, sur un immeuble par lui acquis, et en vertu de l'acte de renonciation qui lui a été consenti. Il fait ce que fait le créancier inscrit qui achète l'immeuble sur lequel il y a hypothèque et qui prend ou renouvelle l'inscription qui doit conserver ses droits comme créancier. Dans mon dernier article j'ai examiné plus longuement cette objection. Veuillez me permettre de vous y renvoyer. Je ne pourrais que me répéter en insistant plus longuement (*Revue pratique*, t. xxiv, pages 219-224).

La mention d'une *subrogation qui n'a jamais existé !* C'est encore là une équivoque en complet désaccord avec la vérité. Je pourrais discuter sur la valeur de l'acte consenti par la femme, et rappelant ce que j'ai dit plus haut (p. 12 et 13), soutenir qu'il s'agit bien ici d'une subrogation, ou tout au moins d'un acte équivalent ; mais je n'en ai pas besoin. Dire que la subrogation n'a jamais existé ne prouve pas que la renonciation n'existe pas. Or si,

comme on n'en peut douter, la renonciation existe, puisqu'elle a été consentie, pourquoi ne pourrait-on pas en
faire la mention ou l'inscrire, afin d'avertir les tiers? Ne
savons-nous pas que dans la pensée du législateur et au
point de vue de la publicité, la subrogation et la renonciation sont une seule et même chose? N'en avons-nous
pas au besoin la preuve dans les expressions de l'art. 9 :
« Les dates des *inscriptions* ou *mentions* déterminent l'or-
« dre dans lequel ceux qui ont obtenu des *cessions* ou *re-*
« *nonciations* exercent les droits hypothécaires de la
« femme. » Comment soutenir, après cela, que la mention ou l'inscription de la renonciation n'est pas possible?

Comment a-t-on pu, d'un autre côté, invoquer cette
disposition à l'appui de la thèse que je combats, en prétendant qu'elle s'occupe d'une question d'ordre et de
rang absolument étrangère au tiers acquéreur? Que le
débat s'agite entre les créanciers subrogés, ou entre
ceux-ci et l'acquéreur renonciataire, il y a toujours une
question de priorité, de préférence à vider. Quand l'acquéreur oppose la renonciation, il importe de savoir si
cette renonciation doit passer avant la subrogation consentie en faveur des créanciers du mari ou de la femme.
Or, c'est là une question de rang et d'ordre qui ne peut
se décider que d'après la date des inscriptions ou des
mentions. C'est ce qu'exprime formellement la disposition
dont s'agit.

En résumé, le résultat que je proclame peut paraître
au premier abord étrange, quand il est formulé dans les
termes employés par M. Pont. Mais, au fond et en
y réfléchissant, on n'y voit rien que de très-simple
et de très-juridique. Il ne blesse aucun principe de
droit, et n'est point en contradiction avec la vérité. Il

est de plus la conséquence de la volonté expresse de
la loi.

Ferdinand VERDIER,

Avocat à la Cour impériale de Nîmes, ancien magistrat,
membre correspondant de l'Académie de législation
de Toulouse, membre de l'Académie du Gard.

RENONCIATION A SON HYPOTHÈQUE LÉGALE

CONSENTIE PAR LA FEMME DU VENDEUR AU PROFIT DE L'ACQUÉREUR.

RÉPLIQUE A M. VERDIER (1).

Monsieur et savant contradicteur,

C'était, je le confesse, une bien téméraire prétention que cette espérance conçue naguère par moi de vous ramener à mes idées ; je veux dire à celles des éminents jurisconsultes dont je défendais et défends encore la doctrine. Si pareille méprise avait pu naître du seul oubli de mon insuffisance, si je n'avais eu dans la valeur de ma cause une confiance que vos raisons n'ont point détruite, ne trouvez-vous pas que je serais à cette heure bien embarrassé ? Car cette insuffisance dont je m'accuse, il vous a plu de la faire éclater à chaque page de cette volumineuse étude que vous m'avez adressée et qui, je dois le dire, a séduit un moment mon intelligence.

Mais séduire n'est pas convaincre, et j'ai le regret d'avouer que vous ne m'avez pas convaincu. Pour moi, comme pour tous ceux qui ont étudié votre réponse, la question reste la même. Vous avez grossi le dossier de vos alliés et de mes adversaires d'une dissertation que je

(1) Voir *Revue pratique*, t. 24, p. 209 et 481 ; t. 26, p. 5.

tiens pour un modèle de discussion spécieuse; vous n'avez point résolu la difficulté, qui demeure entière.

Quoi qu'il en soit, monsieur, je ne saurais trop vous remercier de l'attention que vous avez donnée à mon modeste essai. Je pourrais presque m'enorgueillir de cette longue et minutieuse discussion dont vous m'avez honoré et aussi un peu de l'intérêt que vous dites avoir pris en me lisant. Mais à Dieu ne plaise que je me fasse illusion à ce point! L'importance seule de la question, son actualité, étaient assurément des raisons suffisantes pour vous engager au débat. En adversaire courtois et indulgent, vous avez bien voulu me laisser la possibilité de croire que les mérites de mon travail n'étaient pas absolument étrangers à ce sentiment de curiosité bienveillante ressenti par vous. C'était là, monsieur, une délicate attention dont je vous sais gré. Je l'ai acceptée à titre d'encouragement. C'est peut-être à elle que je dois de m'être remis à l'œuvre après vous.

Car, pourquoi ne l'avouerais-je pas? votre défense, habilement formulée, avait tout d'abord surpris ma conviction. Le doute s'était emparé de mon esprit; j'hésitais. Il n'est point de croyances humaines, si solides soient-elles, qui puissent se dire pour toujours à l'abri de ces indécisions passagères. Moins heureux que vous, je crus un instant m'être trompé sur la valeur de ma cause. Votre logique aisée, persuasive, m'enlevait comme à moi-même. Je me vis le jouet complaisant de ces *anciens préjugés* et de ces *traditions surannées* dont vous avez parlé quelque part. Je ne sais trop quel charme d'un système harmonieusement agencé m'ôtait jusqu'à l'idée d'une objection possible. C'était comme une théorie idéale que j'entrevoyais par vous, un ensemble parfait où la loi sauvegardait tous les intérêts, respectait tous les droits acquis et ne laissait place ni aux doutes, ni aux surprises, pas même aux séduisantes disputes des Prudents de nos jours. Je rêvais le meilleur des mondes juridiques et, « *festoyant la vérité,* » comme dit Montaigne, je lui tendais déjà mes armes vaincues, quand tout à coup l'éclat de certains mots vint effacer une trop douce illusion. J'en étais arrivé à ce passage de votre lettre où, mettant en doute la pratique notariale que je soutiens, vous parlez assez légèrement de *négligences compromettantes, d'intérêts lésés, d'habitudes commodes, mais illégales et dangereuses, de responsabilités encourues.*

Oh ! à ce moment, monsieur, je compris toute la portée de votre système. Le mirage trompeur de votre magnifique, mais impossible doctrine disparut aussitôt de mes yeux et je me trouvai face à face avec la pratique et ses réalités saisissantes, impitoyables. Je pensai alors aux sévérités excessives de la jurisprudence à notre égard, aux tendances des tribunaux à éloigner démesurément les bornes de notre responsabilité, aux difficultés que votre théorie a déjà fait naître dans les affaires, aux embarras plus grands encore qu'elle est destinée à susciter. Tous les motifs sérieux de douter me revinrent en même temps à l'esprit, et je ne pus m'empêcher de redire (avec un jurisconsulte que *j'aime en effet à citer*, car, si j'en crois M. *Bertauld*, il est, de tous les juristes, celui dont les travaux ont rendu le plus de services en cette matière) : « Non, il n'est point opportun de se taire, alors que, bien « loin d'abdiquer, l'erreur, sous le couvert d'autorités « incontestables, menace de conquérir l'énergique et « dangereuse puissance des faits accomplis. Il faut lutter « encore, lutter aujourd'hui, demain, tous les jours, et « ne jamais se lasser de mettre sous les yeux de la justice « l'imposante figure de la loi méconnue. »

J'ai donc repris *ab initio* l'étude de la |question; m'entourant de tout ce qui pouvait aider et fixer mes recherches, m'isolant de toute idée préconçue, j'ai reconstruit péniblement l'édifice de ma conviction, et c'est le résultat de ce labeur que je vous demande, monsieur, la permission de développer aujourd'hui.

Le débat qui s'élève entre nous est bien simple : vous prétendez que l'acquéreur, bénéficiaire d'une renonciation à l'hypothèque légale de la femme de son vendeur, doit, en exécution de l'art. 9 de la loi du 23 mars 1855, faire inscrire ou mentionner cette renonciation au bureau des hypothèques; que la transcription de son contrat d'acquisition ne peut suppléer à la publicité spéciale édictée par le législateur. Je soutiens précisément le contraire. Vous m'opposez le texte et l'esprit de la loi : je vous les oppose également. Lequel de nous deux est dans l'erreur? Vous êtes naturellement enclin à penser que c'est moi. Toute modestie à part, je crois que c'est vous. Essayons donc d'éclaircir sincèrement la question. Si je parviens à prouver que votre longue dissertation n'est, du commencement à la fin, qu'une pure pétition de principe, je suppose que la difficulté sera bien près d'être résolue. C'est pourtant ce dont je suis fermement convaincu, et ce que je vais essayer d'établir en étudiant d'abord attentivement les précédents de la loi de 1855, si négligés par vous, et ensuite le texte même de l'art. 9 dont l'interprétation nous divise.

Une loi, monsieur, ne peut comprendre dans ses prescriptions toutes les espèces qui s'y rapportent. C'est ce qu'enseignait déjà, en son temps, le jurisconsulte *Julien* : « Neque leges, neque senatusconsulta ita scribi possunt « ut omnes casus qui quandoque inciderint, compre- « hendantur, sed sufficit, ea quæ plerumque accidunt,

« contineri (1). » Vous cherchez, dans votre dernier travail, à mettre cette vérité en lumière à l'occasion de l'article 9 de la loi de 1855.

« Ce n'est jamais du premier coup, dites-vous, que
« toutes les conséquences d'un principe de droit sont en-
« trevues; on se contente de les consacrer par une
« formule générale, laissant à la jurisprudence et au
« temps le soin d'en déterminer l'étendue et la mise à
« exécution (2). » Ces réflexions sont sages assurément,
et je me garderai bien d'y contredire. Toutefois, n'allez
pas exagérer les choses et poursuivre, dans tous les cas,
l'application absolue de cette règle d'interprétation.

D'abord, en ce qui a trait à la confection des lois, ce
serait une ridicule et funeste confiance que celle qui im-
poserait au législateur le devoir de se borner à l'exposé
de quelques principes insuffisants et de décréter des lois
pour ainsi dire inachevées, sous prétexte qu'il doit être
bref, que la science humaine ne peut tout prévoir, et
qu'en définitive il faut bien, comme osèrent le dire, en
1841, quelques commissaires du gouvernement, *laisser
quelque chose à faire aux tribunaux;* « on ne fait point
« des lois pour créer, mais bien pour prévenir les pro-
« cès (3). »

D'autre part, quand loin d'offrir cette noble et sage
précision qui devrait être en effet une des qualités essentielles de sa rédaction, la loi se compose de textes si obsti-
nément obscurs ou si manifestement incomplets qu'il
semble que le législateur se soit complu à laisser sa pensée dans le domaine « de la dispute et à l'arbitraire des
décisions individuelles, » alors vous conviendrez qu'on

____

(1) Digeste, tit. 3, *De legibus*, 1, 10.
(2) *Revue pratique*, t. 26, p. 7-8.
(3) M. Renouard, Discussion de la loi du 3 mai 1841.

ne se trouve plus dans le cas prévu par le jurisconsulte
romain; par suite, il n'y a pas lieu de suivre, il me semble, la règle de conduite qu'il trace un peu plus loin dans
l'hypothèse indiquée : « Non possunt omnes articuli
« singulatim aut legibus, aut senatusconsultis compre-
« hendi; *sed, cum in aliqua causa sententia eorum manifesta*
« *est, is qui jurisdictioni præest, ad similia procedere atque ita*
« *jus dicere debet* (1). » L'interprétation extensive, en effet,
ne peut être appliquée que lorsque, le sens d'une loi
étant incontestablement clair, il se présente d'autres cas
ayant avec ceux prévus une analogie absolue; là seulement où il y a identité de motifs, on peut rendre une décision semblable, disait encore la Raison écrite : « *ubi eadem*
ratio, ibi idem jus statuendum. »

Appliquons, si vous le voulez bien, ces principes à la
loi qui nous occupe : pensez-vous que le texte de l'article 9 soit exempt de toute obscurité? est-il à l'abri de
toute interprétation contradictoire? a-t-il un objet exactement déterminé? Le principe nouveau qu'il établit est-il
certain et s'impose-t-il généralement avec une évidence
et un éclat irrésistibles? Vous n'oseriez l'affirmer.

« La loi sur la transcription date d'hier, disait *Mourlon*
« en 1856 (2), et déjà les difficultés surgissent de toutes
« parts. Un doute universel s'est emparé des esprits; l'in-
« quiétude est partout. Les choses en sont au point que
« les chambres des notaires n'osent point se prononcer
« sur les questions de toute sorte qui leur sont posées et
« qu'elles auraient désiré résoudre dans l'intérêt de leur
« propre responsabilité. *La pratique s'effraie surtout de l'in-*
« *suffisance des règles qui régissent la matière si importante des*
« *subrogations à l'hypothèque légale des femmes.* Nous com-

----

(1) *De legibus*, Digeste, tit. 3, 12.
(2) *Revue pratique*, t. 1, p. 180.

« prenons ses perplexités ; *la loi a été si avare d'explications*
« *et de détails sur ce point,* qu'on peut dire, sans manquer
« de justice à son égard, qu'elle a laissé cette branche de
« notre droit *si embrouillée* et *si profondément obscure* qu'à
« l'éclairer le génie de *Dumoulin* succomberait (1). »

« C'est surtout pour la solution des questions que nous
« avons discutées dans ce chapitre (à quelles conditions
« est subordonnée l'efficacité de la subrogation), dit en-
« core M. *Bertauld* (2), que la loi du 23 mars 1855 eût dû
« nous fournir des lumières si abondantes qu'il n'y eût plus
« d'incertitudes sur les procédés à employer, les formali-
« tés à observer pour assurer l'efficacité des conventions
« relatives à l'hypothèque légale. C'est en effet à la loi
« qu'il appartient de dire et de dire avec netteté à quelles
« conditions de constatation et de révélation officielles elle
« accorde sa sanction aux droits qui se forment et qu'elle
« doit laisser se former en toute liberté. Qu'elle n'impose
« pas de types de contrats, en violentant les volontés!
« Qu'elle accepte au contraire tous les contrats qui, sans
« blesser l'ordre public, réunissent tous les éléments es-
« sentiels d'un contrat, mais qu'elle dissipe toute obscu-
« rité, tout nuage sur les solennités qu'elle exige comme
« garanties de liberté, sur les preuves qu'elle réclame du
« concours des consentements, sur les témoignages et les
« manifestations qu'elle prescrit dans l'intérêt du crédit
« et de la foi publics. »

Elle était donc, vous le voyez, monsieur, bien téméraire, comme l'a fait remarquer un savant magistrat (3),
cette assurance que nous donnait si solennellement
M. *Suin* dans son exposé des motifs, quand il disait : « On

<hr>

(1) Voir encore Mourlon, *Revue pratique*, t. 1, p. 560.
(2) *Traité de la subrogation*, p. 201-202, n° 114.
(3) M. Larombière, *Des obligations*, t. 3, p. 248, note.

« sait à quelles contestations a donné lieu l'exercice des
« droits hypothécaires de la femme par les créanciers su-
« brogés et quelles difficultés il a soulevées. *Il y est mis*
« *fin*, en donnant à la date des inscriptions ou mentions
« l'effet de régler l'ordre dans lequel seront admis les
« concessionnaires (1). »

Et c'est en face de cette insuffisance incontestée et incontestable de l'art. 9, en face de l'incertitude qu'elle en-
gendre, des contradictions qu'elle provoque, que vous
voudriez poser les bases d'un raisonnement par analogie,
prétendre que le législateur a eu pour but d'effacer les
anciennes distinctions entre la subrogation et la renonciation, en les assimilant de tous points dans leurs effets
pratiques ! Mais vous oubliez, monsieur, tous les principes admis pour l'interprétation des lois ; vous oubliez que
la loi de 1855, dans l'art. 9, est une loi d'exception et
qu'elle doit être par conséquent rigoureusement renfermée dans ses termes, d'autant plus rigoureusement
que ce texte est loin d'offrir toute la clarté désirable.

Aussi ne saurais-je m'expliquer comment vous avez
pu dire, sans autre preuve que votre affirmation (2) :
« L'intention du législateur est formelle, elle ne saurait
« être méconnue... il n'y a pas à s'étonner que le législa-
« teur, en créant une innovation, se soit contenté d'une
« formule générale qui embrasse toutes les hypothèses,
« au lieu d'entrer dans des détails d'énumération qui
« eussent été plus dangereux qu'utiles..... La volonté de
« la loi n'a-t-elle pas été précisément de prévenir les con-
« testations que pourraient faire naître les diverses déno-
« minations données par les parties à la subrogation... »

(1) Verdier, Documents législatifs, t. 1 de son *Traité sur la transcription*,
p. 11.

(2) *Revue pratique*, t. 26, p. 18, 31, 35.

Et où lisez-vous donc cette intention du législateur? qui vous la certifie? Pour apporter en pareille matière un changement de cette importance, il faut plus qu'une supposition, plus qu'un raisonnement hypothétique, créé par l'imagination et basé sur je ne sais quelle similitude de situation d'ailleurs invraisemblable ; il faut un texte, un texte précis, et je ne sache pas qu'il ait été fait mention nulle part de cette innovation ; je n'en trouve la trace ni dans la loi, ni dans l'exposé des motifs, ni dans le rapport fait, au nom de la commission législative, par M. de Belleyme.

J'avais toujours cru, au contraire (mais on ne s'avise jamais de tout, comme dit La Fontaine), que, par l'article 9, le législateur de 1855 n'avait voulu régler et n'avait effectivement réglé qu'une simple question de formes ; que le fond du droit, c'est-à-dire tout ce qui touche à la nature et aux effets des conventions, n'avait pas été modifié ; et je pensais ainsi, d'accord avec le plus grand nombre des auteurs, sur la foi même de M. de Belleyme, qui, dans son rapport, a pris soin d'affirmer que la loi n'a pas eu pour but de changer, *en quoi que ce soit*, la législation relative aux droits de la femme mariée en matière de cession et de renonciation.

Mais vous n'interprétez pas en ce sens les paroles prononcées par l'honorable député ; vous pensez qu'elles s'appliquent exclusivement à la capacité de la femme et vous me reprochez même d'avoir déjà commis à cette occasion une *erreur considérable*, motivée sans aucun doute par *mon désir ardent et bien légitime de trouver partout des arguments en faveur de ma cause.*

Non, monsieur, je ne suis pas tombé dans une méprise aussi *considérable* que vous voulez bien le dire, et ce qui me porte à le croire, malgré tout le respect que m'inspi-

= 135 —

rent vos opinions personnelles, c'est que je trouve le
même argument invoqué de la même manière, en trois
circonstances différentes : une première fois par M. Paul
Pont, dans un article sur la publicité des subrogations (1),
une seconde fois par M. Bertauld, dans l'examen qu'il
fait de la question de savoir si la loi de 1855 a autorisé la
cession de l'hypothèque détachée de la créance ; enfin
une troisième fois par Mourlon, dans son *Traité sur la
transcription hypothécaire* (2) ; et chose étrange, bien faite
assurément pour montrer combien les plus grands esprits
se montrent éperdûment épris de leurs œuvres et combien quelquefois l'amour du moi les aveugle, cet argument qu'il appelle à son aide dans le passage que je viens
de citer, Mourlon lui-même avait essayé de le détruire
alors que M. Pont le lui apposait dans la polémique qui
s'était élevée entre ces deux jurisconsultes sur le mode
de publicité appliqué aux subrogations (3).

Mais écoutez ce qu'a écrit à cet égard M. Bertauld ; ses
judicieuses paroles conviennent parfaitement au débat
qui existe entre nous :

« M. de Belleyme a expressément déclaré, dit-il, que la
« loi actuelle (sur la transcription hypothécaire) n'a pas
« pour but de modifier, en *quoi que ce soit*, la législation
« relative aux droits de la femme en matière de cession
« ou de renonciation à une hypothèque légale. » (Rapport
« de la commission du 20 mai 1854.)

« Je sais bien qu'en parlant ainsi, M. de Belleyme son-
« geait surtout à la capacité de subroger, c'est-à-dire à
« une capacité dépendant des régimes matrimoniaux sur

(1) *Revue critique de législ. et de jurisp.*, t. 9, p. 140.
(2) T. 2, p. 586-587, n₀ 948.
(3) *Revue pratique*, t. 2, p. 153. — Voir aussi Benech, *Du nantissement*,
p. 76.

« l'influence desquels la loi sur la transcription n'avait
« pas à s'expliquer. Mais *comprendrait-on une déclaration*
« *aussi absolue,* si la loi avait résolu un problème d'une
« telle importance par sa date, ses antécédents, ses con-
« séquences (1)? »

« La loi, dit encore M. Paul Pont, parle de la cession de
« l'hypothèque légale ou de la renonciation à cette hypo-
« thèque, parce qu'elle envisage l'effet de la convention,
« qui est non pas l'extinction de l'hypothèque, mais le
« passage de cette sûreté des mains de la femme aux
« mains des créanciers subrogés. Elle n'a pas eu autre chose
« en vue, et surtout elle n'a pas songé à proscrire tel ou
« tel des modes suivant lesquels la convention s'était pro_
« duite jusqu'à elle. *En ceci,* comme en ce qui touche aux
« droits de la femme, *les rédacteurs de la loi ont voulu s'abs-*
« *tenir de toute innovation, et ils l'ont déclaré de la manière la*
« *plus expresse* (2). »

On ne saurait ni mieux penser, ni mieux dire ; il est
incontestable, en effet, le silence seul du texte, à défaut de
témoignage exprès, suffirait à l'établir, que le législateur
de 1855 n'a rien voulu changer à l'état de choses alors
en vigueur : ne l'oublions pas, la loi sur la transcription
n'est pas plus une loi générale sur les subrogations
qu'elle n'est une loi générale sur le régime hypothécaire.
C'est une loi toute spéciale, uniquement destinée à porter
remède à certains périls, à certains inconvénients reconnus. Toutes les dispositions qu'elle contient n'ont été
présentées que comme des dispositions complémentaires,
additionnelles au Code Nap., dont on voulait respecter
l'économie entière. Les deux articles relatifs à l'hypothèque légale, étrangers, pour ainsi dire, et isolés au

(1) Bertauld, *op. cit.,* p. 37, n₀ 20.
(2) Paul Pont, *Privil. et hyp.,* no 407.

milieu de textes avec lesquels ils n'ont aucun rapport, ne furent introduits dans le cadre législatif que comme un palliatif urgent, mais en quelque sorte aussi provisoire, puisque un membre de l'Assemblée a pu dire que la loi n'était, sur ce point, qu'un premier pas fait dans la voie du progrès. Tout concourt donc à établir le caractère spécial, exceptionnel et d'actualité de l'art. 9 ; or, toute loi d'exception doit être, je l'ai dit, rigoureusement renfermée dans ses termes : nulle analogie, fût-elle justifiée, ne peut être admise pour en étendre l'application. A bien plus forte raison, ne doit-on pas alors soumettre à cette loi des hypothèses qui, bien que s'y rattachant par quelque endroit, seraient prises néanmoins en dehors de son objet. N'est-ce pas là pourtant l'erreur que vous avez commise ? En invoquant la disposition relativement générale de l'art. 9 et en affirmant que les prescriptions de ce texte atteignent, sans distinction aucune, non-seulement les subrogations, mais encore toutes les espèces de renonciation, quel qu'en soit le bénéficiaire, n'avez-vous pas outrepassé la volonté du législateur ? n'avez-vous pas, sous le couvert d'un texte douteux et ambigu, accepté arbitrairement comme loi une décision individuelle, à laquelle j'espère bien prouver que les auteurs de ce texte n'ont jamais songé ?

Vous pourrez vous en convaincre, monsieur, si vous voulez bien lire avec quelque attention les développements qui vont suivre : car, pour bien comprendre le sens et la portée de l'art. 9, il faut nécessairement se reporter au temps où ce texte a été promulgué, se rendre compte des lacunes qu'il était destiné à combler, des exigences sociales qui le réclamaient, des dangers auxquels il devait porter remède, des besoins pratiques qu'il était appelé à satisfaire. « Les motifs qui ont dicté la loi

« sont, en effet, comme la loi elle-même, et celle-ci s'en-
« tend aussi bien des termes qui ont été employés par le
« législateur que de l'intention qui a présidé à sa confec-
« tion : aussi est-ce surtout par leurs motifs que les
« textes doivent être interprétés (1). »

Ici, ce travail est facile : l'art. 9 n'est pas sans quelques
précédents auxquels on puisse le rattacher; il découle
très-directement, quoi que vous en ayez dit, non-seulement des projets de réforme de 1849, 1850, 1851, mais
encore de la grande enquête législative de 1841. Cela
ressort jusqu'à l'évidence des considérations générales
qui sont comme l'avant-propos de l'exposé des motifs de
M. Suin et du rapport de M. de Belleyme. Ce point de
l'histoire de notre droit moderne a été, dans cette *Revue*
même, fort justement et fort clairement développé par un
jeune et savant magistrat dont je suis heureux de pouvoir
invoquer le témoignage :

« La discussion de 1851, dit-il, avait mis en lumière
« quelques lacunes ou quelques imperfections de détails
« dans la législation établie ; tout le monde était d'accord
« sur ces imperfections. Ainsi on signalait la transcrip-
« tion : était-elle ou non dans le Code Napoléon ? Si elle
« n'y était qu'implicitement, son établissement textuel
« n'était-il pas chose urgente ? La durée de l'action réso-
« lutoire du vendeur n'était-elle pas trop longue ? *Les ces-*
« *sionnaires subrogés à l'hypothèque légale de la femme ne de-*
« *vaient-ils pas être astreints à la mention de leur subrogation sur*
« *les registres du conservateur ?*.... Voilà les lacunes qu'avait
« signalées la *discussion de 1851, et qu'avaient bien aupara-*
« *vant mises en relief la doctrine, la jurisprudence et surtout*

(1). Mailher de Chassat, *Interprét. des lois*, p. 101-104. — Cassat. 1er février 1849.

« *l'enquête judiciaire de 1841*..... On renonça donc en 1855
« à toute réforme hypothécaire pour se borner à amoin-
« drir, dans le cercle restreint que nous venons d'indiquer,
« quelques imperfections de détail sur lesquelles il n'y
« avait aucun dissentiment sérieux parmi les juristes, et
« *l'on se borna à des dispositions purement additionnelles au*
« *Code Napoléon*, et destinées à le compléter et non point
« du tout à le modifier (1). »

Au surplus, tous les commentateurs de la loi nouvelle
attestent l'exactitude de ces considérations, et vous-
même, monsieur, l'avez reconnue dans votre *Traité sur
la transcription hypothécaire*. Après avoir parlé, sous le
n° 646, des périls et des inconvénients signalés à l'occasion de l'occultanéité des subrogations à l'hypothèque
légale, et après avoir mentionné la disposition du projet
de loi de 1851, qui imposait à ces subrogations les deux
caractères de l'authenticité et de la publicité, vous avez
écrit en effet : « Cette disposition réunit l'assentiment de
« tous et fut unanimement adoptée;.... le législateur de
« 1855 ne pouvait méconnaître de pareils précédents et
« dédaigner les enseignements du passé.... C'est sous
« l'empire de ces idées que l'art. 9 fut adopté (2). »

Puisque vous admettez, avec la majorité des auteurs et
avec moi, que l'art. 9 est né des réclamations émises par
la doctrine et la jurisprudence; puisqu'il faut, même
d'après vous, en chercher l'origine et l'esprit dans le
projet de réforme hypothécaire de 1851, comment avez-
vous pu me reprocher d'invoquer ces précédents de notre
loi, où *je suppose*, dites-vous, que le législateur de 1855
est allé s'inspirer ? Comment avez-vous écrit :

(1) Bouniceau-Gesmon, *Revue pratique*, t. 21, p. 461-462.
(2) *Transc. hypot.*, t. 2, n°ˢ 646, 647.

« L'enquête de 1841 ne saurait avoir aucune influence
« sur la signification d'une loi intervenue quatorze ans
« plus tard, dans de tout autres conditions économiques,
« sociales, politiques : il faut dès lors l'écarter du dé-
« bat....? »

Et plus loin :

« Quant aux divers projets de loi qui ont été pré-
« sentés, projets qui n'ont pas abouti et sont restés à
« l'état embryonnaire, vous le confesserez, ils ne peuvent
« nous être d'aucune utilité et n'ont évidemment aucune
« autorité (1)... »

Pardonnez-moi, monsieur ; mais je ne puis faire un
aveu aussi contraire à la logique des faits et à la vérité,
et je ne comprends pas quelle grave raison vous pousse à
rejeter, fort à tort, une des meilleures sources où nous
puissions aller éclairer notre conviction. Je vous suivrai
d'autant moins dans cette voie que vous m'aviez vous-
même autorisé d'exemple à invoquer ces grands travaux
législatifs. Quand vous avez voulu établir, contre
MM. Rivière et Huguet, Flandin, Bressolles, Paul Pont,
que l'authenticité des subrogations avait été exigée comme
moyen de protection pour la femme, et non pas uniquement par application du principe posé dans l'art. 2148
Code Nap., à quelle source êtes-vous allé demander la
pensée du législateur de 1855? dans quels documents
avez-vous puisé votre principal argument? Dans l'enquête
de 1841, dans le projet de réforme hypothécaire présenté
à l'Assemblée nationale en 1851 (2). Rejetterez-vous aujourd'hui ce que vous admettiez si manifestement dans
votre *Traité sur la transcription?* Je ne puis le croire : l'ar-

(1) *Revue pratique,* t. 26, p. 8 et 9.
(2) *Traité sur la transc. hyp.,* p. 609.

dent désir que vous avez de soutenir votre théorie vous avait seul fait oublier vos premières affirmations. Vous y reviendrez ; une ou deux phrases, échappées peut-être à l'irréflexion du moment et dues à la vivacité de la polémique, ne sauraient prévaloir contre une conviction fortement établie, écrite dans un livre sérieux qui vous survivra. Je reprends donc l'étude de ces grands travaux dont vous acceptez le témoignage.

J'ai cité textuellement, dans l'essai auquel vous m'avez fait l'honneur de répondre, de nombreux extraits des vœux et réclamations publiés dans l'enquête de 1841 ; je pourrais encore invoquer les rapports faits au nom des cours de Grenoble, Riom, Toulouse (1), les observations si explicites de la faculté de droit de Strasbourg (2), d'où il résulte jusqu'à l'évidence que ce qui préoccupait alors les magistrats comme les hommes d'affaires, c'était la situation faite aux prêteurs, subrogés dans l'hypothèque légale de la femme, par une législation toute de tolérance. On savait quelles déceptions irréparables ces cessions clandestines préparaient chaque jour aux bailleurs de fonds, et on réclamait de toutes parts une publicité indispensable à la sécurité des transactions. Le danger couru par les créanciers cessionnaires, subrogés ou renonciataires, voilà donc quel était le mal partout signalé ; tel était l'objectif de la pensée de tous. Rien ne dénote qu'il ait alors été question d'autre chose. Tout atteste au contraire que là se bornait la réforme sollicitée.

A cela vous répondez que les cours et les facultés de droit « ont surtout parlé des créanciers » (ce n'est pas surtout qu'il faudrait dire, mais toujours), « parce que

(1) *Doc. hyp.*, t. 2, p. 251, 351, 370.
(2) *Ibid.*, t. 2, p. 471.

« c'était *le cas le plus fréquent et le plus urgent* en même
« temps. Elles ne pouvaient penser à ce moment, ajoutez-
« vous, à se demander si la subrogation consentie par la
« femme en faveur de tout autre qu'un créancier ne serait
« pas assujettie aux mêmes formalités (1). »

Assurément ; et je puis même affirmer qu'elles n'y
pensèrent pas ; car, je le répète, un seul point de doctrine
était en question devant la réforme, une seule situation
était jugée menaçante et pleine de périls, *celle des créanciers subrogés*. Comment alors les cours et les facultés se
seraient-elles occupées des acquéreurs ? ils n'étaient nullement en cause. Le droit du tiers acquéreur bénéficiaire
d'une renonciation à l'hypothèque légale de la femme de
son vendeur n'était l'objet d'aucune réclamation ; sa
position était clairement définie et à l'abri de toute critique.

La question particulière qui nous occupe ne pouvait
donc être prévue, on devait se contenter et on s'est contenté de proclamer unanimement, comme vous le dites, la
nécessité d'un principe nouveau, l'authenticité et la publicité des subrogations, en le maintenant dans les limites
où l'application de ce principe était demandée.

Je n'ai donc pas besoin, monsieur, pour faire accepter
mon raisonnement, de vous démontrer que les cours et les
facultés ont, dans leurs réclamations, *nommément* et *formellement* exclu l'acquéreur, en proclamant une exception
à son bénéfice ; je dois au contraire me renfermer dans
l'objet tout spécial qui motivait leurs observations et je
vous dis : à vous, maintenant qui étendez arbitrairement
le texte de la loi de 1855 et ses précédents de prouver
l'exactitude de l'extension que vous leur donnez ; à vous

(1) *Revue pratique*, t. 26, p. 7.

d'établir qu'en parlant partout et toujours des créanciers
de la femme ou du mari, nos magistrats et nos maîtres ont
aussi compris, sous cette dénomination précise, les acquéreurs, donataires ou échangistes. A vous d'expliquer
comment il a pu se faire que tant de jurisconsultes éminents, appelés à disserter froidement et avec toute la
réflexion que comporte un aussi grave sujet, sur les
dangers des subrogations à l'hypothèque légale, se soient
tous, par un simple effet du hasard, occupés uniquement
des créanciers, comme si ces derniers seuls eussent été en
cause et n'aient pas même fait mention une seule fois des
autres personnes qui peuvent se rendre bénéficiaires de
pareilles subrogations ! Ne remarquez-vous pas combien
un pareil résultat serait invraisemblable ? Car les auteurs de
l'enquête n'étaient pas appelés à faire la loi ; si telle eût été
leur mission, vous pourriez à la rigueur faire valoir cette
raison spécieuse qu'ils n'ont pas voulu descendre dans le
détail des situations particulières. Mais non, ils se pro-
posaient d'éclairer le législateur sur tous les besoins sociaux, sur les réformes nombreuses qu'il pouvait y avoir
à introduire dans cette partie de nos lois ; il était donc
tout naturel que les observations, au lieu d'avoir la précision réfléchie et la majestueuse brièveté d'un texte
législatif, comprissent, jusque dans leurs moindres détails,
l'examen des périls à conjurer et des remèdes à introduire.

Ne m'accusez donc plus, monsieur, d'abuser des documents de l'enquête de 1841, alors que, loin d'en étendre
arbitrairement la portée, j'en circonscris au contraire,
comme de raison, le sens aux intentions vraisemblables
de leurs auteurs. Ne dites pas non plus que je les interroge
pour en exhumer des opinions impossibles que la jurisprudence actuelle repousse, puisque, vous le savez bien,

le seul point sur lequel je les invoque à l'appui de ma cause a été consacré par la loi de 1855.

N'essayez pas davantage d'établir, comme vous avez du reste tenté de le faire, mais sans y insister, que cette même enquête ne vous est pas au surplus défavorable; qu'en l'examinant de près, le langage tenu par certaines cours (il faut encore en restreindre étrangement le nombre) ne paraît pas incompatible avec la jurisprudence que vous défendez, par ce motif que ces cours ou ces facultés se sont servies d'expressions plus ou moins générales qui comprennent implicitement dans leurs termes les subrogations et les renonciations. Mais remarquez-le bien, en parlant ainsi, vous perdez de vue cet état de la jurisprudence d'alors, sur lequel je reviendrai, si bien mis en lumière par M. Mourlon et d'ailleurs conforme à la raison comme aux intentions probables des parties, d'après lequel les tribunaux en étaient venus à décider que la cession et la renonciation étaient deux actes absolument de même nature, lorsqu'elles militaient au profit d'un créancier et qu'il n'y avait aucune différence à faire entre la femme qui cède son hypothèque et la femme qui y renonce. Il fallait bien le juger ainsi, puisque, par suite d'un singulier abus de langage, il arrivait souvent qu'un créancier se fît, sous le couvert d'une renonciation, effectivement subroger dans l'hypothèque légale de la femme de son débiteur; puisque cette manière de procéder « était « entrée si profondément dans les habitudes de la pratique, « qu'elle dominait, en l'absence de texte précis, la juris- « prudence et qu'elle devait plus tard dominer jusqu'au « législateur lui-même. »

Comment alors, en faveur d'une situation entièrement différente de celle prévue, pouvez-vous tirer argument d'une assimilation obligée, imposée par les faits eux-

mêmes? En vérité, les magistrats et les juristes de l'enquête parlaient comme ils devaient parler, comme le
législateur de 1855 a dû parler plus tard, de ces conventions qu'on entendait laisser au nombre des contrats in-
només, c'est-à-dire au nombre des contrats qui ne relèvent
que de la volonté des contractants et qui, en dehors de
certaines formalités extrinsèques exigées pour des motifs
d'ordre public, restent exclusivement soumis aux principes généraux du droit.

Le langage de la Faculté de Rennes que vous m'opposez spécialement, loin de vous être favorable, se retourne
à tous égards contre vous : « *au point de vue de l'intérêt des*
« *créanciers*, y est-il dit (voyez combien dès le début les
« professeurs ont pris soin de préciser la difficulté), quel-
« ques dispositions régulatrices deviendraient fort utiles
« pour déterminer l'effet précis, quant à l'hypothèque
« légale, soit de l'obligation solidaire contractée par la
« femme, soit de la *renonciation in favorem*, de la cession
« ou de la subrogation que les tiers obtiennent d'elle. »

« Peut-être conviendrait-il de déclarer que la différence
« dans les termes, souvent due aux rédacteurs de l'acte,
« ne changera rien aux résultats et laissera toujours à la
« convention le caractère d'une subrogation expresse ou
« tacite dans l'hypothèque.

« Il importerait de décider en même temps si des conven-
« tions successives de ce genre ne donneront qu'un droit
« de concurrence à tous les *créanciers subrogés*, ou si l'an-
« tériorité devient entre eux une cause de préférence (1). »

J'avoue qu'en lisant ce passage si nettement accentué
des observations de la faculté de Rennes, il ne me serait
jamais venu à l'idée qu'on pût y voir implicitement com-

(1) *Docum. hyp.*, t. 2, p. 463.

prise une assimilation entre la position des acquéreurs, donataires ou échangistes bénéficiaires d'une renonciation, et celle des créanciers subrogés dont s'occupent les professeurs de la faculté. J'y avais même cru trouver un témoignage de plus en faveur de mon opinion, surtout en rapprochant de ce texte les observations si explicites de l'administration de l'enregistrement (1), et cet autre passage que j'extrais du rapport de la Faculté de Paris :

« La législation actuelle ne défendant plus aux femmes
« de s'obliger pour autrui ni même pour leurs maris, les
« créanciers qui traitent avec ces derniers ne manquent
« presque jamais d'exiger le concours des femmes en qua-
« lité de coobligées et même de coobligées solidaires.....
« Quelquefois la femme, sans s'obliger personnellement
« envers le créancier, renonce purement et simplement à
« son hypothèque ou même y subroge des tiers qui jouis-
« sent ainsi du bénéfice d'une garantie occulte qui n'au-
« rait pas été imaginée dans un pareil but. Enfin on voit
« des subrogations successives faites à différentes per-
« sonnes devenir une occasion de fraudes et de collusions
« entre les femmes et leurs maris, et de procès entre les
« divers subrogés. »

« *Les tiers qui achètent des immeubles du mari exigent aussi*
« *presque toujours le concours de la femme* dans les actes de
« vente, ce qui fait *évanouir* l'hypothèque dispensée d'in-
« scription et *délivre les acheteurs de l'embarras et des frais de*
« *purge légale.....* » (2).

Nous trouvons pourtant, monsieur, dans ces lignes destinées à prouver l'inanité de l'hypothèque légale, comme dans les observations de la cour de Nancy, les acquéreurs nommément et formellement désignés; leur

(1) *Docum. hyp.*, t. 3, p. 564.
(2) *Ibid.*, t. 2, p. 446.

condition est-elle assimilée à celle des créanciers subrogés? Pas le moins du monde; vous avez pu constater combien à leur égard le langage de la Faculté est différent : elle ne parle plus en effet de cette occultanéité de garantie nuisible au crédit et dont sont investis les créanciers subrogés; elle ne parle pas davantage de ces sources de procès qu'occasionnaient entre les subrogés successifs les prétentions mutuelles de préférence. Remarquez quel effet tout autre elle attribue au concours de la femme à la vente. L'hypothèque passe-t-elle aux mains de l'acquéreur? Non, elle *s'évanouit* pour ainsi dire; elle *s'en va en fumée*, suivant l'expression employée par les mêmes professeurs quelques lignes plus bas. L'acheteur est dès cet instant *délivré des embarras et des frais de la purge légale*. Voilà qui est clair, net et précis. Je n'imagine rien, monsieur. Je n'interprète même pas. Je cite les termes exprès du rapport; je n'ose même plus, faut-il le dire, me parer de *cet air de triomphe* avec lequel vous me reprochez agréablement de vous avoir déjà manifesté mon opinion.

En résumé, je ne puis donc affirmer, comme vous le faites, que, dans l'enquête de 1841, on s'est contenté de proclamer unanimement la nécessité de l'authenticité et de la publicité des subrogations en général, sans aller au-delà et sans avoir la prétention d'en déterminer les bornes dans l'exécution. L'observation que je vous emprunte serait rigoureusement exacte si, dans votre pensée, vous donniez au mot *subrogation* le vrai sens qui lui appartient. Mais je sais que vous comprenez aussi bien sous cette dénomination les renonciations de toute nature, même celles extinctives consenties aux acquéreurs, que la cession d'hypothèque légale. Aussi ne puis-je accepter votre proposition, car si les cours et les facultés avaient eu l'intention de s'occuper en général de toutes les convention relatives à l'hypothèque légale des femmes, pourquoi n'auraient-elles mentionné que les créanciers subrogés comme étant seuls intéressés à un ordre de choses nouveau, et pourquoi celles qui se sont, en passant et pour d'autres motifs, occupées des acquéreurs, ont-elles distingué la situation de ces derniers au lieu de l'assimiler à celle des créanciers subrogés?

Vous avez déjà, il est vrai, répondu à cette objection. Les cours et les facultés, avez-vous dit, ont parlé *de eo quod plerumque fit*, du cas le plus *fréquent* et le plus *urgent*. Je ne puis admettre ni l'une ni l'autre de vos deux raisons.

Je détruis la première par des chiffres :

Il résulte des renseignements statistiques fournis, lors de l'enquête de 1841, au ministre de la justice, par l'administration de l'enregistrement que, dans cette même année 1841, le nombre des ventes immobilières s'est élevé à un million cinquante-neuf mille quatre cent quarante et une ventes, tandis qu'on a compté que trois cent vingt-neuf mille cinq cent soixante-seize prêts ou reconnaissances hypothécaires; différence en faveur des transmissions immobilières : sept cent vingt-neuf mille huit cent soixante-cinq.

Comment donc avez-vous pu dire qu'en parlant des subrogations faites seulement au profit des créanciers, les rapporteurs de l'enquête avaient eu en vue la convention la plus fréquente? N'est-ce pas le contraire qui est la vérité? Car, d'une part, il n'est guère de ventes où l'acquéreur n'exige le concours solidaire de la femme du vendeur, et par suite sa renonciation soit tacite, soit expresse; et, d'autre part, les prêts hypothécaires qui composaient le chiffre cité plus haut ne contenaient assurément pas tous des subrogations dans l'hypothèque légale de la femme des débiteurs.

Votre seconde raison n'est pas plus sérieuse ; car, si, en matière de subrogation, comme vous l'avez dit (1), la position des créanciers et des acquéreurs est identique, si les tiers ont le même intérêt à connaître l'une et l'autre, les mêmes dangers étant à craindre, les mêmes remèdes devaient être appliqués ; et s'il y avait urgence à modifier une des deux situations, ce n'était pas, en suivant votre raisonnement, celle faite aux créanciers subrogés que le législateur devait songer à réformer tout d'abord, mais celle qui pouvait présenter les plus nombreux inconvénients, c'est-à-dire celle des acquéreurs bénéficiaires d'une renonciation.

Vous le voyez, monsieur, de tous les motifs allégués par vous pour repousser les enseignements que nous fournit l'enquête de 1841, il n'en est pas un seul qui soit fondé, pas un par conséquent que vous puissiez m'opposer victorieusement.

Repoussez-vous avec plus de raison les inductions que j'ai tirées des divers projets de loi préparés après l'enquête et avant la loi de 1855 ? Sur ce point, absence complète de motifs. Vous vous bornez à dire : « Quant aux « divers projets de loi, qui ont été présentés, projets qui « n'ont pas abouti et sont restés à l'état embryonnaire, « vous le confesserez, ils ne peuvent nous être d'aucune « utilité et n'ont *évidemment* aucune autorité. »

Je confesse, monsieur, que je suis peu disposé à accepter l'*évidence* de votre affirmation, et vous me permettrez de répéter ici ce qu'avec moins d'à-propos vous avez cru pouvoir me répondre à la page 24 de votre lettre : « *une* « *négation n'est pas une preuve,* » car je ne pense pas que vous en vouliez puiser une dans ce fait que les projets de

(1) *Traité sur la transc. hyp.*, t. 2, n° 662.

loi n'ont pas abouti et sont restés à l'état embryonnaire. Cette raison pourrait être d'un grand poids si les projets en question avaient échoué à cause des discussions soulevées par le texte qui se retrouve dans la loi de 1855 et dont nous nous occupons; mais, dans les circonstances actuelles, elle n'est d'aucune valeur, puisque, loin d'avoir été rejetées en 1851, ces dispositions avaient réuni, tout l'atteste, l'unanimité des suffrages.

Il reste donc bien établi que notre art. 9 découle directement de l'enquête de 1841, et aussi des divers projets de loi proposés, soit par le gouvernement, soit par le conseil d'État, soit par l'Assemblée législative en 1849, 1850 et 1851; que nous pouvons consulter avec fruit ces divers travaux et y rechercher l'esprit et la portée de la réforme consacrée par la loi de 1855.

Par suite, je maintiens l'exactitude des conclusions que j'en ai tirées dans mon précédent travail, et, sans revenir sur l'examen des textes que j'ai cités, je me contenterai aujourd'hui d'appeler votre attention sur l'art. 2115 du projet de loi de la commission de l'Assemblée législative en 1851, et sur les observations dont cet article fut l'objet dans le très-remarquable rapport que fit à cette assemblée M. de Vatimesnil.

Art. 2115. « Les femmes ne peuvent céder leur hypo-
« thèque aux *créanciers* envers lesquels elles s'obligent
« conjointement avec leurs maris, ni renoncer à cette hy-
« pothèque en faveur de ces mêmes *créanciers* que par
« acte authentique;

« Les *créanciers* au profit desquels ces cessions ou re-
« nonciations seront faites ne seront saisis du droit qui
« en résultera que par la mention de la cession ou renon-
« ciation faite en marge de l'inscription de la femme.

« Les dates de ces mentions détermineront l'ordre

« dans lequel ceux qui auront obtenu les cessions ou
« renonciations exerceront les droits hypothécaires de la
« femme. »

Voici maintenant la partie du rapport de M. de Vatimesnil qui a trait à ce texte :

« Cet article, qui ne fait que développer la pensée
« exprimée dans l'art. 2127 du projet du gouvernement,
« tend à prévenir les déceptions qui résultent souvent
« des cessions ou subrogations faites par la femme ma-
« riée, lorsqu'elle s'oblige conjointement avec son mari et
« les contestations qui en sont la suite. Dans la pratique
« des affaires, le crédit du mari et celui de la femme sont
« intimement liés : il importe donc que la saisine des re-
« prises que la femme a droit d'exercer contre le mari
« s'opère avec publicité à l'égard des *créanciers* envers
« lesquels elle s'oblige ; que cette publicité résulte de
« mentions faites en marge de l'inscription de la femme,
« et que l'ordre des mentions détermine le rang des ces-
« sionnaires de la femme (1). »

De bonne foi, monsieur, retrouvez-vous encore ici
cette généralité d'expressions que vous m'opposiez dans
les documents de l'enquête ? Pour moi, plus je relis ce
texte explicite, plus je me pénètre de tous les détails
de cet important précédent de notre loi actuelle, plus
je me fortifie dans cette opinion que ma doctrine est
exacte, que vos observations portent à faux, et que je
donne aux divers documents consultés par moi le sens et
la portée qu'ils ont toujours eus dans la pensée même de
leurs auteurs.

Ainsi, il demeure amplement démontré contre vous par

(1) *Compte-rendu des séances de l'Assemblée législ.*, t. 7, Ann., p. 132
et 147.

les rapports de l'enquête et les divers projets de loi dont j'ai parlé, qu'à l'époque de la loi de 1855 deux innovations s'imposaient aux législateurs avec une impérieuse nécessité : « Il fallait, comme l'a dit tout récemment un jeune doc-« teur, que je regrette de trouver parmi mes adversaires, « il fallait protéger la femme contre les abus de l'in-« fluence maritale, et les tiers contre le concert fraudu-« leux des deux époux (1). » Car, d'un côté, sollicitée par des créanciers avides, poussée par son mari dont le crédit était en souffrance, la femme n'était point gardée contre sa faiblesse; d'autre part, sous une législation qui rendait l'efficacité des subrogations consenties par la femme indépendante de toute inscription sur les registres hypothécaires, rien n'empêchait une femme qui avait déjà absorbé son hypothèque légale par des cessions occultes de se procurer encore du crédit en offrant à d'autres capitalistes de les associer au bénéfice de cette hypothèque; et il arrivait ainsi tous les jours que des créanciers, qui croyaient avoir obtenu une sûreté complète, voyaient cette garantie s'évanouir devant des subrogations antérieures (2). Tel était le mal, et pour y porter remède, on demandait unanimement :

1° L'authenticité des actes par lesquels la femme se *dépouille* de son hypothèque légale pour en *investir* soit ses créanciers personnels, soit les créanciers de son mari ;

2° La publicité de ces mêmes actes.

Et comme ces conventions se manifestaient dans la pratique sous différentes formes ; que les créanciers, variant sans cesse leurs formules, stipulaient, pour leur sûreté, l'un une subrogation à l'hypothèque légale, l'autre une cession d'hypothèque, celui-ci une cession d'antériorité ou

---

(1) Labadie-Lagrave, *Essai sur la subrogation à l'hyp. légale*, n° 5.
(2) Faculté de Strasbourg, *Doc. hyp.*, t. 2, p. 572.

de droits hypothécaires, celui-là une renonciation *in favo-rem*, le législateur fut obligé, pour embrasser dans les dispositions de son texte les conventions multiples destinées à créer une subrogation, de rappeler les trois principales formes sous lesquelles elles se traduisaient d'ordinaire : la cession, la subrogation et la renonciation. N'eût-on parlé que de la dernière, les subrogés pouvaient opposer que le texte leur était inapplicable : eût-on seulement prévu les cessions et subrogations, les créanciers renonciataires auraient infailliblement allégué que la loi leur était étrangère.

Ainsi s'explique tout naturellement, par l'étude des usages de la pratique, la confusion de langage que vous relevez dans l'enquête et les divers projets de loi, que je relèverai bientôt aussi dans l'art. 9 de la loi de 1855. Ainsi s'explique la généralité des termes employés dans tous les documents que nous avons passés en revue et cités soit dans mon premier travail, soit ici même, et par suite l'assimilation toute spéciale, exacte si on l'explique *secundùm subjectam materiam*, entièrement fausse si on veut l'étendre davantage, dont vous vous armez contre la doctrine que je soutiens.

Direz-vous maintenant que j'ai fait de l'arbitraire, que je me suis mépris, que je consacre une contradiction évidente en avançant que les cours et les facultés dans l'enquête, le législateur dans les divers projets de loi présentés, ne se sont occupés que des créanciers cessionnaires de l'hypothèque légale ? D'où pourriez-vous seulement induire l'intention contraire ? Tout vient corroborer mon assertion, et il n'est pas jusqu'à ces dénégations, que vous avez formulées et que vous n'appuyez d'aucune preuve, que je ne sois fondé à vous opposer comme un nouvel et dernier argument à l'appui de ma thèse.

La loi de 1855 a-t-elle apporté quelque modification à l'état de choses préexistant? Vous ne l'avez pas démontré et je doute que vous puissiez le faire ; car je suis encore à me demander quelles sont ces conditions *économiques*, *sociales* et *politiques* auxquelles vous faites allusion et qui auraient eu, d'après vous, quelque grande influence sur la portée de la loi nouvelle. Que des raisons *économiques* ou *sociales* aient pu réagir sur la volonté du législateur, cela ne serait point impossible ; mais de quelles raisons *politiques* voulez-vous parler? Je ne m'attendais guère, je l'avoue, à voir la *politique* en cette affaire, et je regrette que vous n'ayez point jugé à propos de développer sur ce point votre pensée. Quoi qu'il en soit, puisque vous doutez de l'exactitude de mes observations, étudions ensemble à nouveau les travaux préparatoires de la loi et le texte de l'article dont l'interprétation nous divise.

Et d'abord, « les travaux préparatoires, dites-vous, ne « nous apprennent *presque* rien par rapport à la diffi- « culté (1). »

Tel n'est point mon avis, monsieur ; tel n'était point aussi celui de Benech, qui, après avoir cité divers passages de ces travaux, s'exprimait ainsi :

« Que résulte-t-il de là ? Que, par son art. 9, la loi du « 23 mars 1855 sur la transcription n'a eu qu'une inten- « tion, celle de s'assimiler et de consacrer les réformes « que l'Assemblée législative avait déjà adoptées, en se- « conde lecture, par le vote de l'art. 2115 du projet de la « commission (2). »

C'est ce que confirment les paroles déjà citées de M. de Belleyme. Je sais bien que, d'après vous, le langage de

(1) Verdier, t. 26, p. 9.

(2) Benech, *Le nantissement*, p. 77.

ce jurisconsulte se rapporte à un tout autre ordre d'idées que celui que je lui prête. Mais, comme je vous l'ai déjà fait remarquer avec M. Bertauld, la déclaration est vraiment trop absolue pour que vous puissiez avoir la prétention de la restreindre à la seule capacité de la femme. En effet, si le rapporteur de la commission législative n'avait eu en vue que les droits de la femme mariée, il était entièrement inutile d'employer l'expression si générale dont il s'est servi, expression qui, dans ce cas spécial, dépassait évidemment sa pensée ; il devait alors se borner à dire : La commission a fait subir à l'art. 11 un changement de rédaction tendant à bien établir que la loi actuelle n'a pas eu pour but de modifier la législation relative aux droits de la femme mariée en matière de cession ou de renonciation à l'hypothèque légale. Dans cet ordre d'idées, le *quoi que ce soit* est de trop, et prête, vous le voyez, à une interprétation extensive toute naturelle. Il est impossible que cette remarque ait échappé au savant rapporteur, et ces mots laissés par lui dans le texte de son rapport ont donc une valeur que je suis en droit de vous opposer.

Cette première observation se fortifie des paroles plus explicites de M. Suin dans l'exposé des motifs.

« On sait, a-t-il dit, à quelles contestations a donné lieu « l'exercice des droits hypothécaires de la femme par les « *créanciers subrogés*, et quelles difficultés il a soulevées. Il « y est mis fin en donnant à la date des inscriptions ou « mentions l'effet de régler l'*ordre* dans lequel seront admis « mis les *cessionnaires* (1). »

Il faudrait être bien exigeant, monsieur, pour trouver que ce texte manque de précision ; tout y est néanmoins

(1) Verdier, *Transc. hyp.*, t. 1, p. 11.

rappelé dans une sage brièveté : les inconvénients qui ont motivé la disposition législative, l'incertitude de la législation précédente, le but de la nouvelle loi, les personnes auxquelles elle s'adresse. Aussi l'éclat de ce langage ne laisse pas que de vous embarrasser singulièrement ; vous ne pouvez le passer sous silence et vous vous décidez à le combattre. Mais comme on voit bien que cette évidence vous gêne !

« M. Suin se trouvait placé, dites-vous, dans la position
« de ceux qui ont rédigé les documents de l'enquête de
« 1841 ; il a parlé *de eo quod plerumque fit :* il ne l'a fait
« d'ailleurs que dans une *phrase incidente* et en faisant al-
« lusion aux discussions auxquelles avaient autrefois
« donné lieu les subrogations (1). »

Quoi, monsieur, c'est là le seul argument que vous puissiez mettre en avant pour prouver que l'art. 9 s'applique aux acquéreurs comme aux créanciers ? Mais j'ai démontré précédemment, si je ne me trompe, combien est peu fondée cette intention que vous prêtiez aux rédacteurs de l'enquête, que vous prêtez maintenant encore à M. Suin de n'avoir voulu parler que des cas les plus fréquents. J'ai établi par des chiffres irrécusables que les renonciations faites au profit des acquéreurs étaient près de quatre fois plus nombreuses que les subrogations consenties en faveur des créanciers. Votre allégation est par suite absolument fausse, elle était déjà même invraisemblable, j'ose le dire, en face de la netteté de langage dont l'honorable conseiller d'État s'est servi.

Qu'importe maintenant que M. Suin ait parlé des créanciers dans une *phrase incidente* (ce qui ne me paraît pas parfaitement démontré) et en faisant allusion aux dis-

---

(1) Verdier, *loc. cit.*, t. 26, p.

cussions nées antérieurement de l'exercice des subrogations, cette circonstance ne détruit en rien le sens et la
portée des paroles que j'ai reproduites. Elles s'appliquent
sans doute possible à la situation qu'il avait lieu de ré-
glémenter et qui était celle des *créanciers cessionnaires de
l'hypothèque légale.*

Si donc je me conforme aux principes posés par
M. Suin, si j'en restreins l'application aux cas par lui
prévus, vous avez eu tort d'écrire que j'abuse étrangement de ses paroles, et que je lui prête une intention qui
ne serait, d'après vous, jamais entrée dans l'esprit de ce
conseiller d'État. Un exposé des motifs, je le sais, n'est
pas un répertoire de jurisprudence : il n'est pas davantage une boîte à surprises d'où chaque commentateur
puisse, au gré de sa fantaisie, faire surgir des systèmes
auxquels le législateur n'avait jamais songé. Le langage
de M. Suin est bref et précis ; il ne laisse place ni au
doute ni à l'équivoque ; il rappelle, par ses expressions
mêmes, les divers documents qui l'ont précédé ; je l'accepte comme renfermant toute la pensée et rien que la
pensée de la loi qu'il nous faut maintenant étudier.

L'art. 9 de la loi du 23 mars 1855 est ainsi conçu :

« Dans le cas où les femmes peuvent céder leur hypo-
« thèque légale ou y renoncer, cette cession ou cette re-
« nonciation doit être faite par acte authentique, et les
« *cessionnaires* n'en sont *saisis*, à l'égard des tiers, que par
« l'inscription de cette hypothèque prise à leur profit, ou
« par la mention de la subrogation en marge de l'inscrip-
« tion préexistante.

« Les dates des inscriptions ou mentions déterminent
« *l'ordre* dans lequel ceux qui ont obtenu des cessions où
« des renonciations *exercent les droits hypothécaires de la
« femme.* »

Je vous le concède : ce texte ne fait point de distinctions; il s'exprime en termes généraux et s'applique également bien aux cessions, subrogations et renonciations
que la femme peut consentir à son hypothèque légale.
Toutefois, gardons-nous de le détourner du sens naturel
que lui assignent son origine et les précédents auxquels
il se rattache, et restons dans l'ordre d'idées où le législateur s'est placé. En ce cas, il est évident, comme le
dit excellemment M. Paul Pont, que l'art. 9 de la loi de
1855 n'a pas été fait pour les renonciations consenties par
la femme au profit des tiers acquéreurs. « Cet article a
« son origine et sa cause qu'on affecte par trop de laisser
« de côté : il a répondu à un vœu de la pratique sur
« *un point spécial* dont la réformation était incessamment
« et de toutes parts réclamée. Or, quel était, avant 1855,
« l'objet même des réclamations ? Est-ce par hasard la si-
« tuation du tiers acquéreur au profit de qui la femme
« avait renoncé à son hypothèque légale ? En aucune fa-
« çon : cette situation n'était pas discutée. Il était admis
« qu'une telle renonciation procurait à l'acquéreur un
« avantage équivalent à celui qu'il aurait retiré de la
« purge (1); et comme l'hypothèque légale était tenue
« pour éteinte à son profit, par le consentement même de
« la femme, on trouvait naturel et tout simple de dire,
« qu'en tant que frappant l'immeuble par lui acquis, elle
« n'avait pas pu être cédée par la femme aux créanciers
« qu'elle aurait subrogés ultérieurement. Le seul point
« qui fût en discussion, c'est une autre doctrine qui, celle-
« là, était l'objet des plus vives comme des plus justes
« critiques, à cause des abus auxquels elle pouvait don-
« ner lieu et des dangers qu'elle avait créés; c'est la

____

(1) Voir ci-dessus le passage extrait des observations de la Faculté de
droit de Paris, *Doc. hyp.*, t. 2, p. 446.

« doctrine qui, par une extension irrationnelle des préro-
« gatives dont jouit l'hypothèque légale, rendait l'effica-
« cité des subrogations consenties par la femme indépen-
« dante de toute inscription ou mention sur les registres
« hypothécaires et réglait la préférence entre les divers
« subrogés, par la date des actes de subrogation. Voilà
« précisément ce qui était en question devant la réforme.
« Je défie de montrer qu'il y eût autre chose, et par cela
« même, on peut affirmer *a priori*, qu'en faisant droit aux
« réclamations, le législateur n'est pas allé au-delà de ce
« qui en était l'objet même, et surtout, qu'ayant à régler
« une situation nettement précisée par les critiques
« mêmes, qui, de tout temps, avaient été dirigées contre
« elle, il n'a pas touché à une situation toute différente
« qui, elle, était admise au contraire, et n'avait jamais
« donné lieu à aucune difficulté (1). »

Vous argumentez, je le sais, de l'assimilation que la
loi a consacrée entre les subrogations et les renonciations,
en les réunissant dans le même texte, pour les soumettre
ensemble aux mêmes conditions d'authenticité et de publicité, et vous cherchez même à me battre avec mes
propres armes, en insinuant adroitement que j'ai reconnu
moi-même cette assimilation (2).

Veuillez vous reporter, monsieur, à mon premier travail ; vous y lirez nettement établi ce que je soutiens encore aujourd'hui, c'est-à-dire le contraire de ce que vous
affirmez : à savoir, que les renonciations et subrogations
étant, avant la loi de 1855, d'ordinaire employées par les
créanciers pour arriver au même résultat, la cession de
l'hypothèque légale, ces deux conventions avaient fini
par être considérées par les tribunaux comme purement

(1) Paul Pont, *Revue du notariat*, t. 8, n° 1928, p. 884-885.
(2) Verdier, *loc. cit.*, t. 26, p. 12 *in fine*.

transmissives des droits de la femme ; que le législateur
de 1855, ne voulant point déroger aux habitudes reçues
depuis longtemps dans la pratique, s'était conformé au
langage admis avant lui, en confondant dans une même
règle les cessions et renonciations ; qu'il devait agir ainsi,
puisque les unes comme les autres, *exercées par les créanciers*, aboutissaient également à la subrogation, convention dont il y avait lieu de régler les conditions d'exis
tence et d'efficacité.

Mais aussi, vous pourrez vous convaincre que j'ai
ajouté : « Je suis de votre avis ; ces actes sont identiques,
« *quand ils s'adressent à des créanciers ;* mais quand il
« s'agit de tiers acquéreurs, nous ne sommes plus en face
« de cette conséquence qui force notre interprétation en
« vertu de l'art. 1157 du Code Napoléon ; alors les mots
« reprennent leur sens propre, et les idées leur force
« ordinaire ; la renonciation ne peut plus être que pri-
« vative et lui donner le caractère ou les effets d'une cession
« de droits, ce serait, comme le dit fort bien Proudhon,
« *étendre les effets au-delà de ce que comporte leur cause* (1). »

Les deux situations sont donc nettement accusées, et
je m'étonne que vous ayez pu me prêter une pareille confusion. Oui, monsieur, je le maintiens, la loi de 1855 a pu
dire avec raison que la subrogation et la renonciation (consenties aux créanciers) sont une seule et même chose, en
égard aux formalités destinées à les régir, et il m'était
permis, malgré cela, sans faire de l'arbitraire, sans créer
une exception aux règles imposées par le législateur,
d'affirmer que cette disposition n'atteint pas le tiers acquéreur, parce que la renonciation dont il est bénéficiaire
diffère par sa nature et ses effets de celles faites au profit

____

(1) *Revue pratique*, t. 24, p. 496.

des créanciers, parce que, d'après l'art. 9, la cession seule, sous quelque forme qu'elle se manifeste, est soumise aux nouvelles prescriptions d'authenticité et de publicité; parce qu'enfin la renonciation que peut opposer l'acquéreur, en tant qu'acquéreur, n'est jamais une renonciation transmissive.

Par suite, pour établir que le législateur n'avait pu confondre, et n'avait point, en effet, confondu dans le même texte deux positions si diverses, j'avais invoqué, dans mon premier travail, les termes mêmes employés dans l'art. 9 ; j'avais, en citant les paroles de M. Paul Pont, fait ressortir que l'acquéreur n'est pas un *cessionnaire* de l'hypothèque légale; que la question d'*ordre* et de *rang* prévue et réglementée par cet article lui est absolument étrangère. Je m'étais particulièrement appesanti sur certaines expressions qui caractérisent fort bien dans notre texte l'intention et le but du législateur. Je veux parler des mots, *cessionnaires, saisi, exercer,* et j'en tirais cette conséquence, que le législateur, en confondant indifféremment sous le mot *cessionnaires* les bénéficiaires de cessions ou de renonciations, avait indubitablement proclamé sa pensée de ne soumettre à la règle édictée que ceux, *subrogés* ou *renonciataires,* qui auraient à *exercer* le droit dont ils seraient *saisis.*

A cela qu'avez-vous répondu? que mon raisonnement est très-spécieux ; mais qu'il vous *paraît* en contradiction avec la véritable signification de la loi dont je force certainement la pensée (1).

Vous n'êtes donc pas bien convaincu, monsieur, de l'opinion que vous exprimez, puisque vous n'osez assurer la fausseté de mon argumentation. Je pourrais alors me

____

(1) Verdier, *loc. cit.,* t. 26, p. 12.

borner à vous répondre que, si mon raisonnement n'a que l'apparence de la contradiction, il demeure exact et conserve toute sa force contre vous. Mais je ne veux point ici soulever une vaine question de mots, et allant au fond de votre pensée, je retourne contre vous l'argument que vous m'opposez et je vous dis : C'est vous qui forcez la pensée du législateur, vous qui vous mettez en contradiction avec la vraie signification de la loi. Que nous ont appris en effet les documents de l'enquête, les textes des divers projets de loi, les travaux préparatoires de la loi de 1855? N'est-ce pas la nécessité partout reconnue de soumettre à la publicité tous les actes par lesquels une femme mariée, traitant avec ses créanciers ou ceux de son mari, transporterait à ces derniers son droit hypothécaire? N'est-ce pas là l'enseignement de tout le passé, la donnée première et essentielle sur laquelle repose ma théorie, donnée que vous devez détruire avant de m'accuser de contradiction? Non, encore une fois, je ne détourne pas le sens de l'art. 9; j'en interprète seulement la pensée conformément aux traditions non interrompues qu'il a consacrées; je maintiens l'harmonie et la suite d'idées que vous ne voulez pas voir entre le texte de la loi nouvelle et les précédents de cette loi.

Et ne venez pas nous dire que, si mon raisonnement était fondé, nous retomberions dans la logomachie et le chaos qui ont précédé et suivi sur cette matière le Code Napoléon. Cette effrayante perspective, fût-elle à craindre, si la loi en avait ainsi disposé, que pourriez-vous faire autre chose que d'en déplorer les funestes conséquences? Mais rassurez-vous; rien de tout cela ne nous menace; la logomachie et le chaos dont vous parlez n'ont d'abord jamais existé qu'en ce qui concerne les créanciers subrogés; nos recueils de jurisprudence l'attestent suffisamment ; or, sur ce point, les discussions sont à jamais éteintes par la nouvelle loi dont le texte est absolu. Vous paraissez croire que les controverses vont renaître au sujet des acquéreurs ; qu'à *chaque instant*, dans *chaque procès*, nous verrons surgir les doutes qui s'étaient élevés sur le point de savoir s'il s'agit d'une cession ou d'une renonciation, d'une renonciation translative ou d'une renonciation purement extinctive. Je regrette d'être obligé de vous contredire, mais les faits vous donnent ici, monsieur, un éclatant démenti ; car, depuis la loi de 1855, c'est-à-dire dans un espace de treize ans, l'affaire jugée par la cour de Lyon en 1863 (et si maladroitement soulevée par l'acquéreur) est la seule, si je ne me trompe, dont les arrêtistes nous aient entretenus.

D'ailleurs, cette question d'interprétation serait, vis à vis de l'acquéreur, bien plus aisée à résoudre qu'au temps où le débat s'agitait entre les créanciers ; l'intérêt de l'acquéreur n'est-il pas, quatre-vingt-dix-neuf fois sur cent fois, d'obtenir l'extinction de l'hypothèque afin d'en libérer l'immeuble acquis ? et cette présomption si grave ne simplifie-t-elle pas singulièrement la situation ? Remarquez aussi, comme vous l'avez écrit à une époque où les besoins de la cause que vous défendez n'influaient pas enore sur votre liberté d'appréciation, « *que les renonciations susceptibles d'être entendues dans des sens différents sont rares dans la pratique*, et que, dans la plupart des cas, la clause de l'acte sera suivie d'expressions additionnelles qui en préciseront la pensée (1). »

Je ne me trompe point, c'est bien vous qui parliez ainsi et preniez le soin de confirmer d'avance mon opinion.

(1) Verdier, *Transc. hyp.*, t. 2, n° 658, p. 579.

Je vous surprends donc, monsieur, en flagrant délit
d'exagération quand vous écrivez : « Nous verrions renaître,
à *chaque instant*, dans *chaque procès*, les controverses (1). »
J'en appelle sur ce point de M. Verdier, polémiste habile,
à M. Verdier, auteur du très-sérieux *Traité sur la transcription* que nous avons tous entre les mains.

Au surplus, les controverses dont vous parlez se pro-
duiraient-elles, les juges seraient-ils appelés un jour à
trancher une de ces questions d'interprétation dont vous
grossissez à coup sûr les difficultés et les embarras, ils
trouveraient dans votre ouvrage sur la transcription
hypothécaire et dans celui de Mourlon d'excellents conseils et tous les éléments d'une bonne décision (2).

J'avais donc raison de le dire, les difficultés que vous
annoncez sont peu redoutables ; ce sont là sans nul doute
de ces *fantômes* dont vous avez parlé quelque part, *faits
pour frapper l'esprit au premier abord, mais qui s'évanouissent
dès qu'on les serre de près.*

De tout ce qui précède il résulte que mon raisonnement,
en ce qui concerne le mot *cessionnaire*, loin d'être *spécieux*,
comme vous l'avez avancé, est parfaitement logique.
Pourquoi, en effet, le législateur aurait-il résumé sous
cette expression générique tout à la fois les bénéficiaires
des cessions et renonciations, si ce n'eût été pour prouver
que le fait seul qu'il s'agissait de prévoir et de réglementer était la *translation* de l'hypothèque légale, sous
quelque forme qu'elle se produisît? Cela étant, le langage employé par le législateur dans l'art. 9, bien que
contradictoire en apparence, est exactement conforme à
la vérité des faits, quand on l'applique aux créanciers,

(1) Verdier, *Revue pratique*, t. 26, p. 12.
(2) Verdier, *Transc. hyp.*, t. 2, n° 658, p. 578, 579, 580 ; — Mourlon,
Transc. hyp., t. 2, n°ˢ 948 et suiv.

puisque la *renonciation* faite à leur profit dissimule toujours une transmission de l'hypothèque légale ; mais il eût
été fautif et illogique vis à vis des acquéreurs qui ne peuvent devenir, *en tant qu'ils conservent cette qualité, cessionnaires*
des garanties hypothécaires de la femme.

Loin donc d'être repoussée par l'esprit de la loi, la
distinction que je fais y puise au contraire toute sa force
et les autres expressions qui suivent : *saisi, exercer...* viennent encore en corroborer l'exactitude. En vain proclamez-
vous que mon observation n'a *aucune portée juridique*,
qu'elle n'est en définitive *qu'un abus exagéré de la lettre
de la loi;* mon amour-propre d'auteur se console aisément
de cette atteinte, monsieur, quand je considère que cette
observation n'a pas été faite par moi seul, qu'elle m'est
commune avec MM. Paul Pont, Mourlon, Boileux, Larombière, Coin-Delisle, et plusieurs autres que je pourrais
citer (1).

M. Larombière, notamment, dans le tome troisième de
son important *Traité des obligations*, résume ainsi le sens
et la portée de l'art. 9 :

« Remarquons, dit-il, qu'en parlant de renonciation,
« la loi entend une *renonciation in favorem*, *opérant transla-
« tion du droit*, et non une simple *renonciation abdicative* ou
« *extinctive*. Quant à cette dernière, elle *reste soumise aux*
« *règles ordinaires du Code* et peut résulter de tout acte soit
« authentique, soit sous seing privé. Nous disons que la
« loi ne s'occupe que des renonciations translatives équi-
« valentes à cession, subrogation ou transport du droit;

_____

(1) Pont, *Privil. et hyp.*, t. 1, p. 470, 471, 479; — *Revue du notariat*
t. 8, n⁰ˢ 703 et 1928; — Mourlon, *Transc. hyp.*, t. 2 ; — *Revue pratique*,
t. 1, p. 189; — Boileux, t. 7, p. 442; — Coin-Delisle, Consultation insérée
dans le n⁰ 75 des circulaires du comité des notaires, p. 325 ; — Larombière, *Traité des oblig.*, t. 3, p. 251, 252, n⁰ 61.

« c'est qu'en effet ceci est *rendu manifeste* par le *rappro-*
« *chement de ces mots cession, renonciation*, lesquels établis-
« sent une assimilation entre deux actes qui ne diffèrent
« entre eux que par l'expression ; *il s'agit enfin si peu d'une*
« *renonciation extinctive* que la loi détermine comment et
« dans quel ordre les *cessionnaires ou subrogés* sont *saisis* du
« droit hypothécaire qui leur est transmis. »

C'est encore l'avis, fort explicitement exprimé, de
M. *Duchesneau* (1), auquel je vous renvoie pour ne pas
étendre outre mesure cette réponse déjà longue ; de
M. *Paul Gide*, dans sa récente et très-remarquable étude
sur la condition privée de la femme (2).

Faut-il voir maintenant une objection sérieuse dans
l'argument que vous tirez de ce que le législateur de 1855
n'a pas reproduit dans l'art. 9 le mot *créanciers*, qui se
trouve dans la plupart des documents publiés avant cette
époque? Cette remarque puérile n'a rien de grave. La
commission législative, en 1850, dans son art. 2115, reproduit plus haut, ne s'était point non plus en cela con-
formée à l'art. 2127 du projet du gouvernement de 1849,
et cependant M. de Vatimesnil n'en déclarait pas moins
que ce texte ne faisait que développer la pensée exprimée
dans l'art. 2127. Au surplus, qu'importe que l'art. 9 soit
plus conforme au projet du gouvernement de 1849 qu'à
celui de la commission législative de 1850? Qu'importe
que le conseil d'Etat, en 1853, sans s'en rendre ou en s'en
rendant compte, ait écarté quelques-uns des termes insé-
rés dans l'art. 2115 ? La différence entre les deux rédac-
tions est peu sensible, dirai-je avec M. Bertauld, et si
elle a eu un but, on ne saurait dire ni avec certitude ni

(1) *Revue critique de législation*, t. 11, p. 189, 190.
(2) 1867, Duraud, p. 500.

même avec vraisemblance, qu'elle a eu le but que vous lui prêtez.

Si le législateur eût outrepassé la réforme qui était alors et depuis si longtemps demandée, si, étendant la portée de son texte à des situations qui n'avaient jamais encore été l'objet d'aucune réclamation, il eût résolu de soumettre à la publicité les renonciations faites par la femme au profit des acquéreurs, aussi bien que les cessions consenties aux créanciers, il l'eût dit clairement, sans équivoque. On n'apporte pas, monsieur, dans la législation d'un peuple, une innovation aussi grave ; on ne détruit pas une pratique constante d'une manière aussi détournée, dans un langage aussi ambigu.

Vous insistez cependant, et vous dites : « Pourtant, « s'il est vrai que le législateur n'ait songé qu'aux « créanciers, pourquoi a-t-il éliminé la seule expression « qui pouvait préciser sa pensée d'une manière non dou- « teuse (1) ? »

On pourrait aisément, monsieur, sans accuser le législateur d'une inattention qui ne serait après tout ni invraisemblable ni criminelle, se rendre compte de la modification introduite. J'ai dit, et cette appréciation, vous l'avez vu, ne m'est pas exclusivement personnelle, que la loi, par son art. 9, avait eu en vue de réglementer seulement le fait, multiple dans ses formes, mais plein d'unité dans ses résultats, des subrogations à l'hypothèque légale de la femme mariée. — Tout acte opérant une transmission de ce genre devait, dans la pensée du législateur, être soumis aux conditions imposées par la nouvelle loi. Or, il pouvait arriver que le bénéficiaire d'une convention de ce genre ne fût pas précisément un créancier,

____

(1) Verdier, *Revue pratique*, t. 26, p. 12.

qu'il en jouât le rôle seulement et en prît momentanément la qualité. Devait-on le soustraire à la règle édictée? Ne tombait-il pas réellement sous le coup de la loi, et cette espèce n'y était-elle pas implicitement renfermée? Tout porte à croire que, si quelque motif a déterminé le législateur à ne pas reproduire dans l'art. 9 le mot *créanciers*, ce motif est celui que j'indique.

Oh! je prévois bien que vous allez prendre acte contre moi de cette explication. Il le fallait bien faire, direz-vous, cet aveu! Quoi! c'est vous-même qui maintenant étendez la portée de l'art. 9! Expliquez-nous cette contradiction. Le législateur de 1855 ne s'est donc pas renfermé dans les termes de la réforme sollicitée? On n'avait avant lui, disiez-vous, jamais songé qu'aux créanciers subrogés.

Cela est vrai, et je le maintiens. Je maintiens aussi que les auteurs de la loi de 1855, en admettant cette conséquence naturelle et souverainement équitable des principes posés, seraient restés dans l'ordre d'idées manifesté par l'enquête et les autres précédents de la loi ; car ce qui ressort en définitive de tous ces travaux législatifs, c'est le besoin urgent de réglementer le *mode de transmission et l'exercice de l'hypothèque légale de la femme.*

Mais, au surplus, rien ne m'oblige à prêter au législateur de 1855 la pensée d'avoir supprimé avec préméditation le mot dont vous parlez; rien n'atteste que cela soit, et vous auriez tort de croire que je suis allé chercher dans cette hypothèse un moyen de repousser certaines impossibilités invoquées par vous, et contre lesquelles vous espériez peut-être que ma théorie viendrait inévitablement se briser. Non : Le texte de l'art. 9 étant donné, étant donnée aussi l'intention de ses rédacteurs de soumettre aux prescriptions de cet article tous les actes emportant la translation des droits hypothécaires de la femme, je puis, par une saine interprétation de la loi, en tirer certaines conclusions légitimes ; l'assujettissement, par exemple, à ses dispositions de toute renonciation *formellement subrogative*, consentie au profit d'un *acquéreur;* car, dans ce cas, la renonciation aboutit nécessairement aux résultats révélés par l'arrêt de la cour de Lyon ; l'acquéreur alors n'est plus, à vrai dire, acquéreur ; il en a abdiqué la qualité, et se place lui-même, vous le reconnaissez, dans la position d'un créancier subrogé : il doit donc être traité comme un *créancier subrogé.*

Mais je reviendrai plus tard sur ces situations exceptionnelles ; il me faut maintenant achever l'examen de notre texte et rechercher si l'interprétation que vous en donnez est conforme aux principes généraux du droit et à l'ordre naturel des choses.

Pour justifier votre système et l'assimilation absolue que vous faites de toutes les renonciations extinctives ou transmissives aux cessions d'hypothèque légale, vous essayez de mettre en lumière le caractère uniforme de toutes les renonciations ; uniformité, dites-vous, que la loi, dans son art. 9, a voulu consacrer dans le sens de la transmission ; puis, plaisantant fort à l'aise sur ce que vous appelez ma *théorie de la vie et de la mort*, vous exposez *ex professo* tout un système sur l'extinction des droits, fort ingénieux assurément pour les besoins de votre cause, mais très-contestable au point de vue des principes juridiques que vous développez. Ce passage de votre travail est trop important, pour que je ne le remette pas tout entier sous les yeux de nos lecteurs :

« Je ne conçois guère dans la pratique de convention
« qui puisse se résoudre autrement que par l'abandon
« d'un droit qu'un autre saisit et exerce à la place de celui
« qui y renonce. Une convention ne peut jamais engen-

« drer la mort, mais bien plutôt la vie, pour me servir
« des paroles que vous avez employées. Il ne faut jamais
« supposer que les parties aient voulu faire un acte vain
« et inutile (art. 1157 C. N.). Cela est si vrai, qu'un auteur
« a pu dire en parlant de la renonciation à la prescription :
« Il n'est pas vrai de dire que celui qui renonce à la pres-
« cription ne se dépouille d'aucun droit : nous croyons,
« au contraire, qu'une pareille renonciation renferme une
« aliénation (*Revue pratique*, t. I, p. 482). M. Mourlon dit
« aussi dans un autre passage : La renonciation à l'usu-
« fruit constitue une véritable donation (*Revue pratique*,
« t. I, p. 298). Certes, s'il est une renonciation qui ait le
« caractère extinctif, c'est celle de l'usufruitier qui aban-
« donne son droit ; pourquoi dès lors reconnaît-on qu'elle
« entraîne après elle une véritable donation, c'est-à-dire
« un acte dans le sens actif, si ce n'est que c'est là le ca-
« ractère général de la convention, son résultat nécessaire
« et immédiat ! si ce n'est, en un mot, que tout acte de ce
« genre ne peut point se résumer d'une manière absolue,
« dans la simple extinction d'un droit (1) ? »

Il faut que je l'avoue, monsieur, ici je cesse de vous
bien comprendre. C'est assurément ma faute ; mais par-
donnez-le-moi, je ne puis vous suivre dans les sphères
nuageuses de l'abstraction où vous cherchez à m'égarer.

Et d'abord, est-ce sur le terrain glissant de la métaphy-
sique que vous m'appelez, ou sur celui moins vertigineux
de la pratique juridique ? Quand vous parlez de ces conventions qui ne peuvent jamais engendrer la mort, envi-
sagez-vous sous cette expression toutes les conventions
en général, ou les renonciations en particulier ? Lorsque
vous affirmez que toute renonciation ne peut se résumer

____

(1) Verdier, *Revue pratique*, t. 26, p. 14, 15.

d'une manière absolue dans la simple extinction d'un droit, voulez-vous dire qu'il en est des droits absolument comme des corps dont les parties se désunissent, dont les diverses molécules se désagrégent sans cesse pour former des composés nouveaux? A ce point de vue absolu, je suis de votre avis et de celui de Fénelon, ratifié par la science moderne : rien ne meurt dans la nature ; aucun droit ne s'éteint, comme aucun atome de la matière ne se perd. Ce qu'on appelle la *mort* pour les corps n'est qu'un simple dérangement de parties ; ce qu'on appelle l'*extinc-tion* d'un droit, dans notre langue, n'est qu'un simple changement dans l'état juridique des personnes. Est-ce là la vérité que vous avez voulu nous révéler? Je ne puis le croire ; car, à quoi bon ces réflexions à perte de vue? A quel résultat pourraient nous conduire ces considérations philosophiques? *Le droit*, vous me l'avez enseigné (1), *est avant tout une science pratique, et c'est à ce point de vue que nous devons examiner la loi.*

Quelle était donc votre idée? Avez-vous prétendu prou-ver « *qu'en ce qui a trait aux formalités destinées à rendre* « *l'acte public*, il n'y a aucune différence entre la renon- « ciation et la cession? »

C'est bien là, en effet, l'intention que vous devez prêter au législateur de 1855. Mais alors, votre langage absolu ne s'explique plus. Vous auriez inséré quelque part, dans la manifestation de votre pensée, cette restriction que le passage reproduit par moi ne contient pas.

Ne le deviné-je point ? N'auriez-vous pas peut-être voulu développer cette thèse qui vous est si chère, dont le principe revient sans cesse sous votre plume et qui peut se formuler ainsi : toute distinction entre les renonciations

____

(1) Verdier, *Revue pratique*, t. 26, p. 19 *in fine*.

transmissives et extinctives n'est plus aujourd'hui qu'une subtilité théorique? Toutes les renonciations ont pour résultat nécessaire et immédiat une *translation* de droits, *il n'y a plus que des subrogations*. Ne dites pas que je travestis votre pensée, que j'exagère la portée de votre conclusion. Non, je n'exagère rien. En définitive, c'est là ce que vous voulez, c'est vers ce but que convergent tous vos efforts et tous vos arguments.

A la vérité, je vois bien que, quelques pages plus loin et comme pour servir de refuge à votre bonne foi, vous avez, avec force réserves, affirmé votre croyance à la renonciation extinctive : « *Je ne nie point*, dites-vous, que dans « le langage purement scientifique et en théorie il n'y ait « une différence *sensible* entre la renonciation et la cession ; « que même, à *certains égards*, dans la pratique, il ne « *puisse* s'en produire (1).... » Mais cette affirmation même, avec ses atténuations de langage, est-elle autre chose qu'une négation déguisée? Vous l'avouez, du reste, ailleurs plus franchement : « Votre théorie de la vie et de la « mort, de l'*extinction* et de la *subrogation*, est une *pure* « *abstraction*, qui n'est point du domaine de la pratique et « que la loi a *complétement répudiée*. Je ne m'y arrêterai « pas plus longtemps (2). »

Comme il vous plaira, monsieur; mais vous me permettrez du moins d'y revenir. Cette distinction de la renonciation extinctive et de la subrogation peut être inutile dans votre système, elle est indispensable dans le mien. Aussi dois-je établir contre vous qu'il y a des conventions qui peuvent aboutir et aboutissent à une extinction de droits; que la renonciation à l'hypothèque légale consentie

(1) Verdier, *Revue pratique*, t. 26, p. 18.
(2) Verdier, *loc. cit.*, p. 16.

au profit de l'acquéreur, par la femme du vendeur, est de ce genre ; qu'elle ne saurait être, par conséquent, assimilée aux actes ayant pour objet une translation des droits de la femme, lesquels actes sont seuls régis par le texte de l'art. 9. Ainsi se trouvera alors justifiée l'interprétation que je donne à cet article, dont les dispositions, vous en conviendrez, ne peuvent régir par la même règle deux situations aussi essentiellement opposées.

Sans exagérer l'importance des distinctions que l'École avait créées entre les renonciations extinctives ou abdicatives et les renonciations translatives ou *in favorem*, je ne crois cependant pas avec M. Flandin qu'il faille les rejeter entièrement. Comment, du reste, ne pas en tenir compte, lorsque les auteurs les plus autorisés et l'expérience de chaque jour nous attestent à la fois qu'elles ont, dans la pratique, une *importance capitale* (1) ?

Je reconnais donc toujours l'exactitude de ces paroles empruntées à Furgole : « Il y a une espèce de renoncia- « tion, dit-il, qui n'est autre chose qu'une *répudiation*, une « *abdication* et un *abandon* pur et simple du droit, *sans au-* « *cune intention de le transporter à autrui*, et qui ne produit « qu'une simple exclusion du renonçant ; — il y a encore « une autre espèce de renonciation qui n'est pas simple- « ment exclusive, mais qui est en même temps transla- « tive du droit du renonçant en faveur d'une certaine « personne qui traite avec lui, soit avec prix ou sans prix. « La forme et les *effets* de ces deux espèces de renoncia- « tion peuvent être *différents* (2). » C'est aussi ce que di- sait Dumoulin : « Aliud est enim repudiatio vel abdicatio,

_____

(1) Mourlon, *Transc. hyp.*, nᵒˢ 950 et suiv.; — Verdier, *Transc. hyp.*, nᵒ 659,

(2) *Des subst.*, t. 1ᵉʳ, art. 28, p. 118.

« aliud remissio in favorem quæ acceptationem im-
« plicat. »

Vous avez vous-même, monsieur, en maint endroit de
votre *Traité sur la transcription*, hautement affirmé cette
différence : « On n'a jamais nié, dites-vous (t. i, p. 294),
« l'existence des renonciations extinctives..... » Convenez
que cet aveu n'était pas tout à fait inutile après la profession de foi absolue que je citais tout à l'heure. Un peu
plus loin : « Il en est si bien ainsi que, quand on cherche
« des exemples de vraies renonciations, *on ne trouve guère*
« *que des renonciations extinctives.....*» Dans la même page,
en examinant la nature de la renonciation consentie par
l'usufruitier, vous dites encore : « Il est évident que cette
« renonciation n'est pas une renonciation transmissive.....
« Nous le répétons, le nu-propriétaire n'acquiert rien de la
« part de l'usufruitier ; le droit de celui-ci s'éteint et le nu-
« propriétaire, par la force de la loi, jouit de la pleine
« propriété. » Combien votre langage, monsieur, diffère
ici de celui que vous approuviez sur ce point dans la
bouche de Mourlon (1) !

Mais poursuivons. Je tiens à produire un dernier passage de votre traité, non moins concluant que les précédents : « Nous citerons enfin, à l'appui de notre rai-
« sonnement, tous les actes d'abandon, de servitude,
« d'antichrèse, d'usage et d'habitation, etc..... N'est-il pas
« évident que ces renonciations ont un effet purement
« extinctif, et que, soit qu'elles aient lieu par un acte uni-
« latéral ou par un acte bilatéral, elles n'ont jamais d'autre
« effet ? Ainsi, je possède un droit de passage sur votre
« fonds et j'y renonce, je ne vous transmets rien du tout.
« Votre fonds est seulement délivré d'un droit dont il
« était grevé. *La renonciation est extinctive et non trans-*

____

(1) Voir ci-dessus, p. 170.

« *missive*. Vous m'avez donné vos biens à antichrèse, je
« renonce à mon droit. Je ne vous transfère rien, vous re-
« prenez vos biens libres de ce droit, mais vous n'avez
« rien acquis : *il y a là seulement l'extinction d'un droit.*
« *Tout cela nous paraît manifeste* (1). »

Est-ce bien vous, monsieur, vous qui, après avoir écrit
les lignes que je viens de transcrire, affirmez aujourd'hui
qu'il n'y a pas d'extinction de droits, et, par suite, pas de
renonciations extinctives ? Quoi ! Paul, votre ami, vous
doit dix mille francs, il vous paie ; vous lui donnez quittance et renoncez à toute hypothèque sur ses biens ; votre
droit n'est pas éteint, mort définitivement entre vos mains ?
Vous avez affermé pour cinq ans votre domaine de Beausé-
jour ; dès la première année, vous renoncez aux fermages
qui vous sont dus : votre droit aux annuitées stipulées n'est
pas éteint ! Ah ! proclamez, tant qu'il vous plaira, dans
l'espèce qui nous divise, que, relativement aux tiers et eu
égard aux formalités prescrites, il n'y a pas de renonciations extinctives. Cela vous est loisible, puisque vis à vis
des tiers, dans votre système, toute renonciation non inscrite est réputée inexistante, et n'a pu, par conséquent,
produire une extinction quelconque. Cette prétention sera
admise ou rejetée, suivant l'interprétation que chacun
voudra donner au texte de la loi. Mais vous est-il possible d'aller au-delà sans vous heurter aux notions les plus
essentielles du droit et à la réalité même des choses ? Non,
monsieur, personne ne vous suivra sur cet autre terrain ;
car la loi de 1855, j'en appelle à la doctrine tout entière,
n'a pas eu pour but de porter la moindre atteinte à la
liberté des contrats. Les parties, aujourd'hui, comme
sous le Code Napoléon, sont toujours maîtresses de faire,

(1) Verdier, *Transc. hyp.*, t. 1, p. 296.

dans l'ordre du droit privé, toutes les conventions qu'elles jugent à propos de conclure ; et, quoi que vous en disiez (1), la pratique qui fait intervenir dans un contrat de vente la femme du vendeur pour donner mainlevée de son inscription d'hypothèque légale, n'est pas une pratique *surannée, en désaccord avec les principes inaugurés par la loi de 1855.*

« Tout ce qui résulte des termes de la loi nouvelle, dit
« Mourlon (2), c'est que la renonciation, de même que la
« cession, peut être transmissive de l'hypothèque qu'elle
« a pour objet ; à cet égard, le doute, nous l'avons re-
« connu, n'est plus permis. Mais la loi a-t-elle entendu
« exclure et prohiber les renonciations purement extinc-
« tives ?... Voilà ce que nous n'admettrons jamais !...
« Pour nous, la renonciation sera toujours ce que les
« parties auront voulu qu'elle soit. »

J'en conclus, monsieur, qu'il peut y avoir et qu'il y a réellement, dans la pratique, des renonciations ayant pour résultat nécessaire et immédiat l'extinction d'un droit ; j'en conclus aussi que ma théorie, si maltraitée par vous, de la vie et de la mort n'est pas aussi dénuée de sens que vous avez bien voulu le dire ; j'en trouve, du reste, l'i-dée implicitement contenue dans un passage du traité de M. Bertauld, que je vous demande la permission de citer :

« L'extinction définitive, absolue, s'inscrit afin que le
« *néant* ne garde pas la valeur de la *réalité*, afin que la
« *mort* ne se déguise pas sous l'apparence de la *vie*, afin
« que la femme, en un mot, ne trafique pas de ce qu'*elle*
« *n'a plus* (3). »

---

(1) *Revue pratique*, t. 26, p. 19.

(2) Mourlon, *Transc. hyp.*, t. 2, p. 587.

(3) Bertauld, *De la subrog.*, n° 93, p. 183.

Ces paroles, bien que peu favorables à mon opinion sous un autre point de vue, n'en sont pas moins, sur la question spéciale que je viens d'examiner, la confirmation de ma théorie et la condamnation éclatante de vos idées.

Cela posé, je dois rechercher maintenant quelle est la nature de la renonciation que la femme consent au profit de l'acquéreur, et quels peuvent en être les effets.

Quand un créancier demande à être subrogé dans l'hypothèque légale de la femme de son débiteur, quel est son but? C'est d'obtenir un surcroît de garanties pour le recouvrement de sa créance; ce qu'il cherche dans la subrogation, c'est un rang utile sur les biens du mari qui est son débiteur (1). S'il demande à devenir cessionnaire de l'hypothèque légale, c'est pour être substitué à la femme, à l'exclusion de ses cocréanciers, dans le bénéfice qui résulte pour elle de cette hypothèque; c'est finalement pour être payé sur l'émolument que pourra procurer l'exercice des reprises, par préférence aux autres créanciers.

De son côté, ce que se propose la femme en subrogeant, c'est, dans l'intérêt de son mari, d'offrir aux créanciers une sécurité plus réelle que celle qui résulte du gage général accordé à la masse (art. 1166 et 2092 Code Nap.), en l'autorisant à exercer à son profit exclusif les droits hypothécaires qu'elle pourrait elle-même faire valoir (2).

L'acquéreur, au contraire, n'a pas de recouvrements à effectuer, dès lors pas de rang à obtenir. Ce qu'il veut, c'est sa sécurité comme tiers-détenteur; il ne demande pas à la femme de lui céder une hypothèque dont il n'a que faire, il ne cherche au contraire qu'à l'éteindre. S'il

(1) Duchesneau, *Revue critique de législation*, t. 11, p. 188 et suiv.

(2) Beudant, *Revue critique de législation*, t. 28, p. 34, n° 47.

appelle la femme au contrat, c'est pour qu'elle en donne mainlevée. Il ne voit dans son intervention qu'un moyen expéditif et non dispendieux d'opérer la purge (1).

Donc, dans le premier cas, délégation éventuelle par la femme en faveur du créancier de ses droits hypothécaires ; je dis éventuelle, car, si à l'échéance le mari paie la dette, la femme est censée ne s'être jamais engagée ; s'il ne la paie pas, la femme est censée liée dès l'origine aussi étroitement que le mari lui-même.

Dans le second cas, abandon total, définitif, irrévocable, par la femme au profit de l'acquéreur de son hypothèque légale, non pas en vue d'en investir le tiers-détenteur qui n'a pas de créance contre le mari, mais en vue d'en affranchir l'immeuble, objet de l'acquisition. C'est bien là, en effet, ce qu'il faut à l'acquéreur, ce qu'il demande, en exigeant le concours de la femme à la vente. Aussi est-ce le caractère extinctif que nous devons, jusqu'à preuve contraire, assigner aux renonciations résultant au profit des acquéreurs, soit du concours solidaire de la femme à la vente, soit d'une clause expresse du contrat (2).

(1) Duchesneau, *Revue critique de législation*, t. 11, 188.

(2) En vérité, la dissemblance est si grande entre ces deux genres de conventions, elle découle même si directement de la nature diverse des situations auxquelles elles s'appliquent, que je m'étonne encore qu'on ait eu l'idée de les assimiler en quoi que ce soit, et je ne puis admettre qu'un texte aussi douteux que celui de l'art. 9 suffise à faire confondre ce que de tout temps les jurisconsultes et les hommes d'affaires ont distingué ; pour se rendre compte de l'erreur commise, il suffit de se reporter aux origines de cette convention, qu'on appelle fort improprement : Renonciation à l'hypothèque légale, et qu'on devrait logiquement qualifier de cession ou de subrogation. Elle remplace, en effet, ce que les Romains connaissaient sous le nom de *pignus pignoris* ou *subpignus*. Elle n'est pas autre chose que cette institution de notre droit coutumier dont Pothier donnait la dernière formule en déclarant l'hypothèque susceptible d'hypothèque. Elle est, de nos jours, la protestation victorieuse de la pratique contre la disposition justement méconnue de l'art. 775 du Code de procédure civile.

Le législateur de 1806 avait froissé un grand intérêt, méconnu un be-

Je sais bien que c'est là le résultat qui vous choque et qu'il vous semble impossible d'admettre. Vous avez fait tous vos efforts pour le détruire. Vos observations sur ce point devaient, à vous croire, anéantir de fond en comble la base sur laquelle j'ai assis ma théorie (1); il n'en a rien été. Cependant, pour vous rendre cette tâche plus facile, vous n'avez pu vous dispenser de me prêter un langage que je n'ai point tenu, et qui est le contraire de ma pensée.

J'avais dit que la loi de 1855 est écrite pour les créanciers subrogés, qu'elle n'a point été faite pour les acqué-

soin sérieux et un moyen de crédit fort appréciés, en proclamant l'illégalité des sous-ordres. Comment désormais ferait-on profiter les créanciers du mari des avantages de l'hypothèque légale? On tourna la loi; elle défendait l'hypothèque de l'hypothèque; on introduisit un équivalent : on inventa une convention par laquelle la femme manifestait son intention de transporter les priviléges que les textes lui accordaient, et on la nomma tout d'abord subrogation à l'hypothèque légale, parce qu'elle indiquait l'idée de substituer un créancier à un autre; puis, peu à peu, la pratique s'exerçant sur ces opérations que l'absence de textes précis abandonnait à l'imagination des hommes d'affaires, accumula les dénominations, créa des formules plus ou moins claires, et fit consentir par les femmes tantôt des cessions, tantôt des délégations, tantôt des renonciations, souvent même, en vue d'augmenter la portée du pacte, employa toutes ces expressions à la fois. De là les confusions et les embarras.

Mais est-il besoin de dire que ces habitudes d'une pratique peu éclairée n'ont pu modifier le caractère et la nature de la convention, et que l'innovation des subrogations à l'hypothèque légale n'a jamais rien eu de commun avec l'institution bien plus ancienne des renonciations à hypothèque dont nous parlent les vieux auteurs.

Basnage, *Traité des hypothèques*, t. 2, p 90.

De Héricourt, *De la vente des immeubles par décret*, ch. 2, section 2, no 43.

Domat, *Lois civiles*, liv. 3, t. 1, sect. 7, nos 12 à 15.

Pothier, 1, 659; 9, 476.

La première n'étant jamais considérée que comme un mode de transmission active de l'hypothèque, un transport éventuel de garanties, un moyen de crédit;

La seconde constituant un mode d'extinction d'hypothèque, un moyen d'arriver à la libération et au dégrèvement de l'immeuble aliéné. — *Dicendum est pignus liberari.*

(1) Verdier, *Revue pratique*, t. 26, p. 29.

reurs, et, pour arriver à cette conclusion, je raisonnais
ainsi : La subrogation est le fait juridique que le législateur a voulu soumettre à la publicité prescrite par l'art. 9 ;
cela résulte, sans doute possible, non pas seulement des
précédents de la loi, mais encore de l'exposé des motifs
et du texte même de la loi sainement interprété. Toute
convention n'entraînant pas une translation des droits de
la femme demeurera donc régie par les règles du droit
commun. Or, la renonciation faite par la femme dans un
acte de vente ou celle résultant de son intervention au
contrat, est-elle, comme la renonciation consentie aux
créanciers, une renonciation translative? Opère-t-elle un
dessaisissement des droits de la femme au profit de l'acquéreur? Non, incontestablement. Cette renonciation est
simplement extinctive; par suite l'art. 9 ne lui est pas applicable. Tels sont bien les principes que j'avais dévelop-
pés. Mais, en outre, comme la loi de 1855 n'a point porté
atteinte à la liberté des conventions, comme les parties sont
restées maîtresses d'attacher aux stipulations par elles faites tel ou tel sens à leur gré; qu'un acquéreur, par exemple,
au lieu de se borner à exiger de la femme de son vendeur
une renonciation extinctive, peut fort bien en obtenir une
renonciation transmissive, ou, en d'autres termes, une
vraie subrogation, j'avais, tout en proclamant le caractère spécialement extinctif des renonciations consenties
aux acquéreurs, réservé le cas possible où un acquéreur
serait devenu bénéficiaire d'une subrogation à hypothèque légale. C'est ce que j'avais exprimé en disant que,
quatre-vingt-dix-neuf fois sur cent, la renonciation faite au
profit d'un acquéreur est extinctive. Vous déduisez de mes
paroles cette conséquence *forcée* (vous avez dit vrai) :
« *que l'acquéreur n'est jamais soumis à la publicité établie par*
« *l'art. 9, et qu'il peut se prévaloir de la renonciation à l'en-*

« *contre des tiers, alors même que, par la volonté expresse des*
« *parties, elle aurait le caractère subrogatif* (1). » Tout fier
de m'avoir extorqué cet aveu compromettant, vous
vous en armez aussitôt contre moi et m'accusez d'émettre
des propositions qui sont le renversement positif de la
loi.

Je n'ai point assurément comme vous, monsieur, l'habitude des polémiques juridiques. Celle-ci est la première
où je me sois engagé, témérairement peut-être. Mais permettez-moi de vous dire que vous oubliez ici la première de toutes les règles entre adversaires loyaux, la
sincérité dans la discussion. Quoi! j'ai reconnu que l'acquéreur peut se prévaloir à l'encontre des tiers d'une renonciation subrogative sans s'être préalablement soumis
aux prescriptions de l'art. 9 ! J'ai reconnu que, si le tiers
acquéreur, négligeant cette qualité même qui est sa sauvegarde, se présente comme subrogé à l'hypothèque légale
de la femme, il n'a nul besoin de faire inscrire sa subrogation. Mais tout cela est si peu vrai que j'ai précisément,
dans la conclusion de mon travail, réservé expressément
le cas où l'acquéreur pourrait avoir besoin d'une renonciation transmissive : « Je ne préjuge donc rien (2), disais-
« je, pour tous les cas, *rares d'ailleurs*, où, par sa négligence
« et son impéritie, l'acquéreur se serait mis dans une situa-
« tion à avoir besoin d'une subrogation aux droits de la
« femme de son vendeur. » Vous avez même relevé dans
votre réponse cette conséquence si naturelle et si logique
du principe posé par moi et vous me l'opposez ailleurs (3),
comme une condamnation de la thèse que je soutiens ;

(1) Verdier, *Revue pratique*, t. 26, p. 29, lignes 31 à 40.
(2) *Revue pratique*, t. 24, p. 511.
(3) Verdier, *Revue pratique*, t. 26, p. 56.

et, tout en relevant mon observation, vous travestissez encore ma pensée et là où j'avais parlé de *cas rares* d'ailleurs, vous me faites dire qu' « il est des cas et des *cas* « *nombreux* dans lesquels l'acquéreur pourra être tenu de « se conformer » à la loi de 1855.

Que dois-je penser, monsieur, de toutes ces contradictions dans lesquelles vous cherchez en vain à me faire tomber? Ne se retournent-elles pas contre vous-même?

Non, je ne pouvais dire et je n'ai point dit que l'acquéreur bénéficiaire d'une renonciation subrogative est dispensé d'inscrire sa renonciation, parce que cette renonciation, comme celles consenties d'ordinaire aux créanciers, n'est autre chose qu'une subrogation ; parce que l'acquéreur qui se fait subroger dans l'hypothèque légale de la femme a l'intention d'exercer cette hypothèque de la même façon qu'un créancier subrogé ; parce qu'enfin il se trouve précisément dans la situation prévue par l'art. 9 qui a voulu réglementer l'exercice de toute cession ou renonciation aboutissant à une subrogation. Celui-là doit donc inscrire, et c'est la différence qui le sépare de l'acquéreur bénéficiaire d'une renonciation extinctive, qui, lui, est dispensé d'inscription.

Je n'ai donc pas confondu deux positions différentes : vous en connaissez maintenant le motif, et vous pouvez comprendre pourquoi l'acquéreur est obligé dans un cas d'inscrire et n'y est pas tenu dans l'autre.

Mais j'ai dit et je devais dire que, toutes les fois qu'un acquéreur serait reconnu bénéficiaire d'une renonciation extinctive, cette renonciation pourrait être opposée par lui, alors même qu'elle n'aurait pas été rendue publique, conformément à l'art. 9 de la loi de 1855. J'ai ajouté que ce cas est le plus fréquent, que quatre-vingt-dix-neuf fois sur cent la renonciation consentie au profit de l'acquéreur est extinctive. Cette affirmation est-elle purement gratuite? Faut-il dire au contraire que les renonciations de ce genre sont, dans la plupart des cas, comme vous le prétendez, subrogatives? Examinons vos raisons : Vous me renvoyez à M. Mourlon et à votre *Traité sur la transcription hypothécaire*, puis encore à la jurisprudence antérieure au Code Napoléon. C'est là que je dois trouver, d'après vous, la démonstration de mon erreur : mais comment se fait-il que j'y voie ma doctrine confirmée d'une façon éclatante?

Et d'abord, voici ce que je lis à la page 604 du *Traité sur la transcription hypothécaire* de Mourlon (1) :

« Nous montrerons que, sauf les cas fort rares où la
« renonciation que stipule un tiers acquéreur est trans-
« missive de l'hypothèque légale qu'elle a pour objet, au-
« cune condition de publicité ne la régit, et qu'ainsi elle
« est opposable aux tiers dès que l'acte qui la constate a
« acquis date certaine. »

Faut-il vous citer encore ce que le même auteur a écrit dans le même ouvrage, n° 996, p. 628, — n° 1105, p. 738, 739, — n° 1106, p. 744 ?

Relisez ces divers passages : ils vous condamnent évidemment.

La force de la vérité est du reste si puissante que vous n'avez pu vous-même y résister dans votre *Traité sur la transcription hypothécaire*. Vous avez écrit en effet au n° 660 (*quater*), p. 580 :

« D'après certains auteurs, la renonciation que consent
« la femme au profit de l'acquéreur ne saurait jamais
« être qu'extinctive, parce qu'une renonciation subroga-
« tive serait sans utilité pour lui. Il lui suffit, dit-on, que

(1) Mourlon, *Transc. hyp.*, n° 970, t. 2.

« la convention ait pour effet de purger l'immeuble qu'il
« acquiert de l'hypothèque légale dont cet immeuble est
« grevé et de lui en garantir, en ce qui concerne la re-
« nonçante, la propriété paisible et assurée. Cette doctrine
« est trop absolue : C'EST LA EN EFFET CE QUI SE PRÉSENTERA LE
« PLUS SOUVENT, mais il PEUT ARRIVER que le tiers-détenteur
« ait un intérêt réel à se faire subroger et à prendre le lieu
« et place de la femme. »

Faut-il vous faire remarquer combien votre langage
est aujourd'hui plus absolu? La pratique a-t-elle donc
changé de manière de faire, ou l'intérêt des parties n'est-
il plus le même? Vous aviez déjà préparé ce retour sur
vous-même dans votre réfutation de M. Thiercelin : « Non
« pas, disiez-vous, que la renonciation ne puisse, *dans*
« *aucun cas*, avoir un caractère purement extinctif, mais
« *c'est là un fait exceptionnel qui ne se présentera que fort ra-*
« *rement*, et qui ne peut être admis que s'il est clairement
« établi par la volonté formelle et non douteuse des par-
« ties contractantes » (*Revue prat.*, t. 24, p. 211).

Aujourd'hui vous êtes bien plus précis ; renversant la
proposition que j'avais essayé de démontrer, vous dites :
« Quatre-vingt-dix-neuf fois sur cent, la renonciation con-
« sentie en faveur de l'acquéreur est subrogative et non
« purement extinctive comme vous l'entendez (1). »

Il y a loin de cette affirmation positive et explicite à
l'affirmation contraire que vous proclamiez plus haut et à
l'expression dubitative qui suit : « *Il peut arriver*..... »
Ne m'autorisez-vous pas ainsi, monsieur, à relever contre vous le reproche que vous adressiez naguère fort in-
justement à un éminent jurisconsulte qui rétractait avec
loyauté une solution erronée : « Que penser de cette évo-

______

(1) Verdier, *Revue pratique*, t. 26, p. 33-3°.

« lution nouvelle? n'est-elle pas une preuve du cercle
« vicieux dans lequel on tourne quand le point de départ
« est erroné, et que la thèse que l'on soutient est dans le
« faux (1)? »

Aussi peu d'auteurs vous ont suivi sur ce terrain ; ceux
mêmes qui se sont le plus rapprochés de votre opinion,
l'ont fait avec des réserves que vous n'admettez plus et qui,
par cela même, vous en séparent.

Je puis, au contraire, invoquer en faveur de ma théorie, avec Mourlon que j'ai cité plus haut, la grande majorité des jurisconsultes qui ont, à l'occasion de l'art. 9, approfondi la difficulté (2).

La jurisprudence que vous invoquez (p. 31) vous est-
elle plus favorable? Non certes ; sans parler des dissenti-
ments qui existaient à ce sujet entre les auteurs, interprètes
des lois romaines, Doneau, Voët, Pothier, il est certain
que, sous la législation antérieure au Code Nap., la question de savoir si la présence de la femme à la vente d'un
immeuble qui lui était hypothéqué avait un effet translatif
ou extinctif, était tout au moins très-controversée, comme
le prouve ce passage d'une discussion rapportée dans la
dernière édition des décisions nouvelles de Denisart (3).

« Il faut distinguer le cas où une femme consent libre-
« ment à la vente d'un immeuble d'avec celui où elle est
« covenderesse : dans le premier cas, son hypothèque
« sur l'immeuble se trouve éteinte ; dans le second, elle
« ne s'éteint point, mais elle est seulement cédée et trans-

(1) Verdier, *loc. cit.*, p. 59.

(2) Pont, *Priv. et hyp.* — *Revue du not.*, *loc. cit.* — Boileux, p. 440 et
suiv. — Grosse, *Explic. de la loi du 23 mars* 1855, n° 253. — Coin-
Delisle, *loc. cit.* — Duchesneau, *loc. cit.* — *Dict. du not.*, v° *Subrogation*.
— Lefebvre, *Journal du notariat*, n°s 1858 et suiv., 1864, etc.

(3) V° *Hypothèques*, § 5, p. 790, 1re colonne.

« mise à l'acquéreur. La femme cède alors à cet acquéreur
« tout le droit qu'elle a dans l'héritage et sur l'héritage,
« et, par conséquent, l'hypothèque dont il était chargé
« envers elle. »

Basnage (1) distinguait entre le cas où le créancier consentait à la vente de l'immeuble qui lui était hypothéqué, et le cas où il ne consentait qu'à l'affectation de cet immeuble au profit d'un nouveau créancier : *dans le premier cas, il admettait que l'hypothèque était effacée, éteinte au profit de tous les intéressés;* dans le second cas, c'était pour lui une question d'intention que celle de savoir si le créancier avait seulement abandonné sa place au nouveau créancier, ou s'il l'avait abandonnée d'une manière absolue dans l'intérêt de tous les créanciers qu'il primait (2).

Le Code Nap. aurait-il modifié ces principes en créant une nouvelle doctrine? Mais on ne trouve dans ses dispositions qu'un seul texte, celui de l'art. 2180, § 2, qui dispose que l'hypothèque s'*éteint* par la *renonciation* du créancier. Le Code considère donc la renonciation comme un mode d'extinction et non comme un mode de transmission.

« C'est bien, en effet, l'esprit de notre législation ac-
« tuelle, dit M. Paul Pont, qui, si elle admet que la re-
« nonciation est purement extinctive lorsqu'elle profite à
« celui qui a un droit éventuel ou préexistant dans la
« chose abandonnée (Code Nap., art. 786), suppose, au
« contraire, qu'elle a le caractère translatif lorsqu'elle est
« faite au profit d'un tiers qui n'aurait rien à prétendre
« de son chef, ni actuellement ni éventuellement, dans le
« droit abdiqué (3) (art. 780). » S'il s'agissait, dit M. Persil,

----

(1) *Traité des hypothèques*, t. 2, p. 90, 4ᵉ édition.
(2) Bertauld, *De la subrogation*, nᵒ 66, p. 148.
(3) Paul Pont, *Privil. et hyp.*, nᵒ 476, p. 471.

de la renonciation que ferait une femme au profit d'un acquéreur, en lui garantissant l'aliénation faite par son mari, la difficulté ne serait pas fort sérieuse : comme dès l'instant qu'elle a promis garantie, son hypothèque a été éteinte, que l'acquéreur a pu en faire opérer la radiation, cette femme n'a pas pu, soit en cédant postérieurement son hypothèque, soit en y renonçant au profit d'un créancier de son mari, faire revivre un droit dont elle avait été définitivement privée (1).

Je trouve une preuve irrécusable de cette doctrine dans l'arrêt rendu par la Cour de cassation le 26 août 1862, arrêt dont vous pouvez bien renier l'autorité pour tous les actes régis par la loi de 1855, mais dont vous devez nécessairement ici accepter la décision, puisqu'il s'agit de la jurisprudence établie sous le Code Napoléon.

Quelle était l'espèce soumise au jugement de la Cour ? Vous nous l'avez appris vous-même : il s'agissait d'une vente consentie solidairement par les époux Foucaud, le 14 novembre 1847, au sieur Rouillon, de deux maisons appartenant en propre au mari. Un créancier de la femme, qu'elle n'avait pas subrogé, crut avoir le droit d'utiliser l'hypothèque légale à son profit, et il la fit inscrire, se fondant sur l'art. 1166, Code Nap.

Malgré l'existence de cette inscription, l'acquéreur paya ; mais, ayant vendu lui-même ses immeubles, il eut besoin de faire disparaître l'inscription prise par le créancier Hauquet. Ce dernier fut alors assigné en mainlevée. Rouillon, acquéreur, fut débouté de sa demande devant le tribunal de la Seine et devant la cour de Paris. Ces deux décisions posaient en principe : que l'hypothèque

______

(1) *Régime hypothécaire*, t. 1, p. 352.

légale de la femme Foucaud subsistait à l'égard de l'immeuble aliéné, malgré le concours de cette dernière à la vente et son engagement solidaire. Mais la Cour suprême, sur le pourvoi formé par Rouillon, rendit un arrêt de cassation ainsi motivé :

« Attendu que, dans l'espèce, la femme Foucaud, « commune en biens avec son mari, en déclarant, par « le contrat de vente du 14 novembre 1847, transcrit « le 23 du même mois, vendre, conjointement avec son « mari et avec toute garantie solidaire entre eux, deux « maisons propres audit Foucaud, au profit de Paul-« Emile Rouillon, a contracté l'engagement d'assurer « l'effet de cette vente en faveur de l'acquéreur, et de n'y « apporter aucun obstacle par l'exercice des droits quel-« conques, hypothécaires et autres, qui pouvaient lui ap-« partenir sur ces maisons, et qu'ainsi, quoique cela n'ait « point été exprimé en termes formels, elle a par là re-« noncé virtuellement et valablement à l'hypothèque lé-« gale qui, suivant les art. 2121 et 2135 du Code, lui « appartient sur lesdites maisons ;

« Attendu que, par cette renonciation, pour laquelle « l'art. 2180 ne prescrit aucune forme spéciale, l'hypo-« thèque légale de la femme Foucaud sur les mêmes mai-« sons *s'est trouvée éteinte*, aux termes dudit art. 2180 (1). »

Vous le voyez, monsieur, votre théorie est également repoussée par la doctrine et par la jurisprudence. Ce n'est point pourtant une raison de la croire absolument fausse; aussi dois-je examiner si vous avez fait valoir quelques motifs susceptibles de détruire les données reçues.

J'en compte jusqu'à deux :

1° La renonciation subrogative étant plus avantageuse

(1) *Revue du notariat*, t. 3, p. 390.

à l'acquéreur que la renonciation extinctive, on devra toujours supposer qu'il a choisi la première.

Je ne m'explique pas d'abord comment un acquéreur peut retirer plus d'avantage d'une subrogation que d'une renonciation : j'entends l'acquéreur dont la situation est entière, qui ne s'est point constitué en faute par un paiement irrégulier ou prématuré, car c'est celui-là seulement que la loi protége et dont nous avons à nous occuper. Je crois, au contraire, qu'une subrogation ne serait utile qu'à lui causer des embarras et des frais. Évidemment, si vous supposez le cas où un acheteur, sans se préoccuper des créanciers inscrits, paie à ses vendeurs portion ou totalité de son prix, et puis est dépossédé par une surenchère (1), alors cet acheteur aura tout intérêt de concourir à l'ordre, investi de l'hypothèque légale de la femme de son vendeur. Mais est-ce ainsi que nous devons raisonner ? Faut-il imaginer des situations arbitraires et commandées, prendre pour base une pratique imprudente et faire de l'exception la règle générale? Une loi que nous établirions sur de pareils principes serait un non-sens, et vous ne ferez point au législateur l'injure de croire qu'il ait envisagé les choses à ce point de vue. Vous l'aviez fait observer avant moi dans la *Revue pratique*, t. xx, p. 65. Je ne reproduirai pas vos paroles que j'ai citées dans mon premier travail, il me suffit de constater sur ce point votre accord avec moi.

Au reste, la présomption que vous cherchez à faire prévaloir serait-elle bien conforme à l'esprit général de nos lois civiles? Avez-vous oublié la disposition de l'art. 1162 du Code Napoléon? « Dans le doute, la con-« vention s'interprète contre celui qui a stipulé et en

____

(1) Verdier, *Traité*, p. 590.

« faveur de celui qui a contracté l'obligation. » Pour présumer une renonciation translative, choisirez-vous précisément la femme que le législateur entend protéger d'une manière toute spéciale pour la conservation de ses droits hypothécaires? Enfin, n'est-il donc plus de règle que les droits ne se transmettent que par des modes certains et déterminés (art. 711 C. N.)? Que les subrogations légales, en prenant même ce mot *latissimo sensu*, sont de droit étroit (1)?

Chose singulière! Ces sages maximes sont si bien le fond juridique de votre pensée, et vous croyez si peu à la présomption spéciale invoquée par vous, qu'il vous est impossible de rester fidèle à votre nouvelle doctrine. Vous la détruisez en effet quelques pages plus loin dans vos observations sur la survivance du droit de préférence au droit de suite : « L'acquéreur qui remplit les formalités « de la purge, avez-vous écrit, peut être censé vouloir ne « laisser rien subsister de l'hypothèque. Mais quand la « femme renonce, c'est la *supposition contraire qui domine* : « on ne saurait penser que la femme, pour exonérer l'ac- « quéreur, ait voulu se dépouiller de tous ses droits vis à « vis des créanciers de son mari et rendre ainsi leur con- « dition meilleure à ses dépens (2). »

Cependant, s'il est vrai qu'une renonciation absolue puisse être plus avantageuse à l'acquéreur, ne devrait-on pas, d'après vous, supposer que l'acquéreur a entendu la stipuler à son profit?

Réfléchissez mieux sur ce point, et vous reconnaîtrez que votre première raison, loin d'être fondée, est contraire à la réalité et à la loi?

(1) Benech, *Du nantissement*, p. 62.
(2) Verdier, *Revue pratique*, t. 26, p. 36.

2° D'ailleurs, ajoutez-vous, est-ce que l'acquéreur, en invoquant l'hypothèque légale en sa faveur, en l'exerçant contre d'autres créanciers inscrits, en la faisant de la sorte revivre en faveur de tous les ayant-droit, n'en reconnaît pas le caractère translatif (p. 30)?

Il est incontestable que la conduite de l'acquéreur peut être, en certains cas, et dans le doute, un indice non équivoque de la nature de la renonciation faite à son profit, et la meilleure affirmation des effets qu'il entend faire produire à cette convention. Mais je dois vous faire remarquer que vous prêtez à l'acquéreur bénéficiaire d'une renonciation extinctive une contenance qu'il n'a jamais prise et qu'il ne saurait prendre. Il n'a pas besoin d'invoquer l'hypothèque légale de la femme, elle est éteinte, il en oppose seulement l'extinction. Il ne l'exerce pas contre d'autres créanciers inscrits, il se borne à repousser l'exercice qu'on veut en faire à son préjudice. Si, par exemple, des créanciers subrogés postérieurement à la transcription de son contrat (ceux-là seuls peuvent attaquer un acquéreur prudent) venaient à l'inquiéter, la seule réponse qu'il aurait à leur faire serait une assignation en mainlevée de leur inscription d'hypothèque légale irrégulièrement prise sur son immeuble. Ainsi l'acquéreur ne fait point revivre, comme vous le dites, l'hypothèque légale de la femme; il en maintient seulement vis à vis de tous l'extinction. Autant vaudrait dire alors, si on admettait votre doctrine, que le débiteur libéré et au profit duquel le créancier a renoncé à son hypothèque fait revivre cette hypothèque, lorsqu'il a besoin d'opposer la mainlevée qui lui a été donnée.

Vous pouvez descendre dans la pratique et rechercher comment les choses s'y passent : vous n'y trouverez point assurément la confirmation de vos idées. De deux choses l'une, en effet, ou la renonciation de la femme est tacite, ou elle a été expressément formulée.

Si la femme s'est engagée solidairement dans l'acte de vente, c'est là le cas de la renonciation tacite, il est, je crois, impossible de donner à son silence, comme le dit Benech, une vertu, une puissance translative de l'hypothèque. Une pareille interprétation ne serait, selon l'expression de M. Troplong, qu'*une torture donnée au sens des actes*. Je persiste donc à penser, avec les autorités que j'ai déjà citées, que cette renonciation est extinctive, et je proteste de toutes mes forces contre l'approbation que vous prétendez que j'ai donnée ailleurs à votre théorie. Non, monsieur, je n'ai jamais reconnu, que je sache, le bien fondé de votre doctrine en ce point ; j'ai même, je dois le dire, quelques raisons de m'étonner de ces prétendus aveux que vous m'opposez çà et là et qui sont, de votre part, le résultat de confusions assez inexplicables. Car, ce que j'ai reconnu, vous pouvez vous en assurer en vous reportant à la page 500 de la *Revue* (1), ce n'est pas le caractère translatif de la renonciation tacite, c'est la survivance du droit de préférence au droit de suite en pareille hypothèse. Encore cet aveu que vous proclamez absolu et définitif n'était-il qu'une concession hypothétique et conditionnelle, uniquement destinée alors à faire reste de raison, comme vous le dites, à l'opinion que je combattais.

Si la femme, intervenant au contrat, renonce formellement à son hypothèque, quel sera le caractère de cette renonciation ? Il ne peut y avoir, à mon avis, de règle absolue. Les solutions pourront varier avec les formules employées, suivant les circonstances et l'intention vrai-

(1) T. 24.

semblable des parties. D'abord, l'intérêt de l'acquéreur n'exigeant point d'ordinaire une subrogation, il y a, en cas de doute, une présomption en faveur de la renonciation extinctive ; non pas une présomption *juris et de jure*, exclusive de la preuve contraire, mais une présomption *juris tantùm*, comportant la preuve contraire. Cette preuve se puisera presque toujours dans les expressions insérées au contrat. Si, par exemple, il était dit que la femme a cédé son hypothèque, qu'elle a subrogé l'acquéreur dans ses droits hypothécaires, ou qu'elle l'a mis en ses lieu et place, nul doute possible, il y a renonciation transmissive ; l'acquéreur est soumis à l'art. 9. Mais en l'absence de tout commentaire explicatif, ou, à plus forte raison, lorsque la femme, après avoir renoncé à son hypothèque, aura donné mainlevée de l'inscription prise à son profit, la renonciation devra être limitée à l'intérêt naturel de l'acquéreur. La logique du droit, les usages de la pratique et l'intention vraisemblable des parties le veulent ainsi ; ainsi le veut encore l'art. 1162 C. N. La raison que vous invoquez à l'appui de votre opinion, l'avantage du renonciataire, serait excellente, s'il s'agissait d'interpréter une renonciation faite au profit de quelque créancier, parce qu'en effet l'intérêt du créancier est toujours d'obtenir une subrogation dans les droits hypothécaires de la femme ; sait-il en effet quel rang il occupera dans l'ordre et avec quels créanciers il pourra avoir à lutter? Dans ce cas, la présomption, qui tout à l'heure militait pour l'extinction, est en faveur de la subrogation ; mais quand il s'agit de l'acquéreur dont la situation est opposée à celle du créancier, qui veut, non plus la translation, mais l'anéantissement de l'hypothèque , les motifs allégués par vous n'ont plus aucun fondement (1).

(1) On a souvent critiqué les formules plus ou moins bien rédigées dont

Vous avez donc émis, monsieur, *une double proposition inexacte* quand vous avez avancé que quatre-vingt-dix-neuf fois sur cent la renonciation faite au profit de l'acquéreur est transmissive, soit qu'elle découle du concours solidaire de la femme au contrat de vente, soit qu'elle résulte d'une clause expresse de renonciation. Par suite, la conclusion que vous avez tirée de ce principe erroné tombe d'elle-même : si les renonciations consenties aux acquéreurs sont presque toujours extinctives ; si celles faites en faveur des créanciers sont presque toujours

les notaires se servent pour exprimer l'intention des parties, en matière de subrogation ou de renonciation à l'hypothèque légale ; on a dit que le peu de clarté et de précision de ces clauses était cause des difficultés que la jurisprudence a eu si fréquemment à résoudre. Il y a quelque chose de vrai dans ces allégations, et je ne puis taire que, même dans les formulaires les plus récents, la clause de subrogation, pour les prêts, se trouve rédigée d'une façon détestable. Il semble que les auteurs se soient complus à accumuler les expressions inutiles et à dissimuler la véritable pensée des contractants. C'est ainsi qu'on lit presque partout encore cette vieille formule, aussi peu juridique que peu française : « Pour donner à M. X... « *d'autant plus* de garantie, madame A... lui *cède*, *délègue* et *transporte*, « par préférence et antériorité à elle-même et *à tous autres*, et jusqu'à « concurrence du montant de la présente obligation, tous les *droits*, « *créances*, *reprises* et *avantages matrimoniaux quelconques* qu'elle peut « ou pourra avoir à exercer contre son mari, en vertu..., etc. Par suite, « elle met et subroge le cessionnaire, etc... » — Ne serait-il pas plus clair, plus simple et plus juridique de dire : Pour mieux garantir le prêt qui vient d'avoir lieu, madame A... subroge M. X... dans son hypothèque légale sur tous les immeubles de son mari (ou spécialement sur tels immeubles), mais seulement jusqu'à concurrence de la somme prêtée, de l'intérêt des frais et autres accessoires de sa créance ?

Dans les ventes, au contraire, la profusion des termes est habituellement remplacée par la simple adhésion de la femme au contrat. Il y a alors excès de laconisme. « Pour écarter toute incertitude, dirai-je avec « un jeune docteur, les parties feraient sagement, dans les contrats de « vente, d'expliquer clairement la portée et l'étendue de leurs intentions. « Lorsqu'elles veulent éteindre complétement l'hypothèque, qu'elles le « déclarent d'une manière précise ; au contraire, si la femme entend « conserver son droit de préférence et n'abandonner que son droit de « suite, qu'elle le dise formellement. » (Jules Godin, Thèse pour le doctorat, 1868, p. 141.)

transmissives, il y aurait incontestablement lieu de s'étonner que le législateur eût embrassé dans la même hypothèse, pour les soumettre à la même formalité, deux conventions de nature aussi essentiellement différentes. Jamais il ne procède ainsi, quoi que vous en disiez. Certes,
la loi ne comprend pas toujours dans ses dispositions
toutes les espèces qui peuvent s'y rapporter, mais c'est
qu'alors ces espèces ne sont que la conséquence et le développement naturels du principe général qui les renferme. Le texte de l'art. 1er, § 4, de la loi de 1855 aussi est
général : il ne comprend point nommément dans ses
termes toutes les espèces qu'il gouverne. En avez-vous
conclu que tout jugement d'adjudication, quel qu'il fût,
excepté toutefois celui rendu sur licitation, devrait être
transcrit? Vous vous êtes bien gardé de le faire. Bien que
la loi ne fît pas de distinction, vous en avez fait pourtant
et de très-nombreuses : vous avez distingué entre les
adjudications déclaratives, confirmatives, translatives, et
vous avez soumis ces dernières seulement à la formalité
de la transcription. Vous avez parfaitement compris, en
effet, que le § 4 de l'art. 1er, « sous peine de n'être qu'une
« étrange anomalie, ne pouvait être que l'application
« spéciale de la pensée qui domine toute la loi et lui a
« servi de base, c'est-à-dire la nécessité de rendre pu-
« blique toute mutation de propriété ou toute translation
« de droit. » C'est pour ce motif que vous avez dit : « Il
« faut s'en tenir à l'esprit de la loi, et la restreindre à une
« règle limitée lorsqu'elle emploie des expressions géné-
« rales et trop absolues (1). »

La maxime est sage, monsieur, pourquoi l'avez-vous
appliquée à l'art. 1er et pourquoi la délaissez-vous à propos de l'art. 9?

(1) Verdier, *Transc. hyp.*, t. 4, p. ?

Vous ne vous lassez point, monsieur, d'attaquer ma théorie ; vous m'opposez maintenant quelques paroles *topiques* empruntées à Proudhon ; je ne me lasserai point de vous suivre partout où il vous plaira de m'appeler, car je ne veux laisser aucune de vos objections sans réponse. Étudions donc les paroles que vous offrez à mes méditations : « L'aliénation consentie par les deux époux « opère nécessairement, au profit de l'acquéreur, le « transport de tous les droits des vendeurs ; la femme « n'aliène pas moins son droit d'hypothèque sur le fonds « vendu que le mari son droit de propriété, puisque l'acte « de vente consenti par eux emporte par sa nature la « cession des droits que l'un et l'autre avaient dans la « chose (1). »

Proudhon, monsieur, était un savant jurisconsulte. J'ai pour ses écrits, comme pour les vôtres, sources profondes que je consulte chaque jour, la plus grande déférence et la plus juste admiration. Mais cette admiration n'es pas tellement exclusive qu'elle me porte à jurer toujours sur la parole du maître. Particulièrement ici, j'ai l'intime conviction que Proudhon se trompe avec vous ; il se trompe sur les effets de la renonciation consentie au profit des acquéreurs, comme il s'était déjà trompé au sujet de la renonciation faite en faveur des créanciers. Toutefois, le judicieux auteur ajoutait un correctif que vous n'avez sans doute point trouvé de votre goût, car vous avez arrêté votre citation à la phrase que je vais transcrire : « Et comme le « mari ne pourrait plus aliéner ou engager efficacement au « profit d'un autre la propriété cédée à ce premier acqué- « reur, de même la femme ne pourrait plus céder ni enga- « ger à un autre bailleur de fonds l'hypothèque qu'elle « avait sur l'héritage vendu et dont elle est restée dé-

(1) Proudhon, *Usuf.*, n° 2340.

« pouillée par l'acte de vente (1). » La conclusion est juste, mais les prémisses du raisonnement sont inexactes : la somme qui intervient au contrat de vente, dans l'intérêt de l'acquéreur, ne cède pas plus ses droits hypothécaires que le créancier inscrit sur l'immeuble acquis, qui obtient son remboursement et renonce à son hypothèque, n'aliène cette hypothèque au profit de son débiteur.

« Dire que dans ce cas la renonciation est translative, « explique fort bien M. Boullanger, c'est prétendre que le « détenteur acquiert le droit de suite qui appartenait à la « femme. Or, n'y a-t-il pas quelque chose d'étrange dans « cette position d'un propriétaire d'immeubles qui pos- « sède encore le droit de se contraindre au délaissement? « N'est-ce pas comme si on soutenait qu'un débiteur « auquel son créancier a fait remise de l'obligation « est subrogé aux droits de celui-ci à l'effet d'obtenir « le paiement, et que, si désormais il n'a plus rien « à craindre pour le remboursement, ce n'est pas qu'il « soit vraiment libéré, mais c'est qu'il a succédé au créan- « cier (2) ? »

De pareilles conséquences suffisent pour faire condam- ner un système : rappelez-vous « *que le droit est une science* « *pratique, que c'est à ce point de vue que nous devons examiner* « *la loi;* qu'on court le risque de s'égarer et de *faire* « *fausse route* quand on se tient dans les sphères nua- « geuses de la théorie pure, et qu'on s'absorbe dans le « mysticisme plutôt que dans la science vraie. »

Mais vous vous inquiétez assez peu des objections de vos adversaires. « Je sais bien, dites-vous, que MM. Pont « et Coin-Delisle nient les conclusions de Proudhon et

(1) Proudhon, *loc. cit.*
(2) Boullanger, *Rad. hyp.*, n° 112, p. 115.

« adoptent un système absolument contraire. Ils ne voient
« dans l'intervention de la femme au contrat qu'une sim-
« ple renonciation extinctive. Je pourrais répondre à ces
« jurisconsultes que *je ne trouve pas leurs raisons concluantes,*
« *mais je n'ai pas besoin d'aller jusque-là et de les discu-*
« *ter* (1). » Vraiment, monsieur, vous traitez ainsi l'opinion
de ces deux maîtres de la science juridique ! Il me semble
cependant qu'en face d'une affirmation bien établie, qui
est le motif essentiel de la doctrine que vous attaquez, une
discussion sérieuse était utile. Quelle est donc cette fin de
non-recevoir invincible à l'aide de laquelle vous prétendez forcer notre conviction ? Une observation bien simple,
déjà plusieurs fois avancée par vous et autant de fois réfutée. Nous ressuscitons, paraît-il, une théorie que le
législateur a *implicitement* condamnée par la disposition
spéciale de l'art. 9 ! Nous perpétuons des controverses
qu'il voulait éteindre ! Je crains, monsieur, de fatiguer la
bienveillante attention de ceux qui prendront quelque
intérêt à cette discussion en revenant encore une fois sur
ce sujet. N'ai-je donc pas suffisamment prouvé que cette
intention du législateur n'est attestée par rien, n'apparaît
même implicitement en aucun endroit, ni dans les tra
vaux préparatoires de la loi, ni dans l'art. 9, dont toutes
les prescriptions se justifient amplement par des motifs
empruntés à un ordre d'idées tout différent ?

Non, monsieur, le législateur n'a pas eu la vaine prétention de faire cesser les controverses ; le monde juridique
sera désormais, comme par le passé, l'objet des disputes
humaines, et vous pourrez tenir avec Proudhon, tant
qu'il vous plaira, pour les renonciations translatives
contre MM. Pont et Coin-Delisle, défenseurs des renon-

(1) Verdier, *Revue pratique*, t. 26, p. 32.

ciations extinctives. Ce que le législateur a voulu est plus simple et d'une exécution plus facile.

Il a voulu, d'un côté, que le pacte destiné à dépouiller et peut-être à ruiner la femme ne pût se constituer sous le manteau de la cheminée, par acte sous seing privé, hors la présence d'un officier public, et il a soumis à l'authenticité les subrogations à l'hypothèque légale.

Il a voulu encore que la femme ne pût, contrairement au crédit et à l'ordre public, céder ses droits à vingt créanciers successivement, et, à l'exception du premier, les tromper tous, et il a décrété la publicité de ces mêmes subrogations.

La sécurité et la moralité des transactions ayant pour objet la cession des droits hypothécaires de la femme, voilà donc ce que la loi a prévu et tout ce qu'elle a prévu. Dans ce but, toute convention aboutissant à une translation de l'hypothèque légale doit être authentique et a été soumise à la publicité.

D'où il suit que, sans cesser d'être conséquent avec moi-même, je peux décider qu'une renonciation extinctive consentie à un créancier serait, comme toute subrogation, soumise aux dispositions de l'art. 9 ; parce que cette renonciation n'a pas le même caractère que celle faite au profit de l'acquéreur ; parce qu'elle se résout toujours, malgré son nom, en une translation des droits de la femme. Elle n'éteint pas, en effet, l'hypothèque que le créancier exerce au contraire au lieu et place de la cédante ; elle n'est, j'en conviens, de la part de la femme qu'une promesse d'abstention, mais elle a pour le créancier qui en bénéficie la même utilité qu'une renonciation subrogative. Les tiers ont le même intérêt à la connaître ; pourquoi, dans ce cas, le créancier serait-il dispensé de la publier ? Cette doctrine, en ce qui concerne le caractère et les effets de la renonciation vis à vis des créanciers, a été confirmée par un arrêt de la cour de Lyon du 7 avril 1854.

Je n'aperçois pas d'ailleurs, ajouterai-je avec Mourlon, et cette observation répond aux objections que vous m'avez fait l'honneur de m'adresser à la page 64 de votre lettre, je n'aperçois pas l'intérêt qu'un créancier peut avoir à interpréter la clause de renonciation dans le sens d'une renonciation extinctive. Cette interprétation ne serait autre chose à nos yeux qu'un détour ingénieux, mais illicite, employé pour échapper aux conséquences qu'entraîne l'inobservation des formalités prescrites par l'art. 9. Les tribunaux ne l'admettraient pas assurément (1).

J'ajoute qu'il y aurait toujours imprudence de la part d'un créancier à stipuler seulement une renonciation extinctive. La situation que vous supposez est donc à peu près impossible. C'est une pure abstraction qui n'est pas du domaine de la pratique ; je ne m'y arrêterai pas plus longtemps.

Maintenant que j'ai établi quel est, à mon avis, le caractère de la renonciation consentie aux acquéreurs, il faut bien que j'en étudie les effets :

« Quand la renonciation est *simplement extinctive*, « avez-vous écrit sous le n° 660 de votre *Traité sur la* « *transcription*, elle a pour effet de libérer les biens ven- « deur de l'hypothèque légale et d'exonérer l'acquéreu « de l'obligation de purger. Elle produit un résultat anar « logue à celui qui serait amené par les formalités de la « purge accomplie, si la femme laissait passer les deux

____

(1) *Revue pratique*, t. 2, p. 480. — Dans ce sens: Péronne, 16 décembre 1853 ; — Amiens, 12 mars 1854 ; — Cassat. 8 août 1854 (Sirey. 1854, 1, 521.)

« mois qui lui sont accordés par la loi pour s'inscrire.
« L'acquéreur est à l'abri des poursuites de la renon-
« çante qui ne peut ni le forcer à délaisser, ni former une
« surenchère. L'action hypothécaire qui appartient à
« cette dernière est, en un mot, éteinte.

« Mais là s'arrêtent les effets de la renonciation : con-
« sentie au profit de l'acquéreur seul, elle ne peut être
« efficace qu'à son encontre et n'opère qu'une extinction
« relative. La femme conserve le bénéfice de son hypo-
« thèque légale vis à vis de tous les créanciers de son
« mari qu'elle prime. Les biens vendus sont, à la vérité.
« affranchis de cette hypothèque, puisqu'à leur égard elle
« est éteinte, mais le prix qui les représente en est en-
« core affecté. De sorte que, en définitive, *la renonciation*
« *fait perdre à la femme son droit de suite et laisse intact*
« *son droit de préférence* (1). »

Cette doctrine est enseignée par la majorité des auteurs, et la jurisprudence l'a confirmée par d'assez nombreuses décisions (2). Elle n'a été contestée que par deux
jurisconsultes, MM. Bertauld et Benech, et on ne peut
citer contre elle que cinq arrêts des cours impériales (3);
elle paraît même être l'application logique et rigoureuse

______

(1) Verdier, *Transc. hyp.*, n° 660, p. 585, 586.

(2) Cass. 14 janvier 1817 (S. V., 17, 146); — Paris, 17 mars 1834
S. V., 34, 2, 640); — Amiens, 17 décembre 1840 (*J. Pal.*, t. 2, 1847,
p. 99); — Lyon, 15 mai 1847 (S. V., 48, 2, 230); — Cass. 21 février
1849 (*J. Pal.*, 1850, t. 2, p. 66); — Douai, 20 mars 1851 (S. V., 1851,
2, 481); — Amiens, 16 février 1851 (*J. Pal.*, 54, 2, 397); — Agen
21 mars 1866 (*Revue du not.*, n° 1527); — Cass. 30 juin 1856 (Dall., 57,
1, 93).

(3) Orléans, 8 août 1850 (*J. Pal.*, 50, 1, 168); — Caen, 26 avril 1852
(Jurisp. de la cour de Caen); — Caen, 17 mai 1838; — Amiens, 3 mars
1853 (*J. Pal.*, 1, 53, 691); — Metz, 13 décembre 1854 (S. V. 1855, 2,
198). — Un arrêt récent de la Cour de cassation du 12 février 1868 (S. V.,
10° cahier, p. 289) semble plus favorable à cette opinion que les précédentes
décisions.

des principes juridiques admis en matière d'hypothèque. Toutefois, je la crois contraire à la vérité, et j'estime qu'elle repose sur une fausse interprétation de la volonté des contractants.

Certes, monsieur, je ne me dissimule pas tout ce qu'il y a de témérité de ma part à me placer ainsi en opposition avec les nombreuses et imposantes autorités que j'ai citées, avec la Cour de cassation elle-même ; mais plus j'étudie la question, plus je réfléchis à la nature de la convention, aux circonstances qui l'entourent, aux intentions vraisemblables des parties qui la stipulent, plus je me fortifie dans l'opinion déjà émise par moi de l'extinction absolue de l'hypothèque. J'ajoute que partout où j'ai cherché des arguments à l'appui de la doctrine dominante, je n'ai trouvé ou que l'affirmation non motivée des auteurs qui l'enseignent, ou l'arbitraire des tribunaux qui en font l'application. Pour moi, ce n'est pas assez : quelque autorisée et quelque ancienne que soit l'erreur, dirai-je avec Mourlon, elle ne saurait jamais prescrire contre la raison ; et si Dumoulin a pu souvent dire : *Hæc est ipsissima veritas*, ces audacieuses affirmations ne sont plus reçues de notre temps.

D'abord, l'intérêt de l'acquéreur, selon la juste remarque de M. Bertauld, me semble exiger autre chose qu'une abdication du droit de surenchère ; s'il n'a pas besoin de s'approprier l'hypothèque légale de la femme par un transport éventuel de ses reprises, tout au moins est-il certain qu'il doit vouloir affranchir de cette hypothèque non-seulement l'immeuble acquis, mais encore le prix qui le représente ; car l'exercice du droit de préférence par la femme peut souvent amener de la part d'un créancier inscrit, qui serait menacé d'être exclu de l'ordre, une surenchère du dixième, et par suite l'éviction de l'acquéreur (1). Or, la femme n'a-t-elle pas garanti ce dernier contre tous troubles et toutes évictions possibles? Décider autrement, ce serait, il me semble, ramener à néant l'effet de la renonciation.

Mais l'intérêt de la femme? m'objecterez-vous. Peut-on supposer qu'elle a entendu se dépouiller de tous ses droits vis à vis des créanciers de son mari, et rendre leur position meilleure à son propre détriment?

La femme, vous répondrai-je, peut n'avoir aucun intérêt à conserver. En eût-elle, ses droits peuvent être suffisamment garantis par les autres immeubles de son mari. Mais je vais plus loin et je dis que, quand une femme intervient dans une vente pour renoncer à son hypothèque légale, elle entend, cela n'est point douteux pour moi, que le prix en soit payé à son mari, si l'immeuble est libre de charges, dans le cas contraire, aux créanciers inscrits dont il est le gage. Votre tort, et celui de tous les auteurs dont vous partagez l'avis, est de faire ici complète abstraction de mariage, de ne voir dans cette convention de renonciation qu'un pacte semblable à ceux qui interviennent entre étrangers, dans la femme un créancier impitoyable et dans le mari un débiteur toujours disposé à rompre ses engagements. En vérité, que signifie cette étrange façon d'envisager l'union conjugale? N'est-ce donc pas assez d'avoir, vis à vis des deux époux, érigé la défiance en loi, d'avoir créé une législation qui, sans les palliatifs imaginés par une pratique sensée, eût rendu en quelque sorte impossibles toutes relations d'affaires entre le mari et les tiers ; et faut-il encore que nous soyons toujours obligés de supposer la désunion et la ruse, là où tout devrait faire présumer au contraire l'accord et l'honnêteté? Non, vous introduisez dans la loi une

____

(1) Verdier, *Transc. hyp.*, p. 586, 587 ; — Mourlon, *Transc. hyp.*, t. 2, n° 957.

présomption immorale que ma conscience repousse aussi bien que mon esprit, que des faits certains seuls pourraient me faire admettre. Depuis quand la femme ne peut-elle plus s'associer aux efforts de son mari, partager ses engagements et faciliter ses spéculations ? Quand le mari vend un immeuble propre ou une acquisition de communauté, c'est, ou bien pour éteindre une dette urgente, ou pour se créer des ressources en vue de quelque opération avantageuse. Par son intervention à la vente, la femme affirme son accord avec son mari, et son intention de concourir au résultat qu'il veut atteindre. Il y a tels motifs d'harmonie conjugale, de respect pour les droits acquis des créanciers dont je suis bien forcé de dire que vous ne tenez aucun compte. J'en appelle à tous les hommes d'affaires qui, par leurs fonctions, peuvent le plus souvent constater ce qui se passe en pareil cas. N'est-il pas vrai que la femme qui vient donner dans nos études son adhésion à une vente volontaire d'immeubles, ne réclame jamais sa part dans la distribution du prix ? n'est-il pas vrai qu'elle en laisse toujours la libre disposition à son mari, soit pour le céder, soit pour l'employer au remboursement des créanciers, s'il en existe ? Quel serait, du reste, son intérêt à demander une collocation ? L'argent ne serait-il pas versé entre les mains de ce mari dont vous voulez qu'elle se défie ou qu'elle renie les engagements ? Mieux vaudrait alors qu'elle eût refusé son consentement à l'aliénation, et c'est ainsi qu'elle agit en effet, lorsque la mauvaise administration de son mari lui donne de justes motifs de craindre pour la sûreté de sa dot ; car « les femmes, quoi qu'on en puisse dire, sont tout aussi « ménagères de leurs intérêts que les hommes, elles sa- « vent, tout comme eux, pour le moins, les défendre ; « Henri IV le savait bien, quand, par l'ordonnance de 1601,

« il déclarait leurs engagements valables, quoiqu'elles
« n'eussent pas renoncé au sénatus-consulte Velléien (1). »
Pourquoi donc voulez-vous leur conférer aujourd'hui,
ou, pour mieux dire, leur imposer, par suite d'une situation qui est toujours, il ne faut pas l'oublier, volontaire
de leur part, une faveur qu'elles ne réclament point,
qu'elles abandonnent au contraire ? N'avons-nous pas la
preuve de ce que j'avance dans l'extrême rareté des
inscriptions d'hypothèques légales prises sur la purge des
ventes volontaires ? Il faut des cas exceptionnels, tels
qu'une désunion notoire, une séparation légale, pour que
la femme songe à recourir à cette formalité inusitée ; et
même, en pareille occurrence, nous pouvons le constater
quelquefois, ce n'est pas toujours un besoin sérieux qui
motive la production de l'hypothèque, mais bien plutôt
l'animosité et le désir de nuire. Votre doctrine n'aboutit-
elle pas d'ailleurs à des conséquences inadmissibles ? Si
vous réservez les droits de la femme sur le prix, de deux
choses l'une : ou vous laissez le mari toucher la créance
de la femme, et votre réserve alors n'a plus sa raison
d'être, ou vous ordonnerez la mesure exceptionnelle
d'une collocation provisoire avec consignation du prix
entre les mains de l'acquéreur, et vous entravez en ce cas
l'exercice légitime du droit que le mari tient de la loi
sous le régime de la communauté, non-seulement d'ad-
ministrer les biens et de toucher les revenus, mais encore de percevoir seul tous les capitaux appartenant à sa
femme, sans distinction d'origine (2) (art. 1421 , 1428,
Code Nap.).

Je maintiens donc ce que j'ai écrit précédemment :

(1) Beudant, *Revue critique de législation*, t. 28, p. 33.
(2) Metz, 31 décembre 1867. — *Revue du notariat*, t. 9, no 2244.

quand la renonciation est expresse, qu'elle a été donnée par la femme sans restriction ni réserve, cette renonciation a, selon moi, pour effet certain d'éteindre l'hypothèque, et de l'éteindre d'une manière absolue, nonseulement quant au droit de suite, mais aussi quant au droit de préférence. Le droit d'hypothèque qu'avait la femme est entièrement mort entre ses mains sur l'immeuble dont elle a spécialement autorisé l'aliénation.

Je n'avais point voulu (la question paraissant fort délicate) me prononcer d'une façon aussi explicite pour le cas d'une renonciation tacite, et, réservant à ce sujet mon appréciation, je m'étais contenté de dire : « Je pourrais à la « rigueur vous concéder votre conclusion, s'il s'agissait « entre nous d'une renonciation tacite, par l'effet du « concours de la femme à la vente d'un immeuble de son « mari ; parce que, dans cette hypothèse, rien ne démon- « tre l'intention de la femme d'abandonner ses droits sur « le prix, il faut interpréter la renonciaton, et c'est alors le « cas d'appliquer la règle : *renuntiatio est strictissimæ inter-* « *pretationis* (1). »

Vous vous êtes empressé, monsieur, de voir dans cette phrase, malgré son caractère hypothétique et conditionnel, une concession réelle et définitive ; puis, tout heureux et tout aise de cette découverte, vous m'avez aussitôt pris à partie : « La distinction que vous faites, dites-vous, est « arbitraire ; la renonciation tacite a les mêmes effets que « la renonciation expresse et réciproquement ; loin qu'il « faille interpréter la renonciation tacite dans un sens res- « trictif, vous savez aussi bien que moi que la jurispru- « dence en a décidé autrement, et qu'elle l'a toujours « considérée comme ayant le caractère subrogatif (2). »

(1) *Revue pratique*, t. 24, p. 500.

(2) Verdier, *Revue pratique*, t. 26, p. 26, 27.

Je sais, en effet, monsieur, que les auteurs et la jurisprudence ont toujours attribué le caractère subrogatif
aux renonciations faites en faveur des créanciers. J'en
ai déjà plusieurs fois indiqué le motif, je n'y reviendrai pas. Mais vous devez savoir aussi, et l'arrêt de la
Cour de cassation du 26 août 1862 a pu vous le rappeler
au besoin, que les renonciations tacites faites au profit des
acquéreurs ne sont pas de même nature et ne produisent
pas les mêmes effets. A ce premier point de vue, la distinction que j'ai établie ne serait pas apparemment trop
invraisemblable. D'autre part, quand j'ai dit que la renonciation tacite était, par sa nature, *strictissimæ interpretationis*, je n'ai point nié que les renonciations tacites
n'eussent, à certains égards, les mêmes effets que les renonciations expresses. Je connais l'adage juridique : *eadem
est vis taciti atque expressi ;* j'ai seulement voulu dire que les
renonciations tacites n'ont pas et ne peuvent avoir ce caractère de certitude invincible que présentent à l'interprète
les renonciations expresses ; qu'on peut hésiter sur le sens
et la portée qu'il convient de leur donner, et sur les conséquences qu'il est possible d'en déduire. C'est ce qu'affir-
mait avec raison la Cour d'Amiens dans son arrêt du 16 février 1854, quand elle disait : « que le dessaisissement
« tacite de la femme, admis en quelque sorte par voie de
« conséquence et d'induction, doit, par cela même, plus
« rigoureusement encore être renfermé dans son objet et
« ses termes exprès (1). » Et c'est par application de ce principe que vous ne faites point découler d'une renonciation
tacite la perte du droit de préférence, quand vous pourriez
au contraire, en certains cas, l'admettre comme résultant
de certaines renonciations explicites.

(1) S. V., 1854, 2, 260, 261.

Quoi qu'il en soit, voici, sur ces divers points, mon opinion définitive :

S'agit-il d'une vente consentie solidairement par le mari et la femme, sans renonciation expresse de la part de cette dernière, il est utile de distinguer si le contrat contient quittance du prix, ou si le prix est encore dû.

Dans le premier cas, pas de doute possible ; l'extinction de la créance emporte l'extinction de l'hypothèque qui n'existe plus tant au point de vue du droit de préférence qu'au point de vue du droit de suite (1).

Dans le second, l'acquéreur se trouve dans la même situation que s'il avait accompli les formalités de la purge et si la femme avait laissé passer les deux mois que la loi lui accorde pour prendre inscription. Le droit de suite n'existe plus, mais le droit de préférence survit, la femme pourra l'exercer dans les conditions précisées par les art. 717 et 772 du Code de proc. civile, c'est-à-dire si dans les trois mois qui suivront le délai prescrit par l'art. 2195 C. N. un ordre a été ouvert pour la distribution du prix.

S'agit-il, au contraire, d'un contrat de vente portant la renonciation expresse de la femme, que le prix ait été payé comptant ou que les parties aient stipulé qu'il serait payable à terme, j'admets que la femme, en renonçant, a entendu se dessaisir de tous ses droits d'hypothèque et n'en rien réserver tant à l'égard du droit de préférence qu'à l'égard du droit de suite. L'hypothèque est définitivement éteinte sur l'immeuble vendu.

Mais que vous importe l'extinction totale ou partielle de l'hypothèque ? La première ne nuit pas plus que la seconde à votre système. En effet, dites-vous, nous ne som-

___

(1) Pont, *Priv. et hyp.*, n° 482, p. 483 ; — Verdier, *Transc. hyp.*, n° 665 ; — Cass. 12 février 1868 (Sirey, V. 10ᵉ cahier, 1, p. 389).

mes plus sous le Code Napoléon, qui défendait de vendre le bien d'autrui ; sous la loi de 1855, il n'en est plus ainsi : le vendeur peut revendre son immeuble, la femme céder à un nouveau créancier son hypothèque légale, et le plus agile, celui-là qui le premier aura fait transcrire son titre d'acquisition ou fait mentionner sa subrogation, pourra se prévaloir du droit qui lui a été transmis. *Toute translation occulte est réputée inexistante vis à vis des tiers.*

Ainsi, d'après vous, la femme peut céder, même postérieurement à la transcription de la vente, son hypothèque légale, et tout cessionnaire qui aura publié cette cession, conformément à l'art. 9, pourra l'opposer à l'acquéreur qui n'aura pas fait inscrire sa renonciation. Quelle raison avez-vous donnée à l'appui de cette affirmation ? Une seule : l'obligation imposée par la loi de 1855 à l'acquéreur de faire connaître la renonciation qui lui a été consentie. Mais, je l'ai démontré, cette obligation n'existe pas pour lui. Elle n'est exigée par le législateur que pour les pactes, cessions ou renonciations qui ont pour résultat la *transmission* de l'hypothèque légale de la femme. Le texte de l'art. 9 est formel. J'ai beau me reporter au § 662 de votre *Traité* que vous m'opposez ; j'ai beau analyser une à une toutes les objections que vous y soulevez, je n'en trouve point qui n'aient été réfutées soit par les auteurs qui ont traité ce sujet avant moi, soit par les considérations que j'ai présentées dans le cours de ce travail. Le motif principal invoqué par vous n'est tout simplement qu'une pétition de principe, et j'ai bien plus de droits que vous de dire maintenant : vous résolvez la question par la question.

Que parlez-vous de la jurisprudence ? Le seul arrêt que vous puissiez invoquer est celui de la cour de Lyon, celui qui soulève précisément la difficulté que nous débattons ensemble ; il n'a donc ici aucune autorité. Il a d'ailleurs été rendu dans des circonstances telles que sa décision ne pouvait être en quelque sorte autre que celle que nous connaissons. L'acquéreur était doublement en faute. D'abord, il avait été imprudent en payant son prix à son vendeur sans s'être assuré préalablement qu'il n'y avait pas de créanciers inscrits sur l'immeuble acheté ; ou s'il voulait agir ainsi, sans péril, il devait se faire consentir une véritable subrogation et la faire inscrire. D'autre part, au lieu de se prévaloir d'une renonciation transmissive, et d'accepter la lutte sur le terrain de la priorité avec les subrogés postérieurs, il devait leur répondre par une demande en radiation de leurs inscriptions qui ne pouvaient grever son immeuble, puisqu'elles avaient été prises après la transcription de son contrat d'acquisition. Aussi la Cour de cassation, s'attachant à ces diverses circonstances, a-t-elle jugé *« qu'en cet état des faits, la partie « s'était placée elle-même dans la situation textuellement pré-* *« vue par l'art. 9 de la loi du 23 mars 1855, et par suite n'a-* *« vait pu se dispenser de suivre à la lettre les prescriptions de* *« cet article. »*

Ce dernier arrêt du 29 août 1866 n'est donc pas, comme vous le dites, un arrêt de doctrine ; le comité des notaires l'a jugé ainsi et il a, sans doute possible, raison contre vous ; c'est ainsi que l'ont encore apprécié les arrêtistes qui ont enregistré cette décision dans leurs recueils ; tous ont reconnu, comme l'avait parfaitement indiqué M. Paul Pont, qu'à raison des circonstances particulières dans lesquelles il est intervenu, l'arrêt tient la question réservée (1).

---

(1) Dalloz, 1867, 1, 49 ; — S. V., 1867, 1, 9 ; — *J. Pal.*, 1867, p. 11 ; — *Revue du notariat*, t. 8, n° 1703 ; — *Journal des notaires et des avocats,*

Vous m'opposez maintenant le témoignage de Mourlon dont vous citez souvent les paroles en les détournant de leur application naturelle ; j'en atteste particulièrement le passage dont vous me faites une objection : Mourlon, en effet, dans son commentaire sur l'art. 9, se demande quel est à l'égard des divers subrogés de la femme la condition d'un tiers acquéreur, et il suppose : 1° le cas où l'acquéreur a obtenu de la femme une renonciation subrogative (1); 2° le cas où l'acquéreur se trouve bénéficiaire d'une renonciation extinctive (2). A laquelle de ces deux hypothèses le lecteur pense-t-il et doit-il penser que vous avez emprunté les lignes que vous citez? A la seconde, assurément, puisque c'est celle qui nous divise et qu'il n'y a pas entre nous de discussion sur l'autre. Eh bien! non, c'est dans l'examen de la première que Mourlon a écrit le passage reproduit par vous. D'où provient cette confusion singulière? Y a-t-il eu inattention de votre part? ou dois-je croire que vous tendiez un piége à ma bonne foi? Loin de pouvoir m'être opposé, le passage de Mourlon doit venir par argument *à contrario* fortifier ma théorie ; et c'est ce qui a lieu, en effet. Le savant auteur s'occupe ensuite des renonciations extinctives, établit que ces dernières ne sont pas soumises à la publicité, et il termine ainsi : « Je me résume : si la renonciation « obtenue par un tiers acquéreur a eu pour effet de l'investir de l'hypothèque abandonnée, l'art. 9 le régit; « dans le cas contraire, *l'extinction de l'hypothèque n'est soumise à aucune condition de publicité.* Dès qu'elle existe, elle « est opposable aux tiers. Ainsi *l'acquéreur, bien qu'il la*

art. 18992 ; — *Jurisprudence du notariat;* — *Journal du notariat,* n° 2092, 1866.

(1) *Revue pratique,* t. 1, p. 187 *initio.*
(2) *Idem, loc. cit.,* t. 1, p. 187 *in fine.*

« *tienne occulte, n'a rien à craindre des actes ultérieurs de la*
« *femme.* »

En définitive, vous le voyez, monsieur, les raisons que vous donnez à l'appui de votre théorie, soit dans votre *Traité sur la transcription*, soit dans votre dernier travail, ne sont rien moins que *triomphantes*. Elles se résument en une pétition de principe continuelle. Le seul arrêt que vous puissiez invoquer doit être écarté, comme étant en quelque sorte partie dans la cause, et l'autorité doctrinale sur laquelle vous vous appuyez se retourne aussi contre vous.

Je me trompe pourtant : le témoignage de Mourlon n'est pas le seul sur lequel vous ayez la prétention de vous reposer : « Quant à la doctrine, dites-vous un peu
« plus loin (1), elle est plutôt en ma faveur, car, à part
« M. Pont, les auteurs se sont en général ralliés à la thèse
« que je soutiens, y compris M. Mourlon, qui *au fond* par-
« tage mon opinion. » Vous citez alors MM. Ducruet, Hervieu, Rivière et Huguet, Leroux, Bertauld, Aubry et Rau sur Zachariæ.

Puisque vous voulez compter vos alliés, je suis tout disposé à vous suivre sur ce terrain, et je vous signalerai vos adversaires ; ils sont au moins aussi nombreux. Consultez, je vous prie, MM. Pont, *Priv. et hyp.* (2), Larombière (3), Boileux (4), Coin-Delisle (5), Grosse (6), Boullan-

(1) Verdier, *Revue pratique*, t. 26, p. 29.

(2) *Loc. cit.; — Revue du notariat,... id.*

(3) *Loc. cit.*

(4) *Loc. cit.*

(5) *Loc. cit.*

(6) *Loc. cit.*

ger (1), Duchesneau (2), Thiercelin (3), Labbé (4), Berger (5), Lefebvre (6), L. Combe (7), Paultre (8), *Dictionnaire du notariat* (9), le comité des notaires des départements (10), de Casabianca (11), Bonjean (12). Quant à M. Mourlon, je crois qu'il restera dans notre camp, quelque effort que vous fassiez pour l'en séparer.

A la vérité, vous avez montré, monsieur, une habileté sans égale pour réfuter ce redoutable champion et me démontrer que son opinion aboutit en définitive à celle que vous soutenez ; vous n'avez reculé ni devant les citations inapplicables, ni devant les interprétations exagérées, ni même, je viens de le prouver, devant le travestissement de la pensée de l'auteur.

Dès la page 15 de votre travail (13), en citant quelques considérations générales de ce jurisconsulte sur l'esprit de l'art. 9, vous étendez outre mesure la portée de ces observations. Il vous sera facile de vous en convaincre en lisant à la page 183, *in fine*, *Revue pratique* (14), l'idée qui résume le sens que Mourlon attachait aux paroles que

(1) *Loc. cit.*

(2) *Revue critique de législ.*, t. XL, p. 188.

(3) Dalloz, 1864, 2, 193. Notes sur l'arrêt de Lyon.

(4) *J. Pal.*, 1864, p. 231.

(5) *Journal des notaires et des avocats*, n° 17075.

(6) *Journal du notariat*, 1864, n°s 1858, 1859, 1860, — 1866, — n° 2092.

(7) *Journal du notariat*, 1868, n° 2252.

(8) *Revue du notariat*, art. 2015.

(9) V° *Subrogation*, n°s 194 et suiv.

(10) Circulaires du comité (16 janvier 1857, 2 avril 1867, 20 janvier 1868, p. 51 et suiv. ; 25 octobre 1868, p. 62).

(11) Rapport au Sénat, 21 juin 1862.

(12) *Idem*, 1er mai 1865.

(13) Verdier, *Revue pratique*, t. 26.

(14) *Revue pratique*, t. 1, p. 183.

vous avez reproduites. « Dès lors, dit-il dans ce dernier
« passage, tout ce qui résulte des termes de la nouvelle
« loi, c'est que la renonciation, de même que la cession,
« peut être transmissive de l'hypothèque qu'elle a pour
« objet..... mais la loi a-t-elle voulu exclure et prohiber
« les renonciations simplement extinctives? Rien ne le fait
« présumer. » L'assimilation, vous le voyez, n'est donc
pas aussi complète aux yeux de M. Mourlon que vous
l'avez avancé. La suite de son commentaire, pages 189 et
suiv., le prouve encore surabondamment.

A la page 22, vous cherchez encore, tantôt en lui at-
tribuant les objections qu'il se fait à lui-même, tantôt en
détournant le sens naturel de ses expressions, à établir
que Mourlon est absolument de votre avis. Mais cependant, comme les idées fort nettes et les paroles très-expli-
cites que vous pressez se prêtent difficilement à vos com-
binaisons, y résistent au contraire, vous finissez par
avouer que l'opinion de votre adversaire a *quelque chose
d'équivoque qui semble réserver un point de la question contre
vous.* Puis, vous vous étonnez que ce jurisconsulte, d'ordinaire si judicieux, n'ait point compris que l'exception
qu'il proclame rend impossibles les conclusions adoptées
par lui. Ah ! ce dont il faudrait s'étonner bien davantage,
monsieur, ce serait que ce penseur dont le sens pratique
était si profond, de votre propre avis, n'eût pas saisi l'intention du législateur, l'eût au contraire méconnue dans
une question qui a été tout particulièrement l'objet de ses
méditations et de ses recherches.

Je reprends la suite de mon sujet : La femme ne peut
donc, après une renonciation extinctive consentie au
profit de l'acquéreur, céder à qui que ce soit son hypothèque légale, ou du moins l'acquéreur peut opposer
l'extinction de cette hypothèque à tout subrogé, postérieur

à la transcription de son contrat, qui voudrait exercer sa subrogation sur l'immeuble aliéné. La loi de 1855 n'a que faire ici. Les principes du droit commun nous régissent; la femme ne peut céder ce qu'elle n'a plus aussi bien vis à vis des tiers, quels qu'ils soient, que vis à vis de l'acquéreur. Vos distinctions à cet égard n'ont aucun fondement sérieux. Vous continuez à commettre ici la même erreur que j'ai déjà relevée, qui consiste à faire régler par l'art. 9 une situation que le C. Nap. seul gouverne. L'hypothèque est éteinte et elle est réputée telle aussi bien dans les rapports de l'acquéreur avec les subrogés postérieurs que dans les rapports de la femme renonçante avec l'acquéreur. Sur quoi se fonderaient en effet les cessionnaires de la femme pour prétendre que l'hypothèque légale de la femme n'est pas éteinte? Sur l'innovation introduite par la loi de 1855? Mais n'ai-je pas prouvé que cette loi est inapplicable aux renonciations extinctives dont l'acquéreur devient bénéficiaire? Objecterez-vous que c'est là une erreur? Que l'art. 9 est applicable? Vous ne le pouvez point, c'est là précisément ce qu'il faudrait prouver, ce que vous n'avez point fait et ne ferez point.

D'où il résulte que je n'ai pas, comme vous avez essayé de le démontrer, jugé la question par la question en vous opposant le texte de l'art. 2180. Cet article conserve sa portée pour la solution de la difficulté, puisque la loi de 1855 n'a pas eu pour but de modifier, sur le point qui nous occupe, les règles et les principes du Code Napoléon.

D'où il suit encore que je peux argumenter contre vous de l'art. 6 de la loi de 1855, car le principe général édicté par ce texte ne trouve point son exception dans les règles particulières formulées dans l'art. 9. La transcription de son contrat suffit pour mettre l'acheteur à l'abri non-seulement des hypothèques conventionnelles et judiciaires, mais encore de *toutes les hypothèques légales soumises à l'ins-cription*. Tous les auteurs sont d'accord sur ce point. Or, parmi ces dernières, il faut aussi bien comprendre les subrogations dans l'hypothèque légale, puisque l'art. 9 les soumet à la publicité, que les hypothèques légales de l'État, des communes, des établissements publics, que les hypothèques légales des femmes mariées, des mineurs et des interdits que l'art. 8 fait rentrer dans la règle générale lorsque vient à cesser la cause qui les avait fait dispenser de la formalité de l'inscription. Le législateur de 1855, en effet, a reproduit, dans l'art. 6 l'énumération contenue dans l'ancien art. 834 du Code de procédure civile qui ne renvoyait non plus qu'aux art. 2123 et 2128 du C. N., mais on n'a jamais mis en doute, sous le Code de procédure, que l'art. 834 ne s'appliquât aux hypothèques légales non dispensées d'inscription (1).

Il est donc inexact d'affirmer d'une manière absolue, comme vous l'avez déjà fait, que la transcription ne purge pas l'hypothèque légale de la femme. Elle ne la purge pas en effet toutes les fois que la femme ou ses ayant-cause sont dispensés de l'inscrire; mais aussi souvent que l'exception qui avait motivé cette faveur vient à cesser, les principes généraux reprennent leur empire et l'hypothèque légale est mise au rang des hypothèques conventionnelles et judiciaires.

De quel droit en effet un créancier subrogé postérieurement à la transcription de la vente viendrait-il prendre une inscription sur le bien vendu ? La transcription n'a-

---

(1) Flandin, *Transc. hyp.*, t. 2, p. 184; Verdier, *Transc. hyp.*, t. 2, n° 490, p. 283; — Mourlon, *Transc. hyp.*, t. 2.

t-elle pas opéré vis à vis de lui le dessaisissement complet et définitif du mari vendeur? Ce dernier n'est plus propriétaire; donc pas d'inscription possible sur un immeuble qui est non pas la propriété du débiteur, mais celle de l'acquéreur révélé par la transcription. Le créancier opposera-t-il que la femme a conservé la pleine disposition de son hypothèque? Cela n'est pas. Nous avons vu qu'elle l'avait éteinte au profit de l'acquéreur. Mais n'y eût-elle pas renoncé, et en supposant par suite qu'elle eût pu la céder, le droit d'hypothèque serait quand même sans effet entre les mains du créancier subrogé, puisque, ne jouissant pas du privilége de la femme, il ne pourrait, de par l'art. 6, inscrire l'hypothèque acquise par lui. C'est ainsi que j'ai pu dire, sans mériter pour cela, je crois, la leçon de droit que vous avez bien voulu me donner à ce sujet, qu'il est impossible que le *tiers subrogé* à l'hypothèque légale de la femme puisse opposer à l'acquéreur un droit régulièrement acquis et régulièrement conservé. Vous l'aviez vous-même reconnu au n° 735 de votre *Traité sur la transcription hypothécaire*, et vous appuyiez cette doctrine par des raisons, qui n'ont rien perdu de leur valeur depuis la publication de cet ouvrage.

Ainsi, monsieur, tous les principes généraux consacrés par la loi de 1855 s'unissent pour renverser votre théorie, et il n'y a pas jusqu'au simple bon sens, que cette loi n'a point modifié, que je ne sois fondé à vous opposer en vous citant de nouveau la règle juridique *nemo plus juris ad alium transferre potest, quàm ipse habet,* dont vous avez eu grand tort de méconnaître l'à-propos. Il peut être incontestablement vrai que le vendeur peut valablement revendre, que la femme qui a cédé en totalité son hypothèque légale peut valablement la céder une seconde fois, et il peut être malgré cela incontestablement faux que la

femme ait le droit, après avoir renoncé au profit d'un acquéreur à son hypothèque, de subroger efficacement un
tiers dans cette même hypothèque sur l'immeuble vendu.
Cela tient à ce que les deux premiers cas dont vous argumentez ont été textuellement prévus par la loi de 1855
qui en a ainsi décidé, et avec raison, tandis que cette
même loi, je l'ai suffisamment établi, n'a rien prescrit, et
pour cause, en ce qui concerne les renonciations extinctives consenties aux acquéreurs. Le grand principe de
droit commun *nemo plus juris* conserve donc toute sa force,
et je suis autorisé par suite à nier l'existence de ces considérations et de cet intérêt supérieurs devant lesquels
vous prétendez qu'il doive s'effacer.

Je me suis placé précédemment, monsieur, pour vous
combattre, au point de vue de l'extinction absolue de
l'hypothèque légale. Souffrez que je laisse un instant de côté mon opinion personnelle, d'ailleurs trop
peu autorisée ; supposez maintenant (mais toutefois
gardez-vous, comme il vous est arrivé de le faire, de
changer cette supposition en fait accompli), supposez,
dis-je, que j'accepte votre doctrine, c'est-à-dire la survivance du droit de préférence au droit de suite ; quelle
sera l'influence de cette concession sur la solution que je
recherche avec vous ?

Il faut d'abord mettre de côté le cas où l'acquéreur a
payé son prix, soit après vente solidaire, soit après une
renonciation expresse insérée au contrat. Car je ne pense
pas que vous mainteniez encore les droits de la femme
après l'extinction même de la créance.

Soit donc un acquéreur au profit duquel deux époux
ont consenti, ou une vente avec garantie solidaire contre
toute éviction, ou une vente avec renonciation formelle
par la femme à son hypothèque légale. L'acquéreur doit

son prix. La femme, postérieurement à la transcription du contrat, subroge un créancier de son mari dans l'effet de son hypothèque légale. Le créancier ne pourra point prendre inscription, nous l'avons vu, sur l'immeuble aliéné. La femme n'a pu lui transmettre ce droit tout personnel, qu'elle n'avait plus elle-même, et l'art. 6 de la loi de 1855 protége d'ailleurs l'acquéreur contre toutes les hypothèques non dispensées d'inscription. Qu'aura donc gagné ce fortuné créancier à la subrogation? Uniquement le droit de préférence de la femme, puisque cette dernière, nous le supposons, l'avait conservé. Mais ce droit même est singulièrement fragile, vous en conviendrez : car voilà que, d'après la loi du 21 mai 1858, il peut s'éteindre si un ordre n'intervient pas dans les trois mois qui suivent le délai prescrit par l'art. 2195 du Code Nap.; supposez donc que l'acquéreur, à qui rien ne révèle cette translation du droit de préférence, qui du reste n'est point tenu de le réveiller, ne veuille pas accomplir les formalités de la purge légale, qu'il paie sans bruit entre les mains de ses vendeurs ou des créanciers inscrits; supposez que les vendeurs transportent le prix de la vente, ou que les créanciers inscrits, voulant laisser le droit de préférence s'écouler et se perdre par le laps de temps, retardent l'ordre à dessein, ou même encore qu'ils fassent entre eux, avant l'expiration des trois mois, un ordre amiable, notarié ou sous seing privé, que vont devenir les droits de votre créancier subrogé? Ils *s'évanouiront en fumée*. Et, à vrai dire, ils ont si peu de consistance, qu'il paraît puéril de redouter une doctrine qui aboutit à de pareils résultats.

De là vient qu'en pratique, dans la pratique intelligemment comprise, entendez bien, vous ne voyez point les créanciers subrogés dans l'hypothèque légale se préoccu-

per du prix des ventes antérieures à leur subrogation.
C'est ce que j'étais conduit à dire naguère dans un recueil spécial au notariat, en recherchant les moyens les
plus simples d'obvier momentanément aux périls qui
naissent de la jurisprudence inaugurée par la cour de
Lyon. Je donnais aux notaires, mes confrères, le conseil
de faire limiter le plus possible, dans les actes de prêt,
les subrogations à l'hypothèque légale. J'ajoutais que
cela est d'autant plus facile que les prêteurs n'entendent
le plus souvent soumettre à la garantie que les biens présents du mari débiteur. « Est-il vrai que le bailleur de
« fonds, disais-je, en exigeant une subrogation dans l'hy-
« pothèque légale de la femme de l'emprunteur, ait l'idée
« d'exercer un jour cette garantie sur les biens aliénés par
« ses débiteurs antérieurement au prêt? Non, ces biens
« pour lui n'existent plus; ils ne sont plus en la possession
« de l'emprunteur. La pensée du créancier se repose
« seulement sur les biens présents, ceux désignés dans
« l'affectation hypothécaire déjà consentie en sa faveur.
« Je ne crois même pas qu'il songe le plus souvent aux
« effets de l'hypothèque légale sur les biens à venir du
« mari; dans certaines contrées, en effet, à Paris notam-
« ment, il est d'usage, si je ne me trompe, de restreindre
« la subrogation aux seuls biens présents au jour du
« contrat (1). »

Si donc la doctrine inaugurée par l'arrêt de la cour de
Lyon pouvait se réduire aux proportions que j'indiquais
tout à l'heure, la pratique aurait tort de s'en préoccuper,
et je me serais bien gardé moi-même de fatiguer votre
attention par la lecture de ces longues considérations juridiques. Mais le système défendu par la cour de Lyon et

______

(1) *Revue du notariat*, t. 9, n° 2017, p. 270.

quelques auteurs, système que vous paraissez vouloir atténuer, ne conduit à rien moins, s'il est logique, qu'à accorder au créancier subrogé la faculté d'exercer contre l'acquéreur le droit de suite et le droit de préférence de la femme. C'est là qu'est le mal et c'est là ce que je n'admettrai jamais.

Je suis presque arrivé, monsieur, au terme de la discussion, et vous suivant, moi aussi, pas à pas, je crois avoir démontré que, de tous les motifs à l'aide desquels vous pensiez détruire mon opinion, il n'en reste pas un seul debout. Je dois maintenant examiner les diverses considérations générales que vous avez produites à l'appui de votre théorie. Mais avant d'aborder cet examen, permettez-moi de résumer brièvement la partie achevée de ce travail. Cet exposé succinct fera mieux saisir l'ensemble des résultats acquis, et facilitera aussi l'intelligence des développements qui vont suivre.

Toute votre argumentation reposait sur quatre affirmations que vous érigiez en principes incontestables.

Vous prétendiez que la loi n'a pas seulement été faite pour les créanciers subrogés, que cette subrogation avait pu servir de modèle, parce qu'elle était la plus fréquente, mais que rien n'indique qu'elle ait été la seule prévue par le législateur de 1855 ; que les termes généraux dans lesquels est conçu l'art. 9 prouvent, au contraire, qu'il n'y a aucune distinction à faire et que la renonciation, quel qu'en soit le bénéficiaire, est soumise à la publicité.

J'ai établi contre vous, à l'aide des documents de l'enquête de 1841 et des projets de loi élaborés de 1849 à 1855, documents que vous ne pouvez récuser, à l'aide des travaux préparatoires de la loi de 1855 et du texte même de cette loi, que la situation du créancier subrogé était seule en cause devant la réforme ; que ce point spécial était bien celui dont l'amélioration était incessamment et de toutes parts réclamée ; que si les documents de l'époque la mentionnent seules, ce n'est point, comme vous le dites, parce qu'elle était alors la plus fréquente, les renonciations consenties au profit des acquéreurs étant, au contraire, au moins trois fois plus nombreuses ; que le texte de la loi nouvelle, au point de vue de son application aux seuls créanciers subrogés, devait être ainsi général pour comprendre tout à la fois et les cessions qui leur étaient faites et les renonciations qui leur étaient consenties, deux genres de conventions reconnues également vis à vis d'eux transmissives de l'hypothèque légale.

Vous affirmiez que la loi ne s'applique pas seulement aux renonciations subrogatives, mais qu'elle comprend toutes les espèces de renonciations, par conséquent même les renonciations extinctives.

Je vous ai prouvé, par les travaux préparatoires, que le législateur de 1855 n'a apporté aucune innovation à la législation préexistante ; que les pactes, dont on avait toujours demandé unanimement la publicité, étaient les subrogations à l'hypothèque légale et les renonciations translatives de cette hypothèque, parce que les unes et les autres dissimulaient une transmission des droits hypothécaires de la femme. J'ai prouvé que l'art. 9 a consacré les mêmes principes, en imposant l'inscription ou la mention de subrogation seulement à ceux, subrogés ou renonciataires, qui seraient devenus cessionnaires de l'hypothèque légale et auraient à l'exercer ; que les renonciations extinctives, ne pouvant produire ce résultat, sont, par conséquent, restées en dehors des prévisions de la loi.

J'ai prouvé encore que, sans déroger à ces principes, on doit soumettre à la publicité édictée par l'art. 9 l'acquéreur bénéficiaire d'une renonciation transmissive, parce que, comme le dit l'arrêt de cassation du 29 août 1866 : « L'acquéreur qui demande à exercer au moyen « d'une collocation en sous-ordre les droits hypothécaires « de la femme colloquée en premier ordre, accepte le « rôle d'un créancier subrogé, et se place lui-même dans « la situation textuellement prévue par l'art. 9. »

Et que, d'autre part, on ne peut dispenser de la publicité le créancier bénéficiaire d'une renonciation extinctive, attendu que cette renonciation, malgré le nom et le caractère qu'on voudrait lui donner, produit toujours les effets d'une subrogation aux droits de la femme que le créancier exerce aussi bien dans le premier cas que dans le second ; attendu, enfin, que cette espèce de renonciation, inusitée en pareil cas dans la pratique, ne pourrait être, comme je l'ai déjà fait observer avec Mourlon, qu'un détour ingénieux, mais illicite, employé pour échapper aux conséquences qu'entraînerait l'inobservation des formalités prescrites par l'art. 9.

Vous aviez avancé, en troisième lieu, que, quatre-vingt-dix-neuf fois sur cent, la renonciation consentie en faveur de l'acquéreur est subrogative.

Je vous ai démontré, avec les anciens auteurs, le droit nouveau et la jurisprudence antérieure à 1855, qu'au contraire la renonciation consentie à l'acquéreur est quatre-vingt-dix-neuf fois sur cent extinctive. J'ai dû même vous faire observer à ce propos que vous n'avez pas toujours professé une doctrine aussi radicale ; qu'au surplus, votre dernière opinion est contraire aux usages de la pratique, puisque l'intérêt bien entendu de l'acquéreur est de stipuler non pas la translation, mais l'anéantissement complet de l'hypothèque légale; et j'ai établi que cet anéantissement est, à mon sens, absolu, tant au point de vue du droit de préférence qu'au point de vue du droit de suite, aussi bien dans les rapports personnels de la femme avec l'acquéreur qu'à l'égard des créanciers subrogés; que si l'on admet la survivance du droit de préférence au droit de suite, ce dernier droit est également éteint *erga omnes*, puisque la renonciation dont il s'agit n'a cessé d'être régie par les principes du Code Napoléon, et le droit de préférence seul pourrait être cédé par la femme, mais dans des conditions tellement précaires, que les créanciers auxquels il serait offert auraient peu ou point d'avantages à en attendre.

Votre quatrième et dernière objection repose sur l'esprit de la loi de 1855, dont je détruis, dites-vous, l'économie et dont je méconnais complétement le but, en renouvelant une distinction qui avait donné lieu, sous le Code, à une controverse interminable.

C'est à cet argument que j'ai maintenant à répondre; je vais le faire en passant en revue les diverses considérations que vous avez développées à cette occasion.

J'ai déjà établi que rien dans l'art. 9 n'atteste l'intention du législateur de faire cesser toute controverse au sujet du caractère et des effets de la renonciation. Je n'y vois qu'une chose, l'assimilation, au point de vue des résultats et des prescriptions formulées, de toute cession et de toute renonciation transmissive. Faites donc le procès à la nouvelle loi; affirmez qu'on verra se reproduire encore les discussions arbitraires et confuses qui régnaient avant sa promulgation. Regrettez, cela vous est encore permis, l'oubli fait, selon vous, par le législateur, mais respectez la loi, ne l'étendez point. N'ai-je pas eu d'ailleurs l'occasion de vous démontrer combien à cet égard vos craintes sont chimériques? Veuillez vous reporter aux pages 162 et 163 de cette étude, je ne pourrais que me répéter en reproduisant ici les raisons que j'ai développées à l'appui de mon observation.

L'esprit général de la loi de 1855 vous est-il plus favorable? Non. Qu'a-t-elle voulu? « Soumettre, dit M. de « Belleyme, les actes translatifs ou constitutifs de la pro- « priété, de ses démembrements et de ses charges, à la « nécessité de la transcription ou de l'inscription. » Je vous ferai d'abord observer que les actes extinctifs ne paraissent pas tenir une place bien importante dans les préoccupations pourtant explicites de la commission législative. Aussi, de nombreux auteurs et des plus autorisés (1), s'appuyant sur la première rédaction de l'art. 1er de la loi de 1855, soutiennent-ils que les dispositions de ce texte ne peuvent s'étendre aux renonciations extinctives. Vous soutenez opiniâtrément le contraire. Je veux bien accepter votre système, ne serait-ce que pour faire reste de raison à l'opinion que je vais combattre. Eh bien, même en admettant que la loi, dans son art. 1er, § 2, et dans son art. 2, § 2, ait voulu soumettre à la publicité les renonciations extinctives, je ne vois pas en quoi votre argument bat si victorieusement en brèche ma théorie. Nous trouvons en premier lieu dans le texte des articles précités une généralité d'expressions (toute renonciation) que le législateur s'est bien gardé de reproduire dans l'art. 9; mais ce n'est là qu'une des moindres différences que je remarque et vais relever, entre les deux situations réglementées : car, si vous réfléchissez un peu à la nature des droits qu'il s'agit de soumettre à la publicité par les

(1) Rivière et Huguet, *Questions*, n°s 65 et suiv.; — Troplong, *Transc.*, n° 93; — Flandin, n^{es} 435 et suiv.; — Bressolles, n° 17; — Lesenne, n° 27; — Pont, n° 13; — Hervieu, n° 174.

art. 1 et 2, si vous vous rendez un compte exact des effets produits par les renonciations même extinctives qui sont soumises à ces dispositions, vous verrez que ces renonciations même se résument, en définitive, en une translation du droit. Il n'y a pas, en effet, une extinction absolue de l'usufruit par l'effet de la renonciation de l'usufruitier. Le droit du nu-propriétaire, à la vérité, n'existe plus, mais cet anéantissement n'est que partiel en sa personne ; le droit survit, et s'il n'est pas transmis par l'effet de la convention, il est du moins transporté par la force de la loi sur la tête de l'usufruitier ; et il en est ainsi des autres droits *réels* immobiliers dont le législateur a voulu réglementer la transmission.

Donc, dans le cas de l'art. 1ᵉʳ et de l'art. 2, pas d'extinction complète du droit abandonné ; survivance, au contraire, de ce droit dans la personne d'un autre intéressé.

Dans l'espèce soulevée par l'art. 9, extinction absolue non pas seulement en la personne de la femme qui renonce, mais encore *erga omnes*, l'acquéreur lui-même ayant intérêt non pas à faire revivre l'hypothèque, mais à l'anéantir.

Mais, me direz-vous peut-être, en empruntant les paroles de M. de Vatimesnil (1), ce n'est pas seulement la *translation*, la *constitution* d'un droit que les tiers ont intérêt à connaître. L'acte de *suppression* de ce droit doit aussi leur être révélé, car il est évident que l'héritage dominant, par exemple, perd autant par la suppression d'une servitude existante, que le fonds servant par la création d'une servitude nouvelle. L'usufruitier peut céder la jouissance qu'il n'a plus ; comment les tiers

(1) Impress. de l'Ass. nat., 1850, n° 979, p. 83.

s'assureront-ils de l'existence du droit sans la publicité organisée !

Vous dites vrai, et c'est là que je découvre une seconde différence de situation qui explique fort bien pourquoi le législateur a pu faire une exception à la règle de publicité au profit des renonciations extinctives consenties aux acquéreurs.

Dans les cas prévus par l'art. 1er, § 2, et l'art. 2, § 2, la convention de renonciation est la convention principale ; si l'acte même qui la contient n'est pas porté à la connaissance des tiers, ceux-ci l'ignorent entièrement, n'en soupçonnent même pas l'existence possible.

Dans notre espèce, au contraire, la renonciation n'est qu'une convention accessoire ; il y a une convention principale à laquelle celle-ci se lie si intimement qu'on peut dire qu'elle ne fait qu'un avec elle, qu'elle en est une conséquence nécessaire, dans le sens de l'art. 1135 du Code Napoléon. Or, comme la convention principale est indispensablement soumise à la publicité, le pacte accessoire sera assurément, par la même occasion, mis sous les yeux de ceux qui ont intérêt à le connaître. Dès qu'il est public, n'importe par quel moyen, l'intérêt des tiers est satisfait. A quoi bon deux modes de publicité, employés cumulativement, alors que les deux faits juridiques qu'il s'agit de mettre en lumière font partie d'un seul et même acte ? Ce luxe de précautions et de formalités n'aurait d'autre objet que d'occasionner des frais sans utilité pour personne (1). Remarquez que je ne parlerais pas ainsi si notre loi renfermait une disposition précise, mais sur le point d'en édicter une, le législateur a pu fort bien tenir compte de ces réflexions judicieuses.

______

(1) Mourlon, *Revue pratique*, t. 1, p. 188.

La transcription de la vente apprend, en effet, aux tiers tout ce qu'ils ont besoin de savoir : d'une part, que l'immeuble aliéné n'est plus la propriété du vendeur, qu'il est sorti de ses mains ; d'un autre côté, que la femme a abandonné ses droits hypothécaires sur l'immeuble dont la propriété est irrévocablement acquise à l'acquéreur : « Car le prêteur sur hypothèque, dit M. Du-« chesneau, doit toujours se faire deux questions : « 1° l'immeuble qu'on lui présente appartient-il à son « débiteur? 2° n'est-il pas absorbé par les inscriptions « des précédents créanciers? Il devra les résoudre dans « l'ordre où nous venons de les poser, puisque, avant de « savoir si l'immeuble est libre, il désirera s'assurer si le « débiteur a le droit de l'hypothéquer. Le créancier, qui « cherchera une garantie dans la subrogation à l'hypo-« thèque légale de la femme, consultera donc d'abord le « registre des transcriptions, et s'il voit qu'un immeuble « du mari ou de la communauté a passé entre les mains « d'un tiers avec le concours de la femme, il sera suffi-« samment averti que ce gage lui échappe : il ne pous-« sera pas plus loin ses investigations. Qu'il ne se pré-« vale donc pas du silence des registres des inscriptions, « il lui serait victorieusement répondu : Vous avez dû « consulter aussi le registre des transcriptions, et alors « vous saviez tout. Si vous ne l'avez pas consulté, vous ne « savez rien, vous n'avez pu compter sur rien (1). »

Ne niez donc pas, monsieur, que ma doctrine puisse atteindre le but supérieur de la loi, la publicité. J'avais cherché dans mon précédent travail à établir, par un exemple, que, malgré la non-inscription de la renonciation, l'intérêt de tous était suffisamment sauvegardé.

(1) *Revue critique de législation*, t. 11, p. 197.

Qu'avez-vous répondu à ma démonstration? Qu'il n'est pas toujours facile de distinguer, parmi les clauses d'un acte de vente, *plus ou moins bien rédigé*, la renonciation consentie au profit de l'acquéreur, qu'il faut être *un homme d'affaires consommé et très-attentif* pour l'y découvrir bien souvent, et vous concluez que le législateur n'a pu soumettre le sort d'une hypothèque légale à sa mention dans un acte dont l'objet principal est tout autre chose, alors qu'il existe un registre particulier pour l'inscription des hypothèques où elles sont complétement en relief, même pour les esprits les moins habitués aux affaires (1).

Permettez-moi de vous le dire, monsieur; voilà un de ces raisonnements *qui ont pour eux, au premier abord, une apparence de vérité qui frappe, mais qui, examinés de près, perdent bien vite de leur valeur.*

En premier lieu, il n'y a point ici d'inscription à prendre; la renonciation de la femme ayant éteint son hypothèque, l'acquéreur ne voulant pas la faire revivre, et la loi ne l'y obligeant pas, je me demande ce que le tiers acquéreur pourrait bien faire mentionner sur le registre particulier des inscriptions. Tout au plus une radiation dans le cas où l'hypothèque aurait déjà été inscrite; mais dans le cas contraire?...

Cette première observation porte donc à faux. En second lieu, votre théorie de la *lecture inattentive*, renouvelée de M. Mourlon, est-elle plus exacte? Est-il vrai qu'il faille être un jurisconsulte consommé pour pouvoir distinguer dans un contrat de vente une clause de renonciation, pour se rendre compte de l'intervention de la femme au contrat ou de son absence? Ce n'est pas mon

____

(1) *Revue pratique*, t. 23, p. 46.

avis ; ce n'est pas non plus celui de M. Labbé. « Les
« créanciers subrogés, dit-il, ne peuvent prétendre que
« la clause de renonciation leur a échappé, étant insérée
« et comme perdue dans un acte qui a un but principal
« différent, et qu'une inscription distincte les aurait plus
« sûrement avertis. Non, la moindre attention aura suffi
« à ces créanciers pour découvrir la véritable situation
« des choses. Ils savent l'aliénation, ils doivent s'enqué-
« rir de l'accomplissement des formalités de la purge. La
« purge des hypothèques légales est si habituelle ! La
« purge n'a pas été effectuée, pourquoi ? D'où provient
« la sécurité de l'acheteur ? en outre, l'acte de vente con-
« tient quittance du prix. Cela doit encore diriger l'es-
« prit des intéressés vers cette clause de renonciation à
« l'hypothèque de la femme du vendeur, qui, presque
« seule, peut dispenser un acheteur prudent de l'accom-
« plissement de la purge des hypothèques légales (1). »

Quoi ! vous dirai-je avec M. Paul Pont, dont j'emprunte
ici la plupart des paroles, il suffirait aux créanciers subrogés pour évincer l'acquéreur ou pour avoir le pas sur lui,
de venir dire qu'ils ont pris une connaissance incomplète
du contrat de vente, qu'ils ont été inattentifs dans la lecture qu'ils en ont faite, ou, qu'ayant commencé cette lecture, ils se sont dispensés de la continuer jusqu'au bout !
Vraiment, cela n'aurait pas de nom. Où donc, et dans
quel principe de droit, avez-vous pris que la loi doive son
secours à celui qui, libre d'agir et maître de ses droits,
agit sans attention ni prudence, et compromet ses droits
par sa légèreté et son étourderie ? Qu'on recoure à la loi
pour celui qui a été victime de surprises et de supercheries
contre lesquelles rien n'a pu le défendre, cela se conçoit,

____

(1) Labbé, *J. Palais*, 1864, p. 232.

et c'est de toute justice, mais qu'on aille à elle encore, et
qu'on lui demande sa protection en faveur de celui qui,
ayant en main tous les moyens de se protéger lui-même,
les a négligés et n'a pas voulu prendre la peine d'aviser
et de pourvoir ; qu'on aille même jusqu'à demander cela
au prix de rigueurs et de déchéances qu'il faudra appliquer à des acquéreurs sérieux auxquels, du reste, il n'y a
à reprocher ni calculs insidieux, ni manœuvres frauduleuses, c'est assurément une aberration inconcevable. Le
sens intime et l'équité protestent de la manière la plus
énergique : ils disent que celui à qui tout est livré en un
seul contrat pour qu'il en prenne connaissance, est reprochable si, par son fait et par son inattention, il manque de
tout voir ; qu'il se trompe alors lui-même, et n'est pas
trompé, et que ne pouvant imputer qu'à lui seul, à sa
propre négligence, l'erreur qu'il a commise, il ne saurait,
à aucun titre, être reçu à prétendre qu'un autre que lui
doit souffrir de cette erreur et en porter la responsabilité.
Quod quis ex culpa suâ damnum sentit, non intelligitur damnum sentire.

D'ailleurs, croyez-vous sérieusement, monsieur, que le
bailleur de fonds inexpérimenté dont vous parlez et qui
excite à un si haut point votre commisération, serait bien
plus habile à dépouiller l'état d'inscriptions qui lui aurait été délivré par le conservateur des hypothèques ?
Pour ma part, je pense tout le contraire. Voilà tantôt
huit ans que je travaille à acquérir cette expérience des
affaires si utile dans notre périlleuse profession ; et je
l'avoue, le dépouillement d'un état d'inscriptions n'est
pas toujours la plus aisée des tâches qui me sont imposées. Il faut une connaissance profonde de notre régime
hypothécaire, une longue habitude des difficultés qu'il
suscite, un examen minutieux de la formule des inscrip-

tions et des contrats pour se rendre toujours un compte exact d'une situation hypothécaire, quelque peu embarrassée qu'elle soit. Tant de faits peuvent influer sur la validité, la portée d'une inscription ! Est-elle complète, à l'abri de toute nullité, grève-t-elle l'immeuble, n'a-t-elle point été délivrée par erreur? Toutes questions dont la solution peut varier sous l'influence de causes multiples. Voilà donc par quels inextricables embarras vous prétendez éprouver la simplicité de votre prêteur? Ajoutez que la nouvelle jurisprudence qui tend à dispenser le conservateur d'apprécier la valeur légale des inscriptions dans la délivrance des états n'est point faite pour aider l'impéritie des créanciers dans ce rude labeur (1).

Pensez-vous donc, pourrais-je maintenant vous dire, en empruntant quelques-unes de vos paroles, pensez-vous donc que ce soit une publicité suffisante que celle qui exige autant de lumières ou autant de précautions? Croyez-vous qu'elle soit de nature à faciliter les transactions? Cependant, monsieur, c'est celle dont nous jouissons aujourd'hui, celle que vous voudriez étendre encore aux renonciations extinctives. Fort simple en apparence, quand on la juge de loin, comme vous, elle n'est certes pas sans obscurités pour la grande majorité des mortels ignorants ; et malgré que la loi soit écrite, comme vous le dites fort sensément, aussi bien pour les parties que pour les jurisconsultes, malgré la règle juridique : *nemo ignarus esse debet conditionis ejus cùm quo contrahit*, il y aurait de par le monde des affaires bien des méprises et bien des ruines inattendues, si tous ces clients inhabiles n'avaient auprès d'eux le secours continuel de vos cabinets ou de nos études.

(1) Tribunal civil de Joigny, 16 mai 1866 ; — Seine, 11 juin 1868 (*Revue du notariat*, t. 9, n° 2170.)

Tout cela n'est donc que subtilité ; il faut, monsieur, examiner les choses de plus haut, vous me l'avez appris vous-même. S'il y a quelque lacune, quelque insuffisance dans la loi, sachons ne pas les exagérer ; il y en a partout. Plaçons-nous à un point de vue plus large qui doit être celui du législateur, et quand une formalité remplit dans une sage mesure le but qu'on est en droit d'en attendre, soyons assez raisonnables pour nous en déclarer satisfaits. Au surplus, si vous obteniez la soumission des renonciations extinctives au régime de la publicité, les tiers seraient-ils donc à tous égards éclairés sur la valeur de la garantie qui leur serait offerte par la femme de leur débiteur ? Sauront-ils jamais l'étendue des reprises que l'hypothèque légale conserve ? Sauront-ils même si cette hypothèque conserve quelque chose, et leur sera de quelque secours ? N'y aura-t-il pas toujours sur ce point un *alea* que tous vos efforts d'intelligence ne surmonteront pas ?

Je ne me suis occupé, jusqu'à présent, monsieur, que du cas où la renonciation est écrite dans le contrat de vente. Mais cette renonciation peut avoir été donnée postérieurement. Ce cas se présentera fort rarement ; mais enfin, s'il se présente, si la femme, soit dans la quittance, en supposant que le prix n'ait pas été payé comptant, soit dans tout autre acte séparé, a déclaré renoncer à son hypothèque légale et en dégrever l'immeuble vendu, le créancier se trouvera exactement dans une situation identique à celle que lui ferait l'accomplissement des formalités de la purge par l'acquéreur. Cela même exclut, comme le dit M. Pont (1), l'application de l'art. 9, c'est-à-dire la nécessité d'avertir les tiers en la forme indiquée par cet

(1) Pont, *Revue du notariat*, t. 9, n° 1928.

article. Si la purge avait été faite, les créanciers ultérieurement subrogés par la femme auraient-ils été mieux avertis ? Non, assurément. Personne, cependant, n'ira jusqu'à prétendre que ces créanciers devraient être admis à opposer le défaut d'inscription ou de mention de la purge, le législateur n'ayant certainement pas édicté de formalité pour ce cas. Or, nous sommes ici dans un cas absolument identique. Donc la formalité édictée ne s'y applique pas, c'est l'esprit de la loi.

Prétendriez-vous que les deux situations ne sont pas semblables, que la purge, « soit par l'inscription qu'elle « provoque, soit par la radiation qu'elle amène après pro« duction dans l'ordre, ou même quand il n'y a pas eu « d'inscription, par les formalités dont elle est environ« née, imprime à cet acte une publicité protectrice de « l'intérêt des tiers qu'on ne rencontre pas dans la renon« ciation (1) ? » Je vous prierais alors de relire ce que j'ai écrit à ce sujet dans mon premier travail (p. 507) que vous n'avez même pas pris la peine de réfuter sur ce point, car toute votre argumentation se borne à déclarer que je confonds deux hypothèses distinctes, celle où la femme est seule en présence de l'acquéreur, et celle où, postérieurement à la renonciation, elle a transmis à de nouveaux subrogés son hypothèque légale ; que je juge la question par la question et que je tranche par une affirmation la difficulté que les termes et l'esprit de la loi résolvent contre moi.

Étrange raisonnement, en vérité, alors que tous les principes essentiels de ma théorie survivent à vos objections, et que c'est vous qui vous rendez coupable de la pétition de principe dont vous m'accusez !

(1) Verdier, *Revue pratique*. t. 24, p. 224.

J'exagère aussi, croyez-vous, la critique que je fais de la purge et les dangers qu'elle présente. Mais les courtes observations que j'ai faites sont singulièrement incolores, comparées aux récriminations que cette procédure a de tout temps soulevées ! Dès 1841, les cours et les facultés commençaient le procès fait à ces *formalités inutiles et dispendieuses*. En 1850, dans l'exposé des motifs du projet de loi sur la réforme hypothécaire, M. Rouher, reprenant les plaintes de la cour de Riom, parlait avec assez peu de respect « de cette mise en demeure qui s'opère par une « annonce dans un journal que la femme ne lit point, par « un dépôt dans un greffe et une affiche dans une salle « d'audience où la femme ne va jamais, par une notifica-« tion directe qui peut lui être cachée, par une notifi-« cation au ministère public qui n'en tient aucun « compte (1). » Les mêmes attaques se sont reproduites en 1858, lors de la discussion de la loi sur la procédure ; enfin M. Riché lui-même s'exprimait ainsi dans l'exposé des motifs du nouveau projet de loi des ventes judiciaires, sur *l'inanité de cette procédure ténébreuse* :

« Le dépôt d'une copie au greffe et l'exposition sont « renouvelés de l'édit de 1731 : ces formalités se compre-« naient alors… mais rapprochés de la purge des hypo-« thèques inscrites, si bien organisée par le Code, rap-« prochés des procédés actuels de publicité, ces vieux « simulacres sont l'enfance de l'art.

« Ces extraits, placés sous un réseau de fil de fer ou « sous un verre, peu lisibles, non lus, même des plus oi-« sifs habitués des audiences, sont l'objet de la dérision « des praticiens.

« Le dépôt d'une copie du contrat se lie à la notification

(1) Impress. de l'Ass. nat., t. 6, Ann., p. 184.

« qu'on fait à la femme ou au subrogé-tuteur de ce dépôt :
« ceci n'est pas ridicule, mais est-ce bien commode et bien
« efficace?

« Que dit cette notification du dépôt? Rien, si ce n'est
« qu'il y a au greffe un titre qui dit quelque chose; c'est-
« à-dire que la femme est invitée à se déplacer, à voyager,
« peut-être pour errer dans les détours du palais, ou plu-
« tôt, sans doute, à invoquer le secours rarement gra-
« tuit d'un homme d'affaires pour aller au greffe explo-
« rer le titre (1). »

La doctrine n'est pas moins précise sur ce sujet :

« On est généralement d'accord pour dire que ces for-
« malités ne remplissent pas le but de la loi, dit M. Paul
« Pont. Et, en effet, non-seulement elles entraînent des
« lenteurs et une dépense considérable, mais encore elle
« sont inefficaces (2). »

En présence de pareils témoignages, ne dites donc plus
que les formalités dont la purge est environnée sont souverainement protectrices de l'intérêt public. C'est là une
grande illusion, avouez-le. Les tiers qui voudraient s'assurer de l'accomplissement de ces formalités n'auraient
pas moins de démarches à faire que pour parvenir à connaître l'existence d'une renonciation postérieure au contrat d'acquisition.

Si ces deux situations ne répondent pas suffisamment,
selon vous, aux besoins du crédit, demandez la réforme de
la loi, poursuivez-en de tous vos efforts l'amélioration,
mais, sous le prétexte de cette insuffisance, ne prêtez pas
au législateur des intentions qu'il n'a pas eues; ne pres-
surez pas son texte pour en tirer des déductions invrai-

(1) Exposé des motifs, p. 35.
(2) Paul Pont, *Priv. et hyp.*, t. 2, p. 1176, n° 1404.

semblables. Ah! quoi qu'il arrive et que vous fassiez, croyez-le bien, M. Berger l'a dit avec raison, nous ne parviendrons jamais au dernier terme de la perfection ; chaque situation a ses inconvénients. Il vous faudra alors, pour consacrer les idées dont vous poursuivez la réalisation, faire déclarer que les quittances devront être suivies d'une mention en marge de l'inscription qui s'y réfère ; il faudra soumettre à la même publicité la restriction de l'hypothèque légale consentie dans le contrat de mariage, celle résultant du jugement qui homologue l'avis des quatre plus proches parents de la femme. (C. N., 2140, 2144, 2145.) Alors où vous arrêterez-vous ?

Serait-ce là d'ailleurs, et sur ce point spécial, la seule imperfection de la loi de 1855 ? Vous parlez de l'esprit de cette loi ; ne rentrait-il pas donc aussi dans son esprit de soumettre à la publicité les cessions ou subrogations qui pourraient émaner d'un mineur devenu majeur, d'un interdit relevé de l'interdiction ; celles consenties par un créancier ordinaire ? N'y avait-il pas les mêmes raisons d'exiger l'authenticité et surtout la publicité ? Cependant il est généralement admis que l'art. 9 « ne s'applique point aux « renonciations et subrogations qui portent sur des hy- « pothèques ou conventionnelles, ou judiciaires, ou même « légales, mais étrangères aux femmes mariées (1). » Ce qui confirme ce que j'ai avancé précédemment, que le législateur de 1855 n'a édicté qu'une disposition spéciale et ne s'est préoccupé que des réclamations particulières qui lui avaient été signalées.

Pour fortifier votre théorie et mieux me convaincre du sens et de l'économie de la loi de 1855, vous me citez l'exemple d'un vendeur qui, après avoir aliéné son immeu-

(1) Bertauld, *De la subrog.*, p. 200, n° 112.

ble au profit d'un premier acheteur, le revend à un second.
Vous me parlez encore d'une femme qui, après avoir subrogé un tiers dans son hypothèque légale, consent au
profit d'un second, d'un troisième créancier, des subrogations successives. Oui, certes, la seconde vente sera
valable, si elle a été transcrite avant la première ; assurément la seconde, la troisième subrogation seront effi-
caces à l'exclusion de la première, si elles ont été inscrites
conformément à la loi. Mais sans m'arrêter à critiquer
l'analogie que vous établissez, que prouvez-vous par
là ? Qu'il existe un texte précis dans la loi qui régit
ainsi ces diverses situations. Est-ce une raison suffisante pour en imaginer un autre, sous prétexte que l'hypothèse qui nous occupe se rapproche à certains points de
vue des espèces réglées par le législateur ? Nou, mille
fois non. Vous pouvez ne voir dans un pareil résultat
rien que de très-simple, très-naturel, très-juridique. Pour
moi, j'y vois une violation formelle de la loi, et, à ce titre,
je le repousse.

J'aborde maintenant, monsieur, cette série d'arguments à l'aide desquels j'avais essayé de détruire votre
système par l'aperçu des résultats qu'il peut produire.
Ces arguments, dites-vous, ont peu de valeur ; « ils
« ont le malheur d'être pris tout à fait en dehors du
« cercle d'idées dans lequel s'est renfermé le législa-
« teur ; ils sont dès lors impuissants pour expliquer
« sa pensée et déterminer d'une manière sûre le but
« qu'il a poursuivi (1). » Vous ajoutez que le législateur ne s'est point préoccupé des frais que pourrait occasionner l'accomplissement des formalités proposées.

____

(1) Verdier, *Revue pratique*, t. 26 ; p. 50.

Je crains, monsieur, que vous n'ayez pas bien saisi mon idée et que tout cela ne soit que la suite d'une simple confusion.

Je n'ai point dit, et n'aurais point voulu dire, que, lorsqu'il s'agit d'édicter une loi dont l'utilité publique est incontestable, la question des frais puisse être de nature à en entraver la promulgation. Vous me prêtez là un langage qui serait tant soit peu déraisonnable. Ma pensée est tout autre : j'ai voulu dire, et je crois qu'une loi en général, mais principalement une loi destinée à relever le crédit et à consolider la petite propriété, ne doit pas imposer aux propriétaires des charges inutiles ; que c'est là un des principes dirigeants dont le législateur doit s'inspirer, et qu'en présence d'une disposition d'où l'on voudrait induire une formalité superflue et dispendieuse, la présomption ne peut être que contre l'accomplissement de cette formalité. Les paroles de M. Rouher que vous citez, en réponse à M. André, ne prouvent donc rien ici ; elles sont en dehors de l'ordre d'idées où je me place. Toutefois, je dois vous faire observer, et cette observation confirme ce que j'avançais tout à l'heure, que M. le commissaire du gouvernement s'est associé aux vœux émis par l'honorable député de voir modifier les tarifs fiscaux. Je dois encore à cet égard appeler votre attention sur les préoccupations qui se firent jour dans la commission du Sénat chargée d'examiner la loi de 1855. Après avoir passé en revue, dans son remarquable rapport, les diverses dispositions civiles du projet, M. de Casabianca en étudiait les conséquences au point de vue des nouvelles charges qui allaient être imposées à la propriété foncière, et ce n'était pas sans de très-sérieuses appréhensions qu'il envisageait la condition faite à ces « millions de propriétaires « de la campagne auxquels la France est en grande par-

« tie redevable de sa richesse et de sa force. » Voici comment il s'exprimait en terminant : « Si le projet devait
« avoir les désastreux résultats que nous venons de vous
« signaler, votre commission ne reculerait pas devant le
« devoir qui lui serait imposé de les prévenir. Mais, nous
« le déclarons avec une conviction profonde, non, ces
« charges, ces périls, ne sont pas nécessairement atta-
« chés à l'exécution de cette loi. La propriété immobi-
« lière peut jouir de tous les avantages de la publicité
« sans les acheter aussi chèrement. Que faut-il faire pour
« cela ? Rien que de très-simple : faire ce qui est prati-
« qué dans plusieurs contrées où la transcription est en
« usage, et où cependant le sol n'est pas aussi morcelé que
« le nôtre. Remplir simultanément sur la minute du con-
« trat les deux formalités de l'enregistrement et de la tran-
« scription... Pourquoi donc deux formalités qui s'appli-
« quent au même acte, qui tendent au même but, ne se-
« raient-elles pas remplies en une seule fois, en un même
« lieu, par le même fonctionnaire ?... On prépare un nou-
« veau tarif, qu'on le combine de manière à ce qu'il n'en
« résulte aucune aggravation d'impôt, qu'on ne surcharge
« pas la propriété en cherchant à l'améliorer... En résu-
« mant son travail, votre commission émet l'avis que
« la transcription est l'une des conditions essentielles de
« l'établissement régulier de la propriété immobilière ;
« qu'elle se concilie avec l'esprit et le texte du Code Napo-
« léon ; mais qu'elle serait sinon inexécutable, du moins
« extrêmement onéreuse pour les nombreux acquéreurs
« d'un prix minime, si un nouveau système adminis-
« tratif ne présidait à l'accomplissement de cette forma-
« lité (1). »

(1) Rapport au Sénat sur la loi du 23 mars 1855, séance du 8 mars 1855,
p. 24, 25, 27.

Et c'est après les justes avertissements d'un représentant du pays, assurément bien informé, après les légitimes doléances manifestées par la commission du Sénat, que vous osez soutenir que le législateur ne s'est pas préoccupé de la question des frais! Tout ce que je viens de citer est la preuve manifeste du contraire. Maintenant que vous ne vouliez pas décharger la propriété par la suppression des formalités *utiles* que la loi a édictées, mais par l'abaissement des tarifs, à merveille ! J'appuie votre demande, mais j'ajoute qu'il y a quelque chose de plus pressé encore que l'allégement des tarifs, c'est la suppression des formalités surabondantes, car elles sont tout à la fois une source de frais et une source intarissable d'embarras.

C'est sur ce point que je critique, et que vous défendez, l'interprétation donnée par quelques auteurs à l'art. 9 de la loi de 1855. L'inscription de la renonciation par l'acquéreur est superflue, inutile à ce dernier, bien plus nuisible à son crédit et à sa tranquillité; elle ne protége point les tiers que la transcription avertit suffisamment. Elle ne fait qu'augmenter les frais déjà si considérables des contrats d'acquisition. Il faudrait donc la supprimer si elle était écrite dans la loi ; à plus forte raison, ne faut-il pas l'y introduire si le législateur n'a pas commis la faute de la prescrire. Qu'elle coûte 4 ou 5 francs, comme vous le dites, ou 6 à 7 francs, comme je le pense, cette différence importe peu. Ce qu'il faut considérer, c'est que tout surcroît de charges ajouté à celles déjà si grandes qui pèsent sur la propriété acquiert une importance incontestable au point de vue du trouble et des embarras qu'il peut jeter dans le pays. Qu'en résultera-t-il ? C'est que les petits propriétaires n'achèteront plus, ou, plutôt que de se soumettre à une loi qui les accable de frais hors de proportion avec l'importance de l'achat, ne l'exécuteront pas chaque fois qu'ils le pourront, et préféreront s'abandonner à la bonne foi de leurs vendeurs. Les plus mauvais jours renaîtront alors pour la propriété et le crédit ; votre excès de formalisme produira l'excès contraire, l'abandon même des prescriptions utiles. Tout sera de nouveau mis en question.

L'inscription est peu coûteuse, dites-vous ; vous oubliez qu'elle vient s'ajouter aux frais de transcription, lesquels s'ajoutent eux-mêmes aux droits d'enregistrement et de timbre, qui s'accroissent encore des honoraires du notaire. Chacun de ces droits, fût-il minime, pris séparément, il n'en est pas moins vrai que la somme des frais compose un total assurément trop lourd. Réfléchissez donc, en effet, qu'un contrat de vente de 200 francs pourrait coûter, au minimum, 120 francs avec la purge ! et que la moyenne de ces ventes en France est de huit cent mille !

Que de fois déjà, à l'occasion de ces ventes peu importantes, j'ai vu les parties dans mon étude, sur la seule déclaration du chiffre des frais, résilier un marché conclu ; d'autres consentir à me donner une déclaration par laquelle elles me dispensaient expressément de l'accomplissement des formalités les plus essentielles. Voilà la moralité forcée de votre système !

Et, je le répète, dans la somme de 120 francs, je ne compte ni les frais de renouvellement d'inscription, ni les frais de la mainlevée que l'acquéreur devra se donner à lui-même. A la vérité, ce renouvellement et cette mainlevée sont, à votre avis, deux fantômes sans doute imaginés par moi pour frapper l'esprit de vos lecteurs. Cependant tous les auteurs sont d'accord avec moi pour affirmer que ce renouvellement est indispensable. Combien de fois aussi sera-t-il nécessaire ? C'est ce que ni vous ni moi ne pouvons prévoir, car tous les faits interruptifs dont vous parlez sont purement éventuels, et il y aurait imprudence notoire à en attendre la venue. La prescription dont l'acquéreur pourrait, à votre avis, se prévaloir, ne peut courir contre la femme pendant le mariage, vous le savez bien ; c'est même une question fort controversée que de savoir si elle peut être acquise contre un créancier subrogé (1). La formalité du renouvellement serait donc inévitable, et il faudrait bien que l'acquéreur se résignât à débourser encore 6 ou 7 francs. Ici, monsieur, je ne puis m'empêcher d'admirer votre impassibilité calculée et la singulière façon dont vous cherchez à consoler le misérable acquéreur. Vraiment, à vous entendre, il aurait mauvaise grâce à ne pas s'exécuter, la somme est si peu importante, *relativement à celle déjà exposée !* Et l'avantage qu'il en retire est si précieux ! On ne saurait trop payer le bonheur d'obtenir une sécurité complète ! Assurément, puisque vous le voulez, tout est pour le mieux dans le meilleur des mondes juridiques.

Toutefois, ne craignez-vous point, monsieur, que l'acquéreur ne partage pas à beaucoup près votre optimisme et que, justement irrité de tant de malversations, il ne se révolte contre une loi si peu protectrice ? Vous avez pressenti le mal, et sachant qu'il ne faut jamais pousser les gens à bout, vous vous êtes déterminé à faire une concession : « l'acquéreur pourra se dispenser de faire dis-« paraître l'inscription ; il la laissera tout bonnement « tomber en péremption, sans recourir à une formalité « inutile et coûteuse (2). » Eh bien ! monsieur, nous sommes

____

(1) Bertauld, n⁰ 185 ; — Mourlon, *Transc. hyp.*, n⁰ 925 ; — Caen, 26 juillet 1834 (*Jurisp. de Caen*, t. 2, p. 391).

(2) *Revue pratique*, t. 26, p. 52.

loin d'être d'accord. Je dis, moi, que cela ne peut se passer ainsi, et c'est à mon tour, au nom du crédit public, que je réclamerai contre les habitudes fort commodes assurément, mais dangereuses, que vous conseillez. Vous ne connaissez, souffrez que je vous le dise, ni les scrupules exagérés des bailleurs de fonds, ni les exigences légitimes des acheteurs. Vous connaissez encore moins, je le vois, les ridicules mais très-positives difficultés que suscitent si souvent aux parties les grandes administrations, le Crédit foncier, la Caisse des consignations, la Cour des comptes, les communes. Oui, si l'on se place au point de vue de l'homme intelligent et rompu aux affaires, une pareille inscription sera peu de chose, mais elle ne laissera pas sans inquiétude le paysan inhabile et défiant par nature. Et même, mettez-vous à la place du tiers acquéreur qui veut acheter l'immeuble grevé de cette inscription; que devra-t-il faire? exiger la subrogation à son profit ou en faire opérer la radiation? Si le premier acquéreur en a jugé la conservation utile, il peut en avoir besoin comme son vendeur. Si, d'autre part, il la supporte sur l'immeuble, ne peut-il pas venir un moment où il faudra qu'il en donne mainlevée, et si les précédents propriétaires sont devenus insolvables, il devrait en supporter les frais.

En outre, comme vous admettez que la femme peut consentir, après la transcription de la vente, autant de subrogations qu'il lui plaira, peut-on prévoir le nombre des inscriptions qui se trouveront grever la propriété transmise? Pensez-vous qu'il y aura là matière à rassurer soit le prêteur, soit les amateurs d'immeubles? Ces inscriptions ne grèvent pas, direz-vous ; la renonciation inscrite par l'acquéreur les prime toutes; elles ne peuvent avoir d'effet. Mais il vous faudra expliquer le pourquoi,

entrer dans des dissertations compliquées, d'autant moins
rassurantes pour ceux à qui vous les adresserez qu'il
seront moins aptes à les comprendre. Les acquéreurs
s'éloigneront; le capitaliste, toujours timide et peu dé-
sireux de se mêler aux difficultés, prétextera qu'il veut
réfléchir, se consulter et finalement refusera.

Tels seront, monsieur, les résultats certains du système
que vous défendez. Voilà pour l'avenir.

Quel trouble n'apporteriez-vous pas maintenant dans
les situations acquises, si votre doctrine obtenait force de
loi? Je n'en veux pour preuve que l'émotion légitime
qu'a causée dans le notariat tout entier l'arrêt inattendu
de la cour de Lyon. Voyez-vous tous ces créanciers
évincés s'abattre comme des oiseaux de proie avides sur
des parcelles de terre aliénées depuis cinq, dix, quinze, et
vingt ans même, requérir, en vertu d'un titre abandonné,
l'inscription d'hypothèque légale de la femme obligée
envers eux et faire sommation à tous ces petits propriétaires
qui ont quelque motif de se croire à l'abri d'une éviction,
de payer une seconde fois leur prix ou de délaisser l'immeuble qu'ils détiennent? Car, si vous êtes logique, si
vous osez affirmer votre opinion et toute votre opinion,
ce ne serait pas seulement le droit de préférence que la
femme pourrait céder à ses créanciers, mais encore le droit
de suite sur tous les immeubles du mari. La renonciation faite au profit de l'acquéreur devrait être réputée
inexistante vis à vis des tiers tant au point de vue du
droit de surenchère et de la contrainte au délaissement
qu'en ce qui concerne le droit au prix; il ne peut y avoir
de moyen terme.

Et c'est ce que comprenait parfaitement un honorable
conservateur des hypothèques auquel je parlais naguère
de la nécessité qu'il y aurait à faire résoudre doctrinale-

ment la question : gardez-vous-en bien, me disait-il, qui
peut prévoir les procès que vous iriez susciter, les cupi-
dités que vous réveillerez, le trouble enfin que vous jet-
terez dans les transactions par les plus fâcheux exemples ?
Non, cet argument n'est pas admissible. Il est bon pour
les peureux et les tièdes. Mieux vaut mille fois envisager
en face le danger et la responsabilité encourue, si elle
pouvait l'être, que de vivre et s'endormir dans une fausse
quiétude qui l'aggraverait toujours. C'est l'idée que j'ai
cru devoir énergiquement soutenir l'année dernière en
engageant mes confrères à poursuivre et hâter la solution de la difficulté : « Je l'avoue, disais-je, nous devons
« avoir, comme notaires, en raison de la responsabilité
« de plus en plus lourde qui pèse sur nous, une profonde
« déférence pour cette maxime romaine : *melius est intacta*
« *jura servare, quam, post vulneratam causam, remedium quæ-*
« *rere.* Toutefois, ce serait, il me semble, montrer une
« trop blâmable condescendance que d'abandonner timi-
« dement un droit, parce que ce droit est contredit ou
« contesté. Notre devoir, au contraire, est de lutter fran-
« chement pour ce que nous croyons être la justice et la
« vérité, dans l'intérêt de nos clients, dans l'intérêt de la
« propriété sérieusement compromise par d'inadmissibles
« doctrines. Il ne faut pas qu'un accident de jurisprudence
« puisse venir ébranler une *pratique constante*, établie sur
« des principes aussi sages que juridiques (1). »

Oui, monsieur, une pratique constante, je le soutiens ;
car partout ailleurs que dans les grandes villes, où les
formalités de la purge s'accomplissent régulièrement et
peuvent plus aisément s'accomplir, en raison de l'importance des affaires ; partout ailleurs, l'usage est de s'en

____

(1) *Revue du notariet*, t. 9, n° 2017.

tenir à la transcription de l'acte authentique ou privé, constatant la mutation et la renonciation ; et assurément, quoi que vous en disiez, cette pratique si simple n'est que l'exécution de la loi ; elle sauvegarde l'intérêt de tous, celui de l'acquéreur, comme celui des créanciers postérieurement subrogés qui n'ont « pu se considérer comme « garantis par une hypothèque sur des immeubles sortis « des mains du mari, et qui se sont préoccupés des biens « présents, sans espoir certainement de revenir sur des « faits consommés (1). »

Voilà la vérité des choses, et c'est précisément parce que là se trouve la vérité, dirai-je avec M. Pont, que les notaires, dont l'expérience pratique est bien quelque chose, après tout, en cette matière, ont rejeté presque à l'unanimité et continuent de rejeter la doctrine que vous professez.

Je regrette, monsieur, que vous ne l'ayez pas compris ; je regrette surtout, qu'obéissant à d'anciens préjugés, et peut-être trop imbu des traditions d'un passé qui, Dieu merci, se meurt de plus en lus, vous ayez pris un malin plaisir a censurer, aans quelques-uls de ses membres infirmes, le corps entier du notariat. Comment avez-vous pu, de sang-froid, affirmer que nous avons une tendance très-marquée à négliger toute ormalité gênante et coûteuse, sans crainte de mettre les droits des parties en péril ? Qui vous l'atteste ? Ah ! gardez vos plaisantes satires pour ces mandataires occultes, agents irresponsables qu'un conseiller d'État, non moins spirituel que savant, appelait agréablement les troupes irrégulières de la procédure. Soyez plus juste pour une corporation ho-

____

(1) Circulaire du comité des notaires : Objections sur le projet de loi des ventes judiciaires et de la purge légale.

norable et méritante. Je ne vous demande pas de tenir compte de la faiblesse humaine, de la volonté souvent impérieuse des contractants, de leur avarice indomptable, autant d'obstacles pourtant contre lesquels nous avons tous les jours à lutter. Vous avez connu, dites-vous, des notaires qui ne faisaient jamais transcrire leurs contrats, si, n'ayant affaire à une partie éclairée, ils n'étaient poussés par elle. Vous remontez sans doute dans vos souvenirs bien avant la loi de 1855, autrement je croirais que vous avez voulu nous représenter quelques-uns de ces gardes-notes de vaudeville qui n'existent plus que dans l'imagination des comiques du Palais-Royal; personnages à tricorne, à perruque et à rabat, tout hérissés de protocoles bizarres, de phrases inintelligibles et grotesques.

Car le temps n'est plus où un jurisconsulte pouvait écrire : « Notarii sunt ut plurimi idiotæ; ignorant sensum « et intellectum verborum, quo fit ut eorum imperitia « destruat mundum, et conscientias bonorum virorum in « periculo deducat; et quia nesciunt quod scribunt, ple- « rumque testantium voluntates pervertunt. » Mantica (*De conject. ult. volunt.*, lib. 1, tit. 10, n° 4).

Les notaires comprennent aujourd'hui, pour la plupart, la gravité et l'étendue de leurs devoirs; ils s'efforcent de les remplir avec intelligence, délicatesse, sincérité. Rédacteurs éclairés des conventions des parties, ils cherchent à appliquer la loi, non pas à la violer. Mais aussi, comme leur position, leurs rapports immédiats avec les masses, leur grande expérience des affaires, leur révèlent tout d'abord les inconvénients de la jurisprudence, des dispositions législatives, ils sont les premiers à les signaler; ils ne sont pas les moins ardents à en réclamer la réforme. Que parlez-vous de tendances coupables et d'habitudes faciles? Dans toutes nos démarches, je

défie qu'on trouve l'expression d'un sentiment d'égoïsme
notarial !

Dites-moi donc quel mobile nous poussait, en 1858,
quand la corporation demandait, sur la question des reprises matrimoniales, le retour d'une jurisprudence dé-
sastreuse ? « Cette honorable profession est assurément
« fort désintéressée dans la question, disait à ce propos
« M. Dupin, dans son éloquent réquisitoire, car de quel-
« que manière qu'il faille liquider, il y aura toujours des
« liquidations. Mais le notariat s'élève à de plus nobles
« considérations, et s'inquiète au nom de la morale et du
« crédit, au nom de la puissance maritale et de la facilité
« comme de la sûreté des transactions. J'ai désiré avoir
« l'opinion de ces hommes versés dans la pratique des
« affaires, qui possèdent les secrets des familles et con-
« naissent bien les sources de la confiance publique (1). »

Était-ce encore notre attachement à des usages commodes ou l'intérêt des débiteurs qui nous faisait demander, contrairement à votre opinion, la faculté de publier
par une inscription collective l'hypothèque conventionnelle et la subrogation à l'hypothèque légale, consenties
dans le même acte aux créanciers cessionnaires des droits
de la femme ?

Enfin, et plus récemment, n'est-ce pas le comité des
notaires qui, au nom des intérêts publics les plus urgents,
obtenait, par une intervention directe près de la Cour de
cassation, la consécration de cette doctrine salutaire qui
autorise le créancier subrogé dans l'hypothèque légale de
la femme à donner seul mainlevée des inscriptions subrogatives requises par lui ?

Le crédit public, monsieur, n'a pas plus à redouter au-

____

(1) Dupin, arrêt de cassat. du 16 janvier 1858 (S. V., 1858, 1, p. 30).

jourd'hui que par le passé les efforts que nous faisons pour obtenir le rejet de la jurisprudence inaugurée par la cour de Lyon ; croyez-le bien, nous n'avons pas ainsi l'intention de supprimer les règles de protection que le législateur a pris soin d'élaborer. Nous ne demandons, nous ne voulons qu'une chose, l'exécution de la loi de 1855, telle qu'elle a été édictée. Cette loi n'a trait qu'aux actes de subrogation et aux renonciations subrogatives. Nous ne souffrirons pas, autant que cela dépendra de nous, qu'on l'applique aux renonciations purement extinctives de l'hypothèque qu'elles ont pour objet. C'est vous dire que nous entendons réserver pour la femme le droit de consentir au profit des acquéreurs une renonciation par acte sous seing privé. N'alléguez pas que la femme peut être ainsi privée de toutes ses garanties, sans le savoir et sans le vouloir ; qu'on lui enlève la protection de la loi au moment où elle en aurait le plus grand besoin. Je vous répondrais avec raison que la femme n'est pas assez simple pour ne pas comprendre la portée de son intervention à un acte de vente ; que, du reste, elle peut toujours être obligée par la purge d'abdiquer ses garanties bon gré mal gré. Au surplus, si, comme vous le soutenez, son droit de préférence sur le prix lui est réservé, malgré sa renonciation, éprouve-t-elle vraiment un préjudice et ses intérêts ne sont-ils pas suffisamment sauvegardés ?

Durant le cours de cette bien longue discussion, monsieur, vous m'avez souvent appelé sur le terrain de la pratique. Est-il pourtant une doctrine qui s'en éloigne plus que la vôtre, comme vous l'a fait judicieusement observer M. Teste du Bailler ? La pratique ! m'écrivait, après avoir lu votre dernier travail, un de mes confrères dont l'opinion, toujours sagement réfléchie, fait pour moi au-

torité, la pratique! on en fait chaque jour un grand oubli!
En lisant toutes les dissertations des théoriciens, il sem-
blerait vraiment que les lois sont faites pour leurs disputes, et cependant elles sont faites pour être appliquées!
Mais on les applique souvent à rebours. N'est-ce pas
ainsi, permettez-moi de vous le dire, que vous voudriez
nous faire agir quand vous prétendez nous obliger à inscrire au profit de l'acquéreur la renonciation qu'il a obtenue de la femme de son vendeur, et quand vous faites
sortir de l'art. 9 le droit pour la femme de céder son hypothèque légale postérieurement à la transcription de la
vente qui contient sa renonciation? Vous dites que je
renverse la loi, que je la viole manifestement. N'est-ce
pas vous, au contraire, qui érigez en théorie le plus éclatant renversement de la loi, la plus flagrante violation
qu'on puisse en faire? Autant vaudrait ériger en principe
l'inquiétude perpétuelle pour l'acquéreur et l'éviction
toujours menaçante. Car il y a une chose que vous ne
pouvez nier, c'est que, si la loi de 1855, par son art. 9, a
voulu consolider le crédit, ramener la sûreté dans les
transactions, et donner aux créanciers le moyen de connaître la situation hypothécaire de leurs débiteurs, elle a
voulu principalement, et dans toutes ses autres dispositions, assurer aux acquéreurs une propriété paisible et
sûre. Il faut faire des propriétaires en effet avant d'avoir
de bons emprunteurs. Eh bien, vous détruisez de fond en
comble cet ordre de choses. L'acquéreur ne pourra plus
désormais se reposer sur la foi de son titre, il ne saura
jamais s'il conservera ce lopin de terre qu'il cultive et fé-
conde par son travail; s'il sera désormais à l'abri d'une
surenchère ou d'une sommation de délaisser. La sécurité
ne sera plus qu'un leurre, et l'immutabilité de la propriété qu'un vain nom!

Remarquez que je n'imagine rien. Ces résultats ne sauraient échapper aux écrivains qui approfondiront avec moi votre théorie. D'autres les ont déjà signalés.

« L'acquéreur du mari et de la femme, dit M. Duches-
« neau, sera sous le coup d'un nombre indéfini d'inscrip-
« tions, et la surveillance qui lui est imposée n'aura pas
« de fin. Il y a plus : vainement aura-t-il renouvelé avec
« soin son inscription, ce repos ne lui sera pas acquis
« pourtant. Car, remarquons-le bien, cette inscription ne
« peut le saisir d'autre chose que d'un rang. Une inscrip-
« tion n'a jamais pour effet d'en arrêter d'autres. Les su-
« brogés ultérieurement inscrits seraient primés par lui,
« soit ; mais leur inscription n'en grèverait pas moins
« l'immeuble. De sorte que notre acquéreur sera con-
« damné à perpétuité à voir des tiers inscrire leurs droits
« sur son bien du chef de la femme qui lui a vendu, et
« pourtant la transcription l'a rendu propriétaire à l'é-
« gard des tiers. Elle a arrêté à son profit le cours des
« inscriptions ! Ces principes ne lui sembleront-ils pas
« une dérision de la loi (1) ? »

On le voit donc, dès qu'on écarte mon système, on se trouve arrêté par de véritables impossibilités pratiques :
« Or, entre deux solutions conduisant l'une à des résul-
« tats inadmissibles, l'autre à des conséquences qui ne
« blessent ni l'esprit de la loi, ni la justice, ni la raison
« du droit, y a-t-il à hésiter ? »

Pour vous ramener à une plus saine interprétation de l'art. 9, j'avais invoqué, monsieur, le témoignage d'un sénateur, à l'opinion duquel sa science et sa position particulière donnent assurément une grande autorité. Mais

____

(1) *Revue critique de législation*, t. 11, p. 191, 192.

j'ai eu vraiment la main malheureuse ; cette opinion ne vous paraît avoir aucune autorité juridique, et vous me rappelez, avec une assurance bien téméraire, que la pétition de M. Parat est enfouie dans le bureau des renseignements, d'où elle ne sortira probablement pas. Peu s'en faut que vous ne me disiez, en empruntant au trop spirituel M. Dupin un mot resté célèbre, que la Providence a passé à l'ordre du jour sur nos légitimes prétentions. Je vous ferai pourtant observer ici, monsieur, quelque chose qui vous a peut-être échappé : M. de Casabianca, le rapporteur de la pétition de M. Parat, est bien le même sénateur qui fit, en 1855, le rapport au Sénat sur la loi de la transcription hypothécaire. Ne serait-il donc pas fort extraordinaire que le rapporteur d'une loi de cette importance se fût trompé aussi grossièrement sur une des dispositions essentielles de cette loi ? Ce fait m'oblige à revenir un peu, monsieur, sur ma première opinion. Je déclare que, pour moi, l'avis de M. Casabianca ne peut pas ne pas avoir une très-grande portée juridique.

J'ai encore trouvé la condamnation de vos idées dans un autre rapport fait au Sénat le 1er mai 1865 par M. le président Bonjean, sur une pétition de M. Pierron, notaire à Civray (Vienne). Ce rapport n'a soulevé sur ce point aucune contradiction, et il manifeste l'espoir que l'arrêt isolé de la cour de Lyon ne fera pas jurisprudence. Cette jurisprudence a donc été deux fois repoussée par le Sénat aussi expressément que possible.

Vous le voyez, monsieur, ni les représentants de la pratique, ni la grande majorité des auteurs, ni le Sénat n'ont voulu vous suivre sur le terrain fort périlleux d'une réforme qui ne tendrait à rien moins qu'à bouleverser l'état actuel de la propriété foncière. Car, si l'innovation, vous dirai-je avec M. Paul Pont (1), devait ne pas sortir de ce domaine de la théorie où tout est spéculatif, on pourrait ne pas lui opposer une résistance bien vive, mais cette interprétation qui a traversé une longue suite d'années sans rencontrer un contradicteur sérieux, elle s'est traduite en faits dans un nombre infini de conventions dont elle est la base. Mais cette forme qui a été incessamment suivie sans que l'efficacité en ait été jamais positivement contestée, elle a été la sauvegarde à l'ombre de laquelle bien des droits acquis se sont placés. Et quand nous considérons que l'innovation va remettre tout cela en question, que ces conventions pourront être annulées, que ces droits vont être détruits, si les anciennes pratiques sont condamnées, nous estimons que la chose vaut bien qu'on y regarde, et qu'il y aurait plus que de l'imprévoyance à s'engager à l'aventure sur les pas des novateurs qui s'attaquent aux formes consacrées, et prêtent à des stipulations connues une portée qu'on n'avait point aperçue avant eux.

J'ai fini, monsieur; mais, en terminant, une préoccupation me domine : n'ai-je point été bien au-dessous de la tâche que je m'étais imposée ? Mes efforts seront-ils encore impuissants ? Ah ! si je n'ai point su faire passer en vous cette évidence de la vérité que je sens en moi, c'est que les forces auront trahi mon courage; vous pardonnerez alors à mon impéritie en faveur de mon ardente bonne foi. Nous autres, praticiens obscurs, ouvriers modestes et souvent raillés de la fortune publique, nous

____

(1) *Revue critique de législation*, t. 9, p. 98.

sommes pour la plupart malhabiles à ces luttes de l'intelligence où vous excellez : nous n'avons ni cette merveilleuse facilité de la parole et du style, ni cette méthode logique, rigoureuse, que nous admirons chaque jour dans vos traités juridiques, ni surtout cette autorité puissante que donne le talent reconnu.

Quoi qu'il en soit, monsieur, cette discussion franche, loyale, que nous avons partagée, dont tout l'honneur sera pour vous, assurément, que j'ai affrontée par conviction, par devoir, et d'où je me retire après avoir acquis la double certitude de votre supériorité juridique, mais aussi de l'excellence de ma cause ; cette discussion, dis-je, si elle n'est pas destinée à procurer d'autres et de plus grands avantages, aura du moins ce résultat, qu'elle a certainement appelé l'attention des jurisconsultes sur une des graves questions qui agitent en ce moment le monde des affaires.

Le comité des notaires, dont la vigilance est infatigable, l'a déjà signalée à la commission du Corps législatif chargée d'examiner le projet de loi sur les ventes judiciaires et la purge des hypothèques légales. Cette intervention aura, je l'espère, le succès que tous les hommes d'affaires en attendent. Que si, d'ici là, la difficulté venait à se présenter devant la Cour de cassation, je ne saurais croire que la Cour suprême voulût consacrer une jurisprudence aussi contraire à l'esprit de la loi de 1855, à celui des réformes soumises en ce moment au Corps législatif, aux impérieuses nécessités qui poussent le gouvernement à protéger l'agriculture et par cela même la petite propriété. Car, derrière la question juridique, se pose une question d'ordre social que les magistrats éminents de la Cour suprême ne manqueront pas d'apprécier le jour où la difficulté leur sera soumise. J'ai bon espoir qu'ils la résoudront en faveur des grands intérêts dont le notariat a toujours été l'organe désintéressé.

Vars, 1er janvier 1869.

Al. AMIAUD,

Licencié en droit, notaire à Vars.

APPENDICE

—

LISTE DES AUTEURS A CONSULTER

Dans le sens de l'arrêt de Lyon.

AUBRY et RAU sur ZACHARIÆ (t. II, 3e édit., § 288, notes 16 et suiv.).

BERTAULD. — *Subrog. à l'hypoth. légale,* 2e édit., no 99.

DUCRUET. — *Études sur la transcription,* no 42.

HERVIEU. — *Journal des Conservateurs,* t. II, p, 296.—*Interprét. de la loi sur la transcription hyp.,* p. 202. — *Dictionnaire des Priviléges et Hypoth.,* vo. *Subrogation,* p. 802.

LABADIE-LAGRAVE. — *Essai sur la subrogation à l'hypoth. légale,* p. 52, 90, 127.

LEROUX. — *Contrôle de l'enregistr.,* art. 10689.

RABOT. — *Subrog. à l'hypoth. légale,* no 80.

RIVIÈRE et HUGUET. — *Questions sur la loi de 1855,* no 391.

VERDIER. — *Traité de la transc. hypoth.,* t. II, nos 661 et suiv. — *Revue pratique,* t. XXIV, p. 209, t. XXVI, p. 5.

DALLOZ. — *Note sur l'arrêt de cass.* du 29 août 1866-1867, p. 49.

SIREY DE VILLENEUVE.—*Noté* par M. E. Moreau, conseiller à la Cour de Paris, *sur l'arrêt de cass.* du 19 août 1866-1867, p. 9.

Contre l'arrêt de Lyon.

BERGER. — *J. des not. et des avocats,* 1861, no 17075.

BOILEUX. — *Comment. du Code Nap.,* t. VII, p. 442.

BONJEAN. — *Rapport au Sénat,* 1er mai 1865.

BOULLANGER. — *Radiation hypoth.,* no 112, p. 115 et suiv.

CHATOT. — L'*Étude,* 1867, p. 215.

COIN-DELISLE. — *Consult.* insérée dans le no 75 des *Circulaires du Comité des Notaires,* p. 325.

L. COMBE. — *J. du Notariat,* 1868, no 2252.

DE CASABIANCA. — *Rapport au Sénat,* 21 juin 1862.

DICTIONNAIRE DU NOTARIAT.— V° *Subrogation*, n°s 194 et suiv.

DUCHESNEAU. — *Revue critique de législ. et de jurispr.*, t. XI, 188.

PAUL GIDE. — *Condit. privée de la Femme.*—Durand, 1867, p. 500.

JULES GODIN.— *De la subrog. dans l'hypoth. légale des femmes mariées, Thèse pour le doctorat*, p. 139 et suiv., p. 172 et suiv.

GROSSE. — *Explic. de la loi du 23 mars* 1855, n° 253.

LABBÉ. — *Journ. du Pal.*, 1864, p. 231. *Note sur l'arrêt de Lyon.*

LAROMBIÈRE. — *Traité des obligations*, t. III, p. 251-252, n° 64.

LEFEBVRE. — *Journ. du Notariat* (1864), n°s 1858-1859-1860 ; — (1866), n° 2092.

MOURLON.— *Transc. hypoth.*, t. II, n°s 970, 996, 1105, 1106. — *Revue pratique*, t. I, p. 186 et suiv.; t. II, p. 478.

PAULTRE. — *Revue du Notariat*, art. 2015.

PAUL PONT. — *Priv. et Hypoth.*, 2e édit., t. I, n°s 484 et suiv., p. 512 ; — *Revue du Notariat*, t. VIII, n° 1928.

SAINT-ALBAN. — *Études sur l'Hypoth. lég. de la Femme mariée*, p. 149. — Opinion conforme de M. Caillemer, professeur de Code Napoléon à la faculté de Grenoble, citée dans cette thèse pour le doctorat.

THIERCELIN. — *Dalloz*, 1864, 2, 193. *Note sur l'arrêt de Lyon.*

COMITÉ DES NOTAIRES.—*Circulaires* des 16 janvier 1857, 2 avril 1867, 20 janvier 1868, p. 54 et suiv. ; 25 octobre 1868, p. 62.

JOURNAL DES NOTAIRES ET DES AVOCATS, 1864, n° 17940 ; — 1867, n° 18992.

JURISPRUDENCE

*Hypothèque légale — Femme — Vente — Renonciation
Acquéreur — Créancier subrogé*

Par acte notarié du 4 juin 1860, le sieur et la dame
Coste et la dame veuve Viard, agissant conjointement
et solidairement, ont fait vente, avec promesse de garantie, en faveur du sieur Francon, d'une maison sise à
Lyon, quartier de Vaise, moyennant le prix de 7,000 fr.,
revenant moitié aux mariés Coste et moitié à la dame
Viard, et dont le contrat porte quittance. La dame Coste
a déclaré, dans le même acte, se désister et donner mainlevée de son hypothèque légale au profit de l'acquéreur.

L'acte a été transcrit le 4 juillet 1860.

Quelques inscriptions se sont révélées du chef du sieur
Coste. L'hypothèque légale de la dame Coste n'était pas
inscrite. Elle ne l'a été que le 12 septembre suivant, à la
diligence et au profit des sieurs Trunel, Tracol, Drevet
et autres, créanciers subrogés par la dame Coste dans le
bénéfice de ladite hypothèque légale, d'après un acte
postérieur à la transcription de la vente.

Un créancier ayant fait sommer le sieur Francon, acquéreur, de payer ou de délaisser, celui-ci a dénoncé son
contrat avec offre de son prix aux créanciers inscrits, sous
réserve d'agir en répétition contre les vendeurs déjà
payés aux termes de l'acte.

Un ordre s'est ouvert. La dame Coste a produit pour le
montant de ses reprises et a demandé sa collocation au
premier rang, en vertu de son hypothèque légale, dont
elle n'avait jamais entendu se désister au profit des

créanciers inscrits. L'acquéreur a alors demandé sa collocation en sous-ordre de la dame Coste, comme étant son créancier en vertu de l'obligation de garantie par elle contractée dans l'acte de vente.

La collocation au premier rang de la dame Coste, ainsi que la sous-collocation du sieur Francon, ont été admises dans le règlement provisoire et ont absorbé le prix en distribution.

Contestation du sieur Blanc, premier créancier inscrit, qui a prétendu que la dame Coste devait être écartée, comme s'étant désistée purement et simplement de son hypothèque dans l'acte de vente du 4 juin 1860.

Un autre contredit a été formé par les sieurs Trunel, Tracol et consorts, créanciers subrogés, comme on l'a vu, à l'hypothèque légale de la vente du vendeur. Ils ont demandé à être colloqués en sous-ordre de la dame Coste, à l'exclusion de l'acquéreur, comme ayant revêtu leur subrogation des formalités de publicité prescrites par l'art. 9 de la loi du 23 mars 1855, alors que le sieur Francon avait négligé d'assurer par les mêmes formalités l'effet de la subrogation résultant en sa faveur de l'acte de vente. En outre, ils ont prétendu déférer au sieur Francon le serment décisoire sur la question de savoir si le prix avait été porté dans l'acte à son chiffre réel, et si un supplément n'avait pas été payé de la main à la main.

Le 12 juin 1863, jugement du tribunal civil de Lyon, ainsi conçu :

« Attendu que, suivant acte reçu, M⁰ Toulon, notaire à Saint-Cyr-au-Mont-d'Or, en date du 4 juin 1860, Jean-François Francon a acheté, de dame veuve Viard et des mariés Coste, une maison située à Lyon, quartier de Vaise, rue des Jardins ; que cette vente a eu lieu moyennant le prix de 7,000 francs qui ont été payés comptant, soit 3,500 francs pour la dame Viard, et semblable somme pour les mariés Coste ;

« Que ce paiement n'a eu lieu que parce que madame Coste, qui a vendu ledit immeuble solidairement avec son mari, s'est désistée et départie en faveur de l'acquéreur, purement et simplement, de l'hypothèque légale qu'elle avait et pouvait avoir contre son mari, à raison de ses reprises, créances et avantages matrimoniaux, et en a donné au besoin mainlevée, ainsi que de toutes inscriptions qui auraient pu être faites ; que, dans l'intention des parties, manifestée, sinon d'une manière explicite, mais d'une manière suffisante, ce désistement et départ au profit de l'acquéreur et la mainlevée qui suit, mettent le sieur Francon non-seulement dans l'état dans lequel il se serait trouvé par suite d'une purge des hypothèques légales de la femme, mais qu'en outre il est subrogé par celle-ci dans ses droits sur l'immeuble vendu ; qu'en conséquence, il ne pouvait être exposé qu'à l'action des créanciers qui auraient eu alors des droits existant sur l'immeuble du chef de la femme, ou des droits personnels sur l'immeuble qui n'auraient pas été primés suffisamment par les droits de celle-ci ;

« Que ledit acte de vente a été transcrit le 30 juillet 1860 ; qu'alors il n'existait sur l'immeuble que l'inscription du sieur Blanc, formée à la date du 11 mai 1860 pour une somme de 1,220 francs et accessoires, qui se trouve primée par l'hypothèque légale de la femme à laquelle Francon se trouve subrogé ; qu'en conséquence Blanc ne peut frapper l'immeuble de Francon qu'autant que la femme n'aurait pas de droits suffisants pour garantir l'acquéreur de la somme de 3,500 francs, pour laquelle elle s'est engagée envers lui, ainsi qu'il a été dit ; qu'il résulte, en effet, que les droits de la dame Coste ont été liquidés par le jugement de séparation de biens en date du 6 octobre 1860, à la somme de 19,700 francs ;

« Qu'ainsi, il reste libre une somme supérieure à l'engagement contracté par la dame Coste envers Francon, lequel engagement doit donc recevoir son exécution et ses conséquences pour la somme totale de 3,500 francs, et que, par suite, les engagements que la dame Coste aura pu contracter par voie de subrogation, ne vaudront que pour le solde de sa créance, soit pour 3,652 fr. 20 cent., et que ce ne sera plus que pour cette somme que les tiers créanciers, représentés par M⁰ Guillemain (Trunel, Drevet, Tracol, etc.), pourront arriver en premier ordre pour primer le sieur Blanc ; que, pour le surplus des sommes qui leur restera dû après imputation de ce qu'ils auront pu recevoir dans de précédents ordres, ils seront placés postérieurement à lui ;

« Que, les clients de M⁰ Guillemain ne pouvant avoir des droits sur l'immeuble Francon que par suite de l'engagement de la dame Coste, il ne leur a été donné que dans un acte qui n'a été parfait que le 30 août 1860, c'est-à-dire un mois après la transcription de la vente de l'immeuble Francon ; que, d'après les principes et les faits qui précèdent, les clients de M⁰ Guillemain ne peuvent avoir de droits sur l'immeuble vendu à Francon ;

« Qu'en conséquence, la quotité de son prix leur importe peu, et qu'ainsi il n'y a pas lieu et utilité à déférer le serment sur la question de savoir si le prix réel a été porté en l'acte de vente ;

« Par ces motifs, le tribunal, jugeant en premier ressort et matière sommaire, déclare que le sieur Blanc ne sera primé par les créanciers subrogés de la dame Coste que pour le montant encore disponible des droits de celle-ci ; que le règlement provisoire de l'ordre ouvert par le sieur

Coste sera modifié seulement en ce sens ; les contredits demeurant rejetés pour le surplus. »

Appel par les sieurs Trunel, Tracol et consorts, qui ont développé devant la Cour le moyen pris de l'art. 9 de la loi sur la transcription qu'ils avaient présenté en première instance.

Le sieur Francon a répondu que, si la dame Coste avait été régulièrement colloquée vis à vis des autres créanciers, attendu qu'ils ne pouvaient bénéficier d'un désistement qu'elle n'avait consenti qu'au profit de son acquéreur, elle était sans droit vis à vis de lui, par suite de ce désistement et de l'engagement de garantie qu'elle avait contracté en donnant quittance du prix. Ce n'est pas comme subrogé à son hypothèque légale qu'il prétendait devoir être, par une collocation en sous-ordre, exempt, à son égard, du paiement de son prix d'acquisition, mais parce qu'il lui avait déjà payé ce prix, aux termes de l'acte de vente, et qu'il avait contre elle une action en répétition de ce prix pour le cas où il serait obligé de le payer deux fois. Quant aux appelants, qui agissaient comme cessionnaires de la dame Coste, en vertu d'un acte postérieur à la transcription de la vente, ils ne pouvaient avoir contre l'acquéreur plus de droits que leur cédante.

Le ministère public, par l'organe de M. le premier avocat général Onofrio, a conclu en faveur de l'intimé. Il s'est attaché surtout à cette considération que Francont ayant fait transcrire son acte d'acquisition portant quittance du prix et mainlevée de l'hypothèque légale de la femme du vendeur, avait accompli toutes les formalités que la loi lui imposait, et que l'immeuble étant purgé vis à vis de lui de cette hypothèque légale, il n'y avait plus lieu pour lui, dans le but d'être saisi vis à vis des tiers de la subrogation contenue à son profit dans l'acte de vente, d'inscrire une hypothèque désormais éteinte.

La Cour a statué par l'arrêt suivant :

« La Cour : — Considérant que Francon, acquéreur d'un immeuble soumis à l'hypothèque légale de la dame Coste, a suivant exploit du 28 décembre 1861, conformément aux dispositions de l'art. 2183 C. Nap., notifié son contrat, et fait offre de payer son prix ; que ce prix de 3,500 fr. a été mis en distribution dans l'ordre actuel ; — Que sur ce prix la dame Coste a été colloquée au premier rang en vertu de son hypothèque légale, pour ses droits matrimoniaux ;

« Que sa collocation n'a point été contestée, et qu'il est ainsi reconnu que l'hypothèque légale de la dame Coste existe avec tous droits à faire valoir pour cette cause sur la somme à distribuer ;

« Considérant que le débat ne s'élève que sur le sort des deux collocations en sous-ordre de celle qui a été faite au profit de la dame Coste ;

« Que les deux contredisants ne peuvent se faire substituer à la dame Coste que comme représentant celle-ci par suite d'une cession ou d'une renonciation qui leur aurait transféré le bénéfice de son hypothèque légale ; que la question dépend donc de l'application à faire entre eux des dispositions de l'art. 9 de la loi du 23 mars 1855 ;

« Considérant que Tracol et consorts, porteurs d'une subrogation à l'hypothèque légale qui leur a été consentie par l'acte authentique du 30 août 1860, et pour laquelle ils ont pris une inscription régulière au bureau de la conservation des hypothèques, le 12 septembre 1860, sont fondés à réclamer de ce chef, à l'encontre de toute partie, une collocation ;

« Que Francon, au contraire, n'ayant point satisfait à la

formalité prescrite par l'art. 9 de la loi du 23 mars 1855, ne peut se prévaloir d'une renonciation à l'hypothèque légale qui soit opposable aux tiers ; qu'ainsi, la collocation en sous-ordre réclamée par Francon ne peut venir en concurrence utile de celle demandée par Tracol et consorts, et que cette dernière jouit d'une priorité qui ne peut lui être disputée ;

« Par ces motifs, infirme le jugement ;

« Faisant ce que les premiers juges auraient dû faire ;

« Ordonne que le tableau d'ordre fait provisoirement par le juge-commissaire sera rectifié ;

« Dit que Tracol et consorts seront colloqués en sous-ordre de la dame Coste, et au rang de l'hypothèque légale de celle-ci, jusqu'à suffisance de fonds, pour le montant de leur créance résultant de l'obligation reçue, de Mᵉ Berloty, notaire, le 30 août 1860 ;

« Dit que la collocation en sous-ordre réclamée au même rang de l'hypothèque légale par Francon ne viendra qu'après la précédente, s'il y a lieu ;

« Donne acte aux parties de la déclaration faite que le prix de la vente de l'immeuble de Vaise, lequel prix est à distribuer, s'élève à 4,000 francs, et ordonne que le tableau d'ordre sera pareillement rectifié sous ce rapport ;

« Condamne Francon aux dépens, et ordonne la restitution de l'amende. »

Le sieur Francon s'est pourvu en cassation contre cet arrêt, pour fausse application et violation de l'art. 9 de la loi du 23 mars 1855, en ce que ledit arrêt avait jugé que l'acquéreur d'un immeuble qui, ayant payé son prix, aurait fait transcrire son contrat, dans lequel la femme du vendeur figurait comme vendant solidairement avec son mari, et se désistant de son hypothèque légale en faveur de cet acquéreur, devait être primé, dans l'ordre ouvert pour la distribution du prix dudit immeuble, par des créanciers qui, postérieurement à la transcription du contrat de vente, avaient stipulé de la femme du vendeur et fait inscrire une subrogation à l'hypothèque légale de celle-ci.

Le 29 août 1866, arrêt de la chambre civile qui rejette le pourvoi en ces termes :

« La Cour : — Attendu que, aux termes de l'art. 9 de la loi du 23 mars 1855, dans les cas où les femmes peuvent céder leur hypothèque légale ou y renoncer, cette cession ou cette renonciation doit être faite par acte authentique, et les cessionnaires n'en sont saisis que par l'inscription de cette hypothèque prise à leur profit ou par la mention de la subrogation en marge de l'inscription préexistante, et les dates des inscriptions ou mentions déterminent l'ordre dans lequel ceux qui ont obtenu des cessions ou renonciations exerceront les droits hypothécaires de la femme ;

« Attendu que cette disposition s'applique à l'acquéreur qui, ayant payé son prix au moment du contrat, offre ensuite, sur la sommation d'un créancier hypothécaire du vendeur, d'acquitter les dettes hypothécaires dont l'immeuble par lui acquis est grevé, et qui, dans l'ordre ouvert en conséquence de cette offre, prétend primer tout à la fois le créancier inscrit avant la vente et divers autres créanciers ultérieurement subrogés, par des cessions régulièrement inscrites, à l'hypothèque légale de la femme du vendeur, en se présentant lui-même comme subrogé à la même hypothèque légale, en vertu d'une renonciation consentie en sa faveur dans l'acte même de vente, et en demandant à exercer, au moyen d'une collocation en sous-ordre, le droit hypothécaire de la femme colloquée en premier ordre ; que l'acquéreur se trouve en pareil cas, vis à vis des autres cessionnaires de l'hypothèque légale, dans la situation textuellement prévue par la disposition précitée ; que la renonciation dont il ne réclame et ne peut réclamer le bénéfice, au regard des créanciers du vendeur, que comme l'ayant saisi des droits hypothécaires de la femme, n'est point, à défaut soit d'une inscription, soit de l'accomplissement des formalités de la purge, opposable aux cessionnaires dont les subrogations ultérieures ont été régulièrement inscrites conformément à ladite disposition ; qu'en effet, le mode de publicité dont cette même disposition détermine la forme et l'efficacité, comme étant le seul propre à avertir les tiers des cessions ou renonciations par lesquelles la femme aurait disposé de son hypothèque légale, et à régler l'ordre dans lequel ceux qui auraient obtenu de telles cessions ou renonciations exerceront les droits hypothécaires de la femme, ne saurait être utilement suppléé par un mode ayant un tout autre objet, et spécialement par la transcription du contrat de vente où la femme intervenante aurait déclaré se désister, au profit de l'acquéreur, de son hypothèque légale sur l'immeuble vendu ; — D'où il suit qu'en décidant, dans l'état des faits, que le rang des créanciers qui se présentaient à l'ordre comme exerçant, en vertu des cessions ou des renonciations qu'ils avaient obtenues de la femme Coste, le droit hypothécaire de celle-ci, devait être, dans la collocation en sous-ordre de la femme, réglé suivant la date de leurs inscriptions ; l'arrêt dénoncé, loin de violer l'art. 9 de la loi du 23 mars 1855, en a fait une juste application ;

« Par ces motifs, rejette. »

(Extrait de la *Revue du Notariat et de l'Enregistrement*, t. IV, n° 668, et t. VII, n° 1593.)

1° POUR LA PUBLICITÉ DE LA RENONCIATION, CONFORMÉMENT A L'ART. 9 DE LA LOI DU 23 MARS 1855.

1° AUBRY ET RAU SUR ZACHARIÆ.

(T. 2, 3ᵉ édition, § 288 *bis*, note 16.)

Une pareille renonciation, nous le reconnaissons, est simplement abdicative lorsqu'il n'existe pas d'hypothèques postérieures en rang à celle de la femme, et qu'ainsi elle n'a pour l'acquéreur d'autre objet que de le défendre contre l'exercice de l'hypothèque légale par la femme elle-même ou par des tiers cessionnaires. Mais, dans cette hypothèse même, le caractère particulier et les effets plus restreints de cette renonciation ne sauraient, à notre avis, être un motif pour la dispenser, vis à vis des tiers, des conditions de publicité prescrites par l'art. 9 de la loi de 1855. La disposition de cet article est générale et embrasse toutes les renonciations susceptibles de présenter, à un degré plus ou moins élevé, les dangers et les inconvénients que le législateur a voulu écarter. Or, n'est-il pas évident que les créanciers auxquels la femme viendrait offrir la garantie de son hypothèque légale, après y avoir elle-même renoncé en faveur des acquéreurs des immeubles du mari, seraient exposés à être trompés si de pareilles renonciations leur étaient opposables sans avoir été rendues publiques? Et la possibilité d'un pareil résultat n'est-elle pas en opposition avec l'esprit et le

but de la loi ? Nous ajouterons que les motifs sur lesquels
est fondée la disposition de l'art. 2 de la loi du 23 mars
1855, qui soumet à la nécessité de la transcription des
renonciations purement extinctives, et l'esprit dans lequel la loi tout entière a été rédigée viennent à l'appui
de notre opinion. (Voy. en ce sens Rivière et Huguet,
Quest. sur la transcription, n° 391 ; Bertauld, *op. cit.*,
n° 93 ; voy. en sens contraire Mourlon, *Revue pratique*,
1856, t. 1, p. 180 et suiv.) M. Pont (n° 486) enseigne que
la renonciation à l'hypothèque légale, consentie en faveur de l'acquéreur d'immeubles du mari, est efficace à
l'égard des tiers, sans qu'il soit nécessaire de la faire
connaître autrement que par la transcription de l'acte de
vente dans lequel la femme est intervenue. Cet auteur,
on le voit, ne va pas jusqu'à dispenser de pareilles renonciations de toute condition de publicité ; mais il pense que
la publicité résultant de la transcription de l'acte de
vente doit suffire pour avertir les tiers, et rend ainsi sans
objet les formalités spéciales prescrites par l'art. 9 de la
loi de 1855, qui, selon lui, ne s'appliqueraient qu'aux
renonciations consenties au profit de créanciers de la
femme elle-même ou du mari. Cette manière de voir se
réfute, nous le croyons, par les considérations suivantes : Il peut arriver que la femme qui n'avait pas concouru à la vente passée par le mari renonce plus tard,
et par acte séparé, à son hypothèque légale au profit de
l'acquéreur. En pareil cas, la transcription de l'acte de
vente n'apprendrait rien aux tiers quant à la renonciation
à l'hypothèque légale, et il faudrait bien en venir à l'application de l'art. 9 précité. D'ailleurs, quand on suppose
que la transcription de l'acte de vente dans lequel la
femme serait effectivement intervenue, remplace utilement l'inscription ou la mention exigée par cet article,

on assigne à la transcription un rôle qui ne lui appartient pas. Les aliénations faites par le mari ne portant par elles-mêmes aucune atteinte aux droits hypothécaires de la femme, qu'elles laissent subsister dans leur intégrité, le créancier auquel cette dernière offre la subrogation à son hypothèque légale, n'a point à s'enquérir si le mari a ou non vendu ses immeubles, et peut accepter cette offre sans avoir préalablement recours au registre des transcriptions.

2° BERTAULD.

(Traité théorique et pratique de la subrogation à l'hypothèque légale des femmes mariées, 2° édition, p. 182, n° 93.)

L'art. 9 a voulu, par la généralité de ses expressions, gouverner le fait varié, mal défini, par suite duquel les tiers parviennent à s'armer du privilége de la femme et à convertir une cause d'alarmes en moyen de sécurité. La dispense d'inscription n'a plus de raison d'être quand l'hypothèque légale a perdu sa destination. La promesse d'abstention étant opposable non pas seulement à la femme, mais à ses subrogés postérieurs, à ses cessionnaires, à ses créanciers gagistes, rentre dans les prévisions de la loi qui a désigné d'une manière énonciative et non limitative les stipulations sur l'hypothèque légale, par leur titre le plus usuel et le plus pratique.

Encore une fois, le législateur n'a point entendu laisser aux parties la possibilité d'échapper à ses prescriptions et de déjouer sa prudence, en modifiant, soit le nom, soit même la nuance secondaire, le caractère accessoire du fait variable d'aspect, mais plein d'unité dans ses résultats, qu'il se proposait de concilier avec l'exigence du crédit.

Les renonciations extinctives, elles-mêmes, sont condamnées à la publicité.

M. Mourlon objecte que, dans ce système, toute cause de libération du mari, la compensation, la confusion, la remise de dette, devra être rendue publique pour être efficace.

Mais le savant auteur oublie que ce qui doit être révélé par l'inscription, ce n'est pas la relation de la femme avec son mari; c'est la relation de la femme avec le tiers : c'est l'appropriation de l'hypothèque à un but qui n'était pas son but primitif; c'est le détournement d'objet qu'elle subit, c'est son immolation, quand l'immolation est consommée, non pas directement et exclusivement au profit du mari, mais sur la demande d'intéressés autres que lui.

L'extinction définitive, absolue, s'inscrit afin que le néant ne garde pas la valeur de la réalité, afin que la mort ne se déguise pas sous l'apparence de la vie, afin que la femme, en un mot, ne trafique pas de ce qu'elle n'a plus.....

3° DUCRUET.

ÉTUDES SUR LA TRANSCRIPTION HYPOTHÉCAIRE.

(*J. des not. et des avoc.*, n° 16978, p. 636.)

« .....La renonciation consentie au profit de l'acquéreur ne peut être que la conséquence du concours de la femme à la vente de l'immeuble du mari, et de la garantie de cette vente par la femme : elle forme avec la vente un contrat commutatif dans lequel le mari et la femme cèdent à l'acquéreur tous leurs droits sur l'immeuble vendu, moyennant un prix à recevoir. Voilà pourquoi, d'une part, la femme, malgré sa renonciation, a droit au prix, dans la proportion de ses droits sur l'immeuble ; et, d'autre part, l'acquéreur, en payant son prix dans les mains du mari et de la femme, est subrogé à l'hypothèque légale de la femme. L'art. 1251, n° 2, du Code Napoléon, concourt, avec la renonciation stipulée dans la vente, pour opérer en sa faveur la translation des droits de la femme.

« Dans les cas où l'acquéreur paie son prix dans les mains de créanciers autres que la femme, il le fait certainement pour éteindre leurs droits hypothécaires. Cette circonstance, loin d'être un obstacle à la subrogation, en devient la cause efficiente, et l'opère sans stipulation.

« Il faut en conclure que la renonciation de la femme, comme celle des autres créanciers, est nécessairement translative ; que MM. Coin-Delisle et Paul Pont n'ont pas suffisamment approfondi, soit la nature et les conditions des renonciations dont les femmes mariées sont capables, soit les effets de ces renonciations, lorsqu'ils ont affirmé que la femme avait capacité pour libérer le gage et pour éteindre son hypothèque légale sur l'immeuble aliéné par le mari, de son consentement ; et que la renonciation par elle consentie, en faveur de l'acquéreur, ne pouvait et ne devait produire d'autre effet que l'extinction de l'hypothèque légale.

« D'une part, la femme mariée est incapable de consentir à la restriction de son hypothèque légale (art. 2144). La renonciation qu'elle consent *au profit de l'acquéreur* ne peut être que la conséquence de l'engagement qu'elle contracté de garantir la vente (arrêt du 9 janvier 1822); et cette renonciation, loin d'éteindre son hypothèque légale, dans les termes de l'art. 2180 du Code Napoléon, donne à la femme un droit sur le prix (arrêts des 21 février 1849 et 6 nov. 1853); faite en faveur d'un tiers, moyennant un prix, elle est nécessairement translative (art. 780 C. N.).

« D'autre part, l'acquéreur, en exigeant la garantie et la renonciation de la femme, et celle-ci, en y consentant, ont un égal intérêt à ne pas éteindre l'hypothèque légale et à en réserver l'effet pour l'opposer aux autres créanciers du mari. En effet, si l'acquéreur paie comptant le prix de son acquisition, il ne le fait que sous la foi de la garantie consentie par la femme, et de là sécurité que lui présente la renonciation subrogative, qui est la conséquence du paiement fait à la créancière hypothécaire (art. 1251, n° 2).

« Si le prix n'est pas payé comptant, c'est la femme elle-même qui a intérêt à la conservation de son hypothèque légale, pour exercer sur le prix son droit de préférence contre les autres créanciers du mari; et lorsque l'acquéreur paie plus tard à la femme et au mari le prix de son acquisition, il a besoin de subrogation à l'hypothèque légale.

« M. Troplong, n° 871, et M. Paul Pont, n° 1238, d'accord avec les autres auteurs, enseignent avec raison que le principe général, posé dans la loi 4, § 1er, D., n'est pas admis en France d'une manière absolue, et que le concours du créancier à la vente de l'immeuble hypothéqué n'éteint son hypothèque qu'autant que les circonstances démontrent que telle a été la volonté des parties.

« Il arrive souvent que la renonciation au profit de l'acquéreur doit opérer subrogation, non-seulement sur l'immeuble vendu, mais encore sur les autres immeubles du mari. Ce cas se réalise lorsque l'immeuble vendu est grevé d'hypothèques préférables à celle de la femme, ou lorsque celle-ci a déjà subrogé à son hypothèque légale.

« L'art. 9 de la loi sur la transcription n'étant pas applicable aux subrogations antérieures au 1er janvier 1856, l'acquéreur est exposé à l'action des subrogés; non inscrits lors de la vente, mais qui peuvent user de l'hypothèque légale et la faire inscrire dans les deux mois qui suivront les formalités de purge. Il a donc le plus grand intérêt à ce que la renonciation produise, à son profit, une véritable subrogation.

« Voici ce que pense M. Troplong de la renonciation au profit de l'acquéreur, n° 609 *bis* :

« Disons un mot de la cession que la femme ferait
« au profit de l'acquéreur du bien soumis à l'hypothèque
« légale. Une pareille cession, soit qu'elle fût expresse,
« *soit qu'elle fût tacite*, aurait pour résultat de mettre l'ac-
« quéreur à même de repousser tous les créanciers hypo-
« thécaires postérieurs à la femme. Il exciperait, à leur
« égard, de la préférence qu'avait sur eux la femme qu'il
« représente. C'est ce qu'a jugé un arrêt de la Cour de
« cassation du 16 janvier 1849.

« Mais s'il y avait des cessions antérieures à la sienne,
« l'acquéreur devrait les respecter et il ne pourrait s'en
« affranchir qu'en purgeant. »

..... En résumé, la renonciation à l'hypothèque légale consentie en faveur de l'acquéreur constitue la condition principale d'un contrat commutatif, destiné à procurer à la femme le paiement de ses reprises ou des engagements par elle précédemment contractés; elle est par conséquent tout aussi translative que le contrat dont elle fait partie, et ce caractère translatif correspond aux véritables intérêts et à l'intention des parties.

Le caractère translatif de la renonciation en faveur de l'acquéreur étant ainsi démontré, il ne reste plus qu'à étudier si l'art. 9 de la loi sur la transcription est applicable à la renonciation.

MM. Coin-Delisle, Duchesneau et Paul Pont ne le pensent pas. Leur principal motif est que l'art. 9 ne doit recevoir son application que lorsque son hypothèque légale est *cédée*, lorsque les cessionnaires doivent en être *saisis*, ou bien lorsqu'une renonciation est faite *in favorem creditoris*, en un mot lorsque la renonciation est translative. A leurs yeux, la renonciation en faveur de l'acquéreur ne présente pas ce caractère, elle est purement extinctive. C'est inexactement qu'en droit on lui donnerait le nom de renonciation. Elle ne doit être considérée que comme la suite nécessaire d'un autre contrat; elle éteint un droit contraire à ce contrat, elle libère le gage, et la femme a capacité pour consentir cette libération, parce qu'elle prend en même temps une obligation personnelle envers un tiers.

Ils admettent encore que la renonciation de la femme produit le même effet que la purge et que, lorsque le contrat, même sous seing privé, a été transcrit, le tiers acquéreur n'a plus rien à craindre des subrogations ultérieures que pourrait consentir la femme du vendeur.

Ces raisons sont-elles fondées? peuvent-elles être admises sans danger? Nous osons ne pas le croire, malgré l'autorité des jurisconsultes éminents qui les ont adoptées. Voici les arguments que nous leur opposons.

1° La renonciation en faveur de l'acquéreur est et doit être translative, ainsi que nous croyons l'avoir démontré.

Si plus tard elle produit un effet extinctif, c'est uniquement par la confusion qui s'opère en la personne de l'acquéreur en sa double qualité de tiers-détenteur de l'inmeuble soumis à l'hypothèque légale et de cessionnaire de cette hypothèque. Cette confusion ne s'opère en réalité que par la volonté de l'acquéreur, alors que la purge des droits et hypothèques de tous autres créanciers lui permet la compensation. Jusqu'à la purge définitive du droit des tiers, cette compensation est impossible (C. N. art. 1298), et il est soumis à la nécessité, soit de faire liquider les droits de la femme, soit d'en obtenir la collocation en rang utile; pour y parvenir, il lui est nécessaire de conserver l'hypothèque légale de la femme et d'en exercer le bénéfice de la même manière que les créanciers subrogés. La renonciation en faveur de l'acquéreur est donc de la même nature que celle au profit du créancier. Comme celui-ci, l'acquéreur devient, par la renonciation expresse ou tacite, cessionnaire de l'hypothèque légale; et dès lors il ne peut en être saisi et en profiter, relativement aux tiers, que sous les conditions imposées par l'art. 9.

2° Cet article soumet également à ses prescriptions la subrogation et la renonciation, dans le cas où les femmes peuvent y consentir. Il ne distingue pas la renonciation faite en faveur du créancier de celle faite en faveur de l'acquéreur; il ne distingue pas non plus la subrogation expresse de la subrogation même tacite qui est la suite nécessaire d'un contrat; il n'établit pas de différence entre la renonciation translative et celle extinctive. En qualifiant de cessionnaire, celui qui doit profiter de la renonciation de la femme, il déclare le caractère translatif de cette renonciation, dans tous les cas où elle est faite en faveur d'un tiers, autre que le mari. Le législateur, dans l'art. 9, n'a pas voulu établir de distinction, il a voulu atteindre la subrogation ou la renonciation à l'hypothèque légale, dans tous les cas où elle pouvait avoir lieu, suivant la législation ou la jurisprudence antérieure; il savait très-bien que la femme mariée est incapable de la renonciation qui, aux termes de l'art. 2180 du C. N. éteint l'hypothèque; que le seul mode d'éteindre l'hypothèque légale offert à l'acquéreur par la loi est la purge instituée par l'art. 2194 ; il savait aussi que la renonciation *in favorem*, surtout quand elle est le résultat d'un contrat commutatif, constitue une véritable mutation à titre onéreux. C'est pourquoi il a qualifié du nom générique de cessionnaire celui qui acquiert, par la renonciation *in favorem*, le droit à l'hypothèque légale de la femme. C'est donc sans fondement que l'on a pensé trouver dans le mot cessionnaire l'exclusion de l'acquéreur de l'immeuble hypothéqué, lorsque la femme renonce en sa faveur à son hypothèque légale.

MM. Rivière et Huguet avaient émis l'opinion que la cession de l'hypothèque légale, séparée de la créance de la femme, serait seule soumise aux dispositions de l'art. 9 ; tandis que la cession de la créance en serait affranchie, quoiqu'emportant, par une conséquence nécessaire, cession de l'hypothèque, parce que la loi nouvelle ne parle que de la cession de l'hypothèque, et que la cession de créance est réglée par l'art. 1690 du C. N.

« M. Paul Pont, dans le n° 469, a condamné, avec raison, cette distinction, par le motif qu'il suffit qu'un acte emporte virtuellement et par voie de conséquence cession de l'hypothèque légale, pour que la loi nouvelle l'atteigne. Par le même motif, n'aurait-il pas dû dire, dans son n° 484, qu'il n'y a pas de différence à faire entre la renonciation stipulée au profit du créancier de son mari et celle en faveur de l'acquéreur? Que l'une et l'autre modifient le droit de la femme et les garanties que son engagement peut offrir, que l'esprit et le but de la loi nouvelle ont été de faire cesser le danger résultant du défaut de publicité de cette modification, et de faire dépendre l'effet des renonciations de l'accomplissement de formes rigoureuses et spéciales; que, relativement aux tiers, il y a autant de danger à ignorer la renonciation faite en faveur de l'acquéreur, que celle en faveur du créancier; que la première, si l'immeuble vendu est le seul appartenant au mari, fait évanouir la totalité de la garantie qu'offrirait l'engagement de la femme, et que, dès lors, les tiers ont au moins autant d'intérêt à la connaître que la seconde, qui peut diminuer beaucoup moins la solvabilité de la femme.

« Il est vrai qu'après avoir soutenu que l'art. 9 n'est pas du tout applicable à la renonciation en faveur de l'acquéreur, et que cette renonciation peut résulter d'un acte sous seing privé, contrairement à l'art. 9, MM. Coin-Delisle, Duchesneau et Paul Pont supposent que la vente, même sous seing privé, de laquelle résulte la renonciation expresse ou implicite en faveur de l'acquéreur, sera transcrite, en exécution de l'art. 1er, et que les tiers seront suffisamment avertis par cette transcription.

« Ces auteurs ne s'expliquent pas sur la nécessité absolue de la transcription pour opérer l'extinction de l'hypothèque légale. Pensent-ils que l'extinction ne sera complète que par la transcription; que jusqu'à la transcription, la femme pourrait consentir, au préjudice de l'acquéreur, une nouvelle renonciation translative, qui serait préférable si elle était inscrite avant la transcription? Ou bien que l'extinction est parfaite par le seul fait de la renonciation, et que la nécessité de la transcription de la vente aura seulement pour effet de faire connaître un fait accompli, et de diminuer le danger de son occultanéité? C'est ce qu'il est difficile de reconnaître.

« On lit, en effet, dans le numéro 486 du Traité de M. Paul Pont :

« La renonciation en faveur d'un tiers acquéreur est « purement extinctive : .... »

« Si l'art. 9 n'est pas applicable à la renonciation en faveur de l'acquéreur, si elle peut résulter d'un acte sous seing privé, la transcription serait tout aussi inutile pour l'extinction de l'hypothèque légale que l'acte authentique, que l'inscription ou la mention spéciale exigés par cet art. 9. D'où pourrait venir la nécessité d'une publicité quelconque ?

« Si, au contraire, on admet la nécessité de la publicité, il faut bien reconnaître que cette nécessité n'a été introduite que par l'art. 9, et que, dès lors, la renonciation, en faveur de l'acquéreur, est soumise aux prescriptions de cet article, c'est-à-dire à l'obligation *sine quâ non* d'un acte authentique, d'une inscription au profit de l'acquéreur, ou d'une mention en marge de l'inscription préexistante.

« Il ne serait pas plus permis, dans ce cas, de remplacer, par une transcription, l'acte authentique et l'inscription ou la mention en marge de l'inscription préexistante exigés par l'art. 9, qu'il ne le serait de remplacer, par une transcription, l'acte authentique et l'inscription exigés par les art. 2127 et 2134 pour donner effet à une hypothèque conventionnelle; ou bien de suppléer à la transcription prescrite par l'art. 2181 du C. N., et par l'art. 1er de la loi sur la transcription, au moyen d'une inscription.

« Quand une formalité spéciale est impérativement commandée par une loi claire et précise, comme condition de validité ou de l'effet d'un acte, il n'y a plus à raisonner sur l'utilité de cette formalité, sur la possibilité d'atteindre le même but par un autre moyen; il ne reste qu'à se soumettre et à subir les conséquences de l'observation ou de l'inobservation du précepte rigoureusement imposé.

« Dans l'espèce, il faut opter entre la dispense pleine et entière des formes prescrites par l'art. 9, et la soumission à ces formes. Si l'on adopte la dispense, il faut admettre que la renonciation au profit de l'acquéreur éteint, *ipso facto*, l'hypothèque légale, sans qu'il soit besoin d'un acte authentique, ni d'aucune publicité, de la même manière que la subrogation à l'hypothèque légale était parfaite, avant la loi sur la transcription, par le seul fait de l'acte qui en constatait la stipulation entre les parties contractantes; et qu'il est inutile, en droit, pour la perfection de la renonciation et pour lui faire produire effet, de la rendre publique; il faut admettre que la loi nouvelle a voulu tolérer les fraudes dont seraient victimes les tiers qui traiteraient plus tard avec la femme, qui accepteraient son engagement sous la foi d'une subrogation à son hypothèque légale, et d'un certificat qu'il n'existe au bureau des hypothèques, sur le registre des inscriptions, aucune mention de subrogation antérieure.

« Si la force de l'évidence oblige à reconnaître que la loi nouvelle a eu pour but principal de mettre un terme à des fraudes de ce genre, il faut bien reconnaître que le système de la dispense est contraire à l'esprit de la loi, et que l'art. 9 doit être appliqué rigoureusement dans tous les cas où son inobservation favoriserait l'abus que la loi a voulu faire cesser........ »

IV° HERVIEU.

*(Interprétation de la loi du 23 mars 1855 sur la transcription
hypothécaire, p. 202.)*

On a vu, précédemment, que l'engagement solidaire de
la femme emporte, de sa part, *renonciation*, en faveur de
l'acquéreur des biens du mari, à l'exercice de son hypothèque légale. Cet acquéreur devra donc, pour satisfaire
aux dispositions de l'art. 9, rendre publique la renonciation sur le registre des hypothèques. Si la femme n'a pas
requis l'inscription de son hypothèque légale, l'art. 9
oblige le cessionnaire à prendre inscription en son nom
personnel. Mais l'acquéreur, en inscrivant, doit restreindre son inscription au bien qu'il a acquis; et, alors,
il est à craindre qu'elle ne soit pour lui un embarras s'il
veut vendre ou emprunter.

Admettons le cas le plus probable, celui où l'inscription
de la femme n'est pas requise : l'acquéreur devra-t-il la
faire inscrire à son profit? Il est facile de démontrer que
cette inscription, prise au nom de l'acquéreur, aurait des
inconvénients.

En effet, si l'acquéreur prend inscription en son nom,
un acquéreur, et surtout un prêteur, peuvent exiger que
les immeubles de la personne avec laquelle il contracte
soient libres de toute hypothèque ; bien que celle dont il
s'agit soit prise dans l'intérêt du vendeur ou de l'emprunteur, elle pourra être un obstacle à la réalisation de la
vente ou de l'emprunt. Le moyen le plus certain de parer
aux difficultés et aux inconvénients qui pourraient résulter de cette inscription, c'est de prendre l'inscription au
profit de la femme, et de faire mentionner la renonciation

en marge. De cette manière les biens vendus seront affranchis à toujours de l'hypothèque légale : seulement l'acquéreur devra surveiller le renouvellement de l'inscription qu'il aura prise au profit de la femme, afin que les tiers, en se reportant à l'inscription primitive, aient connaissance de la mention indiquant la renonciation de la femme à son hypothèque légale, et pour éviter qu'ils puissent opposer à l'acquéreur le défaut de renouvellement.

—

5° FERNAND VERDIER.

(Traité sur la transcription hypothécaire,
t. ii, art. 9, p. 593.)

N° 662. — La position est identique, quand c'est un acquéreur qui a obtenu de la femme l'abandon de son hypothèque légale.

La renonciation extinctive ou abdicative, nous le savons, n'a pas pour effet d'éteindre l'hypothèque d'une manière absolue ; elle la laisse intacte entre les mains de la femme qui seulement renonce à en exciper contre celui avec lequel elle contracte. Celle-ci peut néanmoins la transmettre à de nouveaux subrogés, lesquels sont fondés à ne pas tenir compte de la renonciation qu'on ne leur a pas fait connaître.

L'acquéreur devra donc, pour repousser cette exception et profiter de la sécurité qui lui est accordée, la rendre publique, soit par une inscription prise en son nom, soit par une inscription requise au nom de la subrogeante, avec mention en marge à son profit. Ce

mode de procéder est exactement conforme à la loi.
Qui pourrait le critiquer? Dira-t-on que l'inscription personnelle n'est pas possible, parce que l'acquéreur ne peut
pas inscrire, à son profit, une hypothèque qui, par le
fait de la renonciation, est réputée, à son égard, inexistante? C'est là, ce nous semble, une pétition de
principe.

Dans les rapports de la renonçante avec l'acquéreur,
l'hypothèque, il est vrai, est réputée inexistante ; mais il
n'en est pas de même dans les rapports de celui-ci avec
les subrogés postérieurs. Or, si, à l'égard de ces derniers,
l'hypothèque existe toujours, quelle est la raison qui
pourrait s'opposer à l'inscription? N'est-ce pas, d'ailleurs,
ce qui se passe dans toutes les transmissions de droits?

Dans les rapports du transmettant avec celui auquel on
transmet, le droit cédé est censé ne plus exister ; il n'en
est pas de même par rapport aux tiers. Nous ne devons
pas oublier, enfin, que le législateur a voulu assurer le
crédit en édictant une publicité aussi complète que possible ; qu'en parlant de l'hypothèque légale et de ses diverses formes de transmission, il a formulé une règle
unique, destinée à régir tous les cas, et qu'il a dû employer des expressions qui s'appliquaient de préférence à
ce qui arrive le plus souvent, c'est-à-dire aux renonciations transmissives, et que, en pareille matière, c'est à
l'esprit de la loi et non à la lettre qu'il faut s'attacher.
Sera-t-on bien venu, après cela, à nous opposer le texte
même de l'art. 9? Soutiendra-t-on que ce texte est contraire à notre solution, parce qu'il n'exige la publicité
que pour les *cessionnaires* de l'hypothèque? Ajoutera-t-on
que le bénéficiaire d'une renonciation extinctive n'acquiert
point l'hypothèque qu'elle a pour objet, qu'il n'est point
cessionnaire, et que, par suite, quand la femme ne l'a pas

fait inscrire à son nom, il ne peut prendre lui-même inscription ? Expliquer ainsi la pensée de l'art. 9, ce serait la
restreindre dans d'étroites limites, dans lesquelles le législateur n'a pas entendu se renfermer. Il s'est exprimé
d'une manière générale, et a employé les termes qui, a
son point de vue, embrassaient le plus grand nombre de
cas ; mais il n'a pas eu l'intention de mettre des bornes à
la publicité qu'il organisait. On sera d'autant plus convaincu de la vérité de cette assertion si on se rappelle que
la loi s'est servie du mot *cessionnaire* précisément afin de
généraliser et de faire cesser toutes les distinctions qui
avaient lieu dans l'ancienne jurisprudence entre les diverses espèces de renonciations. On en sera également
convaincu si l'on se pénètre bien du résultat qu'elle a
poursuivi. Assurer les transactions, faciliter le crédit,
voilà ce qu'elle a voulu. Il est, dès lors, impossible, sans
être inconséquent, de l'interpréter dans un sens diamétralement contraire au but qu'elle s'est proposé.

Mais il y a plus : la loi du 23 mars a soumis à la publicité les renonciations extinctives d'un droit d'usufruit,
d'usage, d'habitation, de servitude et d'antichrèse. Comment veut-on que les abdications hypothécaires relèvent
seules du principe de la clandestinité (art. 1 et 2)? Une
pareille différence n'a pas sa raison d'être ; on ne saurait
l'admettre. La disposition des art. 1 et 2 est donc une
nouvelle et triomphante preuve de la vérité de notre
théorie.

N. 663. — M. Mourlon pense, cependant, qu'il faut
faire une distinction. Il adhère à notre système lorsque
l'hypothèque légale se trouve en conflit avec d'autres
hypothèques qu'elle prime. Dans ce cas, en effet, dit-il, la
renonciation qu'en a faite la femme n'est point, à proprement parler, une vraie extinction de l'hypothèque ; à la

vérité, la femme a pris l'engagement de la laisser dans l'inaction autant qu'elle nuirait à l'acquéreur, mais elle la conserve sous tout autre rapport. Dès lors, rien ne répugne à ce qu'elle soit ou qu'elle reste inscrite. Mais, lorsque l'hypothèque de la femme grève seule l'immeuble qui a été vendu, la renonciation qui en a été consentie constitue alors une véritable et bien réelle extinction, parce qu'elle n'a d'autre objet que d'affranchir l'acquéreur du fardeau de la purge. Or, comment inscrire une hypothèque éteinte ?

On ne saurait, ce nous semble, accepter ce raisonnement comme point de départ d'une solution à l'abri de toute critique. Nous allons essayer de le démontrer. La renonciation faite par la femme n'opère pas, en général, une extinction de l'hypothèque ; notre auteur en convient, la femme la conserve entre ses mains ; elle a seulement promis de ne pas s'en prévaloir à l'encontre de l'acquéreur en faveur duquel elle a renoncé. Dès lors, peu importe que, au moment du contrat de vente, il n'y ait pas d'autre créance hypothécaire que celle de la femme ; cela ne change en rien le caractère et les effets de la renonciation. Ce droit qu'a conservé la femme, elle peut le transmettre à autrui. Si donc nous supposons que, postérieurement au contrat de vente, elle ait cédé son hypothèque légale à d'autres créanciers, et que ceux-ci aient pris inscription, cette cession sera, sans aucun doute, valable, surtout si l'acquéreur a négligé de transcrire son titre (1). On se retrouverait alors dans la première hypothèse dans laquelle M. Mourlon reconnaît que la renonciation

____

(1) On peut d'autant plus supposer cette omission que si la renonciation, d'après notre auteur, rend inutile la purge, l'acquéreur en profitera pour s'exonérer d'une formalité (la transcription) qui en est le préliminaire inévitable, quand l'hypothèque légale est inscrite (art. 2183, 2184 C. N.). —

consentie à l'acquéreur doit être inscrite. Sur quoi se
fonderait, d'ailleurs, celui-ci pour prétendre que l'hypothèque légale est éteinte ? Sur la renonciation ? Mais les
subrogés postérieurs ne seraient-ils pas en droit de lui
répondre que cet acte de renonciation ne peut leur être
opposé à eux, tiers, puisqu'il n'est pas revêtu des formalités exigées par la loi pour sa validité, puisqu'il n'est pas
inscrit ? Objecterait-on qu'il est valable sans inscription ?
Mais c'est précisément là la question. On le voit, en s'écar-
tant des termes de la loi, on tourne dans un cercle vicieux
dont il est difficile de sortir. Ainsi, l'hypothèque n'est pas
éteinte par la renonciation, et celle-ci peut avoir un autre
effet que de rendre inutiles les formalités de la purge.
Elle peut avoir une importance plus considérable, car, si
elle a été inscrite antérieurement aux autres subrogations consenties par la femme, elle protégera contre elles
l'acquéreur d'une manière efficace.

De là il suit que, l'immeuble acquis n'étant pas réellement libre et franc de toute hypothèque, puisque l'hypothèque légale n'est pas éteinte, l'acquéreur peut asseoir
une inscription sur cet immeuble ; il n'y a rien d'étrange
à cela (1).

Il en résulte aussi que la renonciation n'a pas toujours
pour effet de rendre inutiles les formalités de la purge. Il
nous paraît évident, au contraire, que l'acquéreur a un

Cass., 4 fév. 1856 ; D. P., 56, 1, 61. De ce que la femme ne peut pas opposer son hypothèque à l'encontre du subrogé, il ne s'ensuit pas que celui-ci
puisse repousser également les cessionnaires. Ceux-ci ne succèdent pas à
l'obligation personnelle de la femme. Ils sont des tiers par rapport à l'acquéreur.

(1) Si la femme peut encore, malgré sa renonciation en faveur de l'acquéreur, consentir d'autres cessions de son hypothèque, qui, le cas échéant,
peuvent primer ce dernier, il faut bien admettre que cette renonciation est
soumise à la disposition de l'art. 9.

grand intérêt à les accomplir; sans cela, il s'expose à être dépossédé, ou tout au moins inquiété, par suite de subrogations postérieures du chef de la femme. La nécessité de l'inscription de la renonciation n'aggrave pas la condition de l'acquéreur, car la purge est utile à ses intérêts, aussi bien dans l'hypothèse d'une renonciation valable sans inscription que dans celle d'une renonciation assujettie à cette formalité.

Selon nous, un acquéreur ne sera réellement et d'une manière sûre à l'abri de tout péril que lorsqu'il aura fait inscrire la renonciation, et qu'il aura accompli les formalités de la purge. En prenant cette double précaution, il sera aussi bien protégé contre la crainte d'être dépossédé que contre le danger de perdre les créances qu'il peut avoir.

Il est vrai, cependant, que, lorsque l'acquéreur aura fait transcrire son titre, qu'il ne trouvera d'autre inscription sur l'immeuble que celle de la femme, et qu'il n'en surviendra pas d'autres, par suite de subrogation, quand, en un mot, il se trouve seul en présence de la femme, la question perd de son intérêt. Peu importe, en effet, alors, que la renonciation soit inscrite ou ne le soit pas. Qui pourrait se prévaloir du défaut d'inscription? La femme ne saurait être reçue à invoquer la non-publicité, puisqu'elle s'est engagée à ne rien faire au préjudice de l'acquéreur, et qu'elle doit le garantir. De là il suit que l'acquéreur n'a rien à craindre, quoi qu'il fasse. Dans cette hypothèse, la transcription serait même, à ce point de vue, inutile.

Ce n'est donc pas dans une exception sans portée qu'il faut se préoccuper du point de savoir si la renonciation doit être ou non inscrite, mais d'une manière générale. Or, nous avons vu que, ainsi envisagée, la nécessité de l'inscription était suffisamment légitimée.

6° SIREY-DEVILLENEUVE.

(Recueil général des lois et arrêts, 1867, t. i, p. 9.)

Note par M. Em. Moreau, conseiller à la cour de Paris sur l'arrêt de cassation du 29 août 1866.

.... La renonciation de la femme opère translation à l'acquéreur du rang de l'hypothèque légale, malgré la règle : *Nemini res sua pignori esse potest,* parce que, considéré comme tiers-détenteur, et c'est là, en effet, la qualité qui lui appartient en tant qu'il s'agit de l'action hypothécaire acquise à des créanciers d'un précédent propriétaire, il reste dans le droit appartenant à tout acquéreur non personnellement obligé envers les créanciers inscrits, de se prévaloir contre ceux-ci de l'hypothèque existant au moment de la vente, en son nom ou au nom d'un cédant, sur l'immeuble vendu. Il y a, en ce cas, particulièrement obstacle à la confusion dans la nécessité du règlement à faire pour vérifier les créances et en déterminer le rang. Le principe qui préside à la procédure d'ordre est la détermination des droits hypothécaires respectifs sur l'immeuble tels qu'ils sont dans les mains de l'acquéreur, ou de son chef ou comme subrogé, et dans celles des autres créanciers produisants, sans que la collocation réclamée par l'acquéreur comme créancier puisse être empêchée par le cumul de ses deux qualités (M. Pont, n° 1223). C'est aussi parce que, malgré ce cumul, son droit d'hypothèque subsiste sur l'immeuble, qu'il est tenu au renouvellement de l'inscription dans les termes de l'art. 2154 C. Nap., tout comme un autre créancier inscrit, jusqu'au moment où, les inscriptions ayant produit leur effet légal, le renouvellement devient inutile. (V. Paris, 21 août 1862, et le renvoi, S. 1862, 2, 546, P. 1863, 621). Du reste, la confusion qui, selon les termes de l'art. 1300 C. Nap., résulte de la réunion *en la même personne* des deux qualités de débiteur et de créancier, ne saurait être invoquée contre l'acquéreur, précisément parce qu'il n'est obligé qu'à titre hypothécaire relativement aux dettes grevant l'immeuble du chef d'un précédent propriétaire.

Investi du droit de la femme en ce qui touche le rang de l'hypothèque de celle-ci, l'acquéreur n'a pu omettre de faire inscrire la renonciation sans encourir l'application de l'art. 9 de la loi du 23 mars 1855, qui exige cette inscription sous peine, pour ceux auxquels elle est imposée, d'être primés par tout cessionnaire ultérieur de la femme, qui aurait fait inscrire sa cession. Nécessairement translative, alors surtout qu'elle fait partie intégrante d'un contrat bilatéral, la renonciation *in favorem* rentre dans la généralité de la disposition dont le texte désigne les *cessions, subrogations* et *renonciations* ayant pour objet l'hypothèque légale, ce qui montre que le mot *cessionnaire* employé dans la seconde partie de l'article comprend, sans aucune distinction, tous droits résultant de chacun des actes ainsi énumérés (V. M. Flandin, *Transcrip.*, t. ii, n° 1544). L'on conçoit, en effet, que le résultat étant le même pour les tiers, quand l'hypothèque légale leur est opposée par un cessionnaire proprement dit, ou quand elle l'est, en vertu de la renonciation de la femme, par un acquéreur de l'immeuble hypothéqué, il leur importe également, dans les deux hypothèses, d'être mis à même de connaître, par le registre des inscriptions, que cette hypothèque a cessé d'être à la disposition de la femme, celle-ci l'ayant déjà abandonnée à d'autres. De là, pour obéir à l'art. 9, la nécessité de l'inscription dans tous les cas de cession, subrogation et renonciation touchant l'hypothèque de la femme, de même que pour éviter en général aux tiers d'être trompés par le transport qu'aurait déclaré leur faire de droits de propriété immobilière ou de droits réels immobiliers celui qui s'était antérieurement dessaisi de ces droits, les art. 1 et 2 de la loi de 1855 ont soumis à la transcription la *renonciation* du possesseur.

Par toutes ces raisons, la première question posée en tête de cet article nous paraît devoir être décidée en ce sens que l'acquéreur, faute d'avoir fait inscrire au registre d'hypothèques la renonciation de la femme à ses droits d'hypothèque légale sur l'immeuble dont la vente lui a été consentie par le mari et la femme solidairement, n'a pas été saisi de ces droits, et que les cessionnaires ultérieurs de la femme par actes régulièrement inscrits audit registre, doivent seuls, au contraire, être admis à les exercer.

Mais la Cour suprême n'a pas résolu cette question par l'arrêt ici rapporté ; elle n'a donné gain de cause contre l'acquéreur, aux cessionnaires inscrits, qu'en tirant la raison de décider de ce que cet acquéreur, bien qu'ayant payé son prix au moment du contrat, avait offert ensuite, sur la sommation de payer ou de délaisser que lui avait faite un créancier hypothécaire du vendeur inscrit avant la vente, d'acquitter les dettes hypothécaires dont l'immeuble était grevé ; puis, dans l'ordre ouvert en conséquence de cette offre, ordre où la femme avait requis personnellement sa collocation en premier ordre, et l'avait obtenue, s'était présenté en demandant à être colloqué en sous-ordre comme subrogé à l'hypothèque légale et à l'exclusion des créanciers subrogés depuis la vente à cette hypothèque inscrite à leur requête en même temps que leurs subrogations. C'est *en cet état des faits*, ainsi que le déclare l'arrêt, que la cour régulatrice accorde la préférence aux derniers subrogés. On ignore donc si elle eût également admis cette préférence dans le cas où l'acquéreur au, lieu d'offrir le paiement des dettes hypothécaires, comme s'il n'eût pas déjà acquitté le prix comptant lors de la vente, au lieu de reconnaître à la femme le droit d'être colloquée personnellement à raison de l'hypothèque légale à laquelle elle avait renoncé dans le contrat de vente, et au lieu enfin de ne se présenter que pour réclamer sa propre collocation *en sous-ordre* sur les deniers formant l'objet de celle de la femme, eût autrement engagé la contestation. Si, par exemple, il eût agi par voie de demande en radiation des inscriptions prises par les subrogés postérieurs à la vente, et eût soutenu que, par la renonciation de la femme, son hypothèque légale avait été purement et simplement éteinte, dès le jour de cette renonciation, et que cette extinction avait rendu impossible toute subrogation ultérieure au profit des tiers dans l'hypothèque ainsi anéantie; il eût par là soulevé la question même que décide M. Pont contre les tiers, et la Cour de cassation aurait eu nécessairement à la résoudre. La difficulté ne s'étant pas présentée sous cet aspect dans la cause, nous ne pouvons dire que notre arrêt ait rien jugé ou préjugé sur la thèse que nous avons discutée.

DE LA SUBROGATION DE L'ACQUÉREUR

A L'HYPOTHÈQUE LÉGALE DE LA FEMME DE SON VENDEUR.

Par M. VERDIER (1).

Aux termes de l'art. 9 de la loi du 23 mars 1855, les cessionnaires de l'hypothèque légale d'une femme mariée n'en sont saisis, à l'égard des tiers, que par une inscription requise à leur profit, ou par la mention en marge de l'inscription déjà prise. Parmi les questions qu'a soulevées cette disposition, il en est une qui se présente avec un caractère de gravité exceptionnel. C'est celle de savoir si l'acquéreur qui a obtenu une subrogration de la femme, ou plutôt en faveur duquel celle-ci a renoncé à son hypothèque légale, est forcément soumis à ces prescriptions, ou bien s'il peut sans danger les omettre lorsqu'il a d'ailleurs opéré la transcription de son titre d'acquisition dans lequel la subrogation a été consentie. Cette dernière formalité, par la publicité qu'elle imprime à l'acte qui contient tout ce que les tiers ont intérêt à savoir, ne suffit-elle pas à remplir le but que la loi s'est proposé, et par suite ne dispense-t-elle pas l'acquéreur de recourir à une seconde formalité devenue désormais inutile ?

Dans notre commentaire de la loi du 23 mars 1855, nous avons soutenu (2) avec plusieurs auteurs, contrairement à l'opinion de MM. Pont et Mourlon, que l'acquéreur qui avait obtenu la renonciation de la femme, ne pouvait s'affranchir d'une double formalité, la transcription de son titre et l'inscription de l'hypothèque légale

---

(1) *Revue pratique*, t. 24, p. 209. — Cette dissertation, insérée la première dans la *Revue pratique*, est précisément celle à laquelle j'ai répondu dans ma première lettre à M. Verdier.

(2) *Transc. hypoth.*, t. 2, nᵒˢ 661-662. Durand, Paris, 1865, 2 vol. in-8.

faite à son profit, ou tout au moins la mention de la subrogation en marge de l'inscription qui aurait été déjà prise. Sa sécurité ne saurait être complète, et ses droits, comme acquéreur et comme créancier, ne peuvent être sûrement sauvegardés qu'à ce prix. S'il néglige cette dernière formalité, il s'expose à être primé par tous les créanciers qui, postérieurement à la vente et à la transcription, auraient été subrogés par la femme, et qui auraient eu le soin de prendre inscription ou de faire la mention exigée par l'art. 9. Cette doctrine a été consacrée par un arrêt de la Cour impériale de Lyon, et le pourvoi formé contre cet arrêt a été rejeté (1). Mais cette décision a été critiquée, et de nouvelles considérations ont été produites. Il n'est donc pas sans utilité de reprendre la difficulté et d'examiner à fond les objections qui ont été formulées.

Constatons d'abord que l'auteur auquel elles appartiennent est d'accord avec nous pour repousser la théorie de MM. Pont et Mourlon, qui consiste à faire une différence entre le cas où la femme cède son hypothèque légale et celui où elle y renonce en faveur de l'acquéreur. Il est certain, en effet, que cette distinction ne saurait être admise en présence des termes eux-mêmes de la loi, et surtout de son esprit. Le législateur a pris un soin extrême à s'exprimer de façon à éloigner toute discussion à ce sujet. Il a assimilé la cession et la renonciation, en les confondant à dessein. Il n'est donc pas permis de se prévaloir de ce qu'après avoir parlé de la cession et de la renonciation, il ne s'est servi que du mot *cessionnaire* : car il est bien évident que cette expression doit être en-

(1) Lyon, 22 décembre 1863, D. P., 64, 2, 193 ; *J. du Pal.*, 1864, p. 231; Cass. rej., 29 décembre 1866, Sir., 67, 1, 9; D. P., 67, 1, 49.

tendue dans un sens général qui se rapporte aussi bien à l'une qu'à l'autre. Pour s'en convaincre on n'a qu'à lire l'article lui-même : « Dans les cas où les femmes peuvent *céder* leur hypothèque légale ou *y renoncer*, cette *cession* ou cette *renonciation* doit être faite par acte authentique, et les *cessionnaires* n'en sont saisis..... Les dates des inscriptions ou mentions déterminent l'ordre dans lequel ceux qui ont obtenu des *cessions* ou *renonciations* exercent les droits hypothécaires de la femme. » Il semble qu'aucun texte de loi ne saurait être plus explicite, et l'on s'étonne qu'il ait pu servir de base à une controverse quelconque sur le point de droit qui fait l'objet de notre examen. Aussi le jurisconsulte auquel nous allons essayer de répondre, malgré tout le désir qu'il aurait de trouver un appui dans les deux auteurs éminents qui, avant lui, avaient embrassé l'opinion qu'il défend, est-il obligé de reconnaître que les raisons que ces derniers trouvent concluantes ne sauraient être accueillies : « Nous ne concevons pas bien, dit-il, quelle différence radicale il peut y avoir entre l'acte d'une femme mariée qui s'oblige solidairement avec son mari et renonce au profit de l'acquéreur à son hypothèque légale, et l'acte de celle qui cède son hypothèque à un créancier de son mari. Une telle distinction est, à nos yeux, plus spécieuse que solide. Dans l'un et l'autre cas, il y a translation d'un droit réel. » Il est, en effet, incontestable que la cession et la renonciation sont absolument identiques, et que l'une et l'autre équivalent à la subrogation transmissive, non pas que la renonciation ne puisse, dans aucun cas, avoir un caractère purement extinctif ; mais c'est là un fait exceptionnel qui ne se présentera que fort rarement, et qui ne peut être admis que s'il est clairement établi par la volonté formelle et non douteuse des parties contractantes.

Hors de là, il n'y a et ne peut y avoir, sous les noms de cession et de renonciation, qu'une seule et même chose, la transmission d'un droit ; telle est la signification précise de la loi. Au surplus, nous pouvons indiquer, en passant, qu'il servirait de peu de soutenir que la renonciation est simplement extinctive, car la renonciation extinctive n'est pas moins soumise à la publicité que la renonciation subrogative (1). Les tiers ont le même intérêt à connaître l'une et l'autre ; dès lors la situation doit leur être révélée par les mêmes moyens, c'est-à-dire par l'inscription ou par la mention prescrite par la loi du 23 mars 1855. Comment en douter, en présence des termes de la loi qui veut que ceux qui ont obtenu des cessions ou des renonciations exercent leurs droits hypothécaires, selon la date de l'inscription ou de la mention faite par eux ? Mais ce dernier point de vue n'est pas précisément celui sous lequel nous avons en ce moment à envisager la difficulté. Il ne s'agit pas de savoir si, par cela seul qu'une femme, en s'engageant solidairement dans l'acte de vente consenti par son mari, renonce à son hypothèque légale en faveur de l'acquéreur, elle consent une renonciation purement extinctive, et qui serait dès lors affranchie de la publicité spéciale prescrite pour les subrogations. Nous avons vu, à cet égard, que notre auteur est d'accord avec nous pour repousser une pareille interprétation. Nous n'avons pas à y insister davantage. Il faut donc regarder comme acquis que la renonciation de la femme à son hypothèque légale au profit d'un acquéreur, et la subrogation qu'elle peut y consentir, font une situation identique aux tiers. Il ne nous reste plus qu'à connaître quelles sont les raisons à l'aide desquelles

(1) V. *Transcrip. hyp.*, t. 2, no 661 *bis*.

on prétend écarter pour l'acquéreur, qui a obtenu la renonciation de la femme, la nécessité de l'inscription.

M. Thiercelin a une théorie particulière sur le point de
droit en litige. Selon lui l'acquéreur est suffisamment
protégé par la transcription de son titre d'acquisition, qui
révèle en même temps la renonciation, et il n'est pas
obligé pour se mettre en règle de recourir à l'inscription
ou à la mention en marge de l'inscription déjà prise. Les
tiers sont suffisamment avertis de tout ce qu'ils ont intérêt à savoir ; ils ne peuvent donc arguer de l'absence
d'une formalité qui n'est pas substantielle, et dont l'accomplissement n'aurait rien ajouté à la garantie très-
suffisante que le nouveau législateur a entendu leur
donner. Dès lors, quand un ordre s'ouvre pour le règlement des droits des ayant-cause de la femme, la priorité
doit appartenir à l'acquéreur qui a fait transcrire son contrat, et non au tiers postérieurement subrogé à l'hypothèque légale de la femme, et qui l'a fait inscrire avec
mention de la subrogation. L'acquéreur a ainsi satisfait,
sinon à la lettre, du moins à l'esprit de la loi. Le tiers ne
doit pas être écouté dans sa prétention, par cette raison
que l'énonciation de l'obligation solidaire de la femme
dans l'acte de vente transcrit, et la renonciation de celle-ci
à son hypothèque légale en faveur de l'acquéreur, ont dû
l'éclairer suffisamment sur la valeur de la subrogation
qui lui a été consentie après coup, et qu'ainsi il n'a pu
être victime d'aucune erreur. En un mot, les énoncia-
tions de l'obligation solidaire de la femme, de la cession
de son hypothèque légale ou de sa renonciation, conte-
nues dans un acte notarié et transcrit, équivalent à l'inscription de l'hypothèque prise au profit du cessionnaire
ou à la mention en marge de l'inscription préexistante.
Les formes de la publicité de l'art. 9 de la loi du 23 mars

1855 ne sont pas tellement sacramentelles qu'il ne puisse
y être suppléé jamais par d'autres formes de publicité
édictées par d'autres dispositions de la même loi. Et ce
n'est pas la méconnaître que de lui emprunter son mode
de publicité le plus large, celui que tout autre ne peut en
quelque sorte que remplacer.

Cette doctrine, si on l'acceptait, serait la négation absolue de la loi du 23 mars 1855 et le renversement de toutes
les innovations protectrices de l'intérêt des tiers que le
législateur a voulu inaugurer. Aucune de ces dispositions
ne tiendrait devant une argumentation semblable, et elles
ne seraient plus qu'une lettre morte, s'il était permis de
les remplacer par des équivalents. Ce serait, en un mot,
la violation de toutes les règles relatives au régime hypothécaire et à la publicité qui en est le principal ressort.
C'est ainsi que toutes les fois que le droit d'un créancier
serait mentionné dans un acte transcrit, ce dernier pourrait se dispenser de prendre inscription, sous le prétexte
que les tiers ont été suffisamment avertis de l'existence de
ce droit par la publicité la plus large possible, que, dès
lors, ils n'ont pu être trompés ou être victimes d'aucune
erreur, mais seulement de leur imprudence, puisqu'ils
n'ont pas craint de contracter en présence d'un droit précédemment concédé qu'ils ont connu ou pu connaître, et
qui, par suite, doit les primer. Supposons, en effet, qu'un
créancier se rend acquéreur, pour partie de sa créance,
d'un immeuble de son débiteur, et que pour la garantie
du surplus ce débiteur lui confère une hypothèque sur ses
autres biens. Si le système de notre adversaire est exact,
il sera parfaitement applicable à ce créancier. S'il n'a pas
inscrit, il pourra dire aux créanciers qui postérieurement
à la transcription auront obtenu une hypothèque et qui
auront inscrit : Je n'ai pas inscrit, cela est vrai, mais mon

hypothèque était mentionnée dans un acte transcrit, vous avez dû consulter le registre des transcriptions ; vous avez par là connu l'existence de mon droit, vous avez été dès lors suffisamment avertis. De quoi vous plaignez-vous ? Vous ne pouvez prétendre cause d'ignorance. Vous n'avez donc pas le droit de passer avant moi, vous ne serez colloqués qu'après. Il n'y aurait rien à répondre à un pareil raisonnement, et la prétention du créancier négligent devrait être forcément accueillie. Mais on ne devra pas s'arrêter là. Il faudra également décider, si l'on substitue des équivalents aux prescriptions de la loi, que la transcription peut remplacer la mention, et réciproquement que la mention supplée à la transcription. Ces idées ont été soutenues, mais elles ont été repoussées par la doctrine et la jurisprudence (1). Il faudra enfin, par une suite obligée de la même logique, aller jusqu'à dire que le fait seul de la connaissance du droit d'autrui, en l'absence de toute formalité, suffit pour exclure les tiers de la faculté de se prévaloir du défaut de la publicité régulière organisée par la loi. L'on reproduira ainsi la controverse sur des points universellement reconnus aujourd'hui et hors de toute contestation. Personne n'ignore, en effet, que sous l'empire du Code Napoléon on discutait vivement sur le point de savoir si le tiers qui contractait avec un propriétaire qui s'était dessaisi de son immeuble par une donation, et qui avait connu l'existence de ce contrat, pouvait se prévaloir du défaut de transcription. Bien que des raisons analogues à celles que nous combattons, et

(1) Tribunal civil de la Flèche, 2 juillet 1860 ; tribunal civil de Vouziers, 11 avril 1861. D. P., 61, 3, 31 ; Sir., 61, 2, 362 ; D. P., 82, 3, 23 ; Cass. civ. 14 décembre 1864, Sir., 65, 1, 188. — Mourlon, *Transcript.*, n° 551 ; *J. de l'enreg. et des dom.*, 21 juin 1861, art. 17301 ; Riv. et Huguet, n° 1124 ; Lesenne, n° 150 ; Gauthier, n° 277 ; Tropl., n° 361 ; Dall., *J. gén.*, v° *Transcript. hyp.*, n° 758 ; Verdier, *Transcript. hyp.*, n°ˢ 453-463.

qui ne manquaient pas d'une certaine apparence de vérité, fussent mises en avant, la jurisprudence et la doctrine ont été unanimes à les repousser, et l'on a décidé que la connaissance par une voie autre que la transcription de l'existence de la donation ne pouvait relever le donataire de la déchéance qu'il avait encourue, et empêcher le tiers de se prévaloir de l'omission de la formalité prescrite par la loi. La même doctrine a été adoptée depuis la promulgation de la loi du 23 mars 1855 par rapport à la transcription des actes à titre onéreux (1).

En vain prétend-on que l'inscription n'est pas une formalité sacramentelle, et tellement substantielle qu'elle soit absolument indispensable à l'existence du droit ; nous répondons que l'inscription est ici réellement sacramentelle et substantielle, non pas en ce qui concerne l'existence propre du droit, mais bien pour ce qui regarde sa publicité. En un mot, en ce qui a trait à la validité du droit en lui-même, l'inscription est indifférente ; son absence n'empêche pas, en effet, que le titre du créancier ne soit valable intrinsèquement, et ne fait pas qu'il soit anéanti par cela même, et qu'il ne soit plus opposable entre les parties. Mais il en est différemment à l'égard des tiers, et c'est à ce point de vue que nous examinons la question. Par rapport aux tiers, la publicité par les moyens prescrits par la loi est indispensable, elle est sacramentelle. Elle est, en un mot, substantielle, à ce point que, si elle n'est pas accomplie, le droit ne leur est pas opposable ; il est comme s'il n'existait pas. Voilà quelle est la loi ; il n'est pas permis d'y déroger, sous le prétexte de distinctions qu'elle n'a point faites. Il est de jurispru-

____

(1) Voyez notre *Traité sur la transcription*, t. 2, n° 323, où sont indiquées toutes les autorités sur la matière.

dence certaine, incontestée, que les formalités exigées en vue d'obtenir la publicité ne peuvent être suppléées par rien. Il en doit être si bien ainsi, que ce serait tromper les tiers, qui ont pu précisément contracter, parce qu'ils n'ont pas vu sur le registre spécial déterminé par la loi l'inscription du droit qui, inscrit avant eux, aurait pu les primer. On ne peut, en présence des prescriptions formulées par le législateur, et des garanties que ces prescriptions faisaient naître en leur faveur, les évincer ou les dépouiller d'un droit qu'ils étaient fondés à regarder comme légitime, et publié conformément à sa volonté.

Notre adversaire reconnaît bien que les créanciers de la femme subrogés postérieurement à l'acquéreur ont un égal intérêt à être informés des cessions ou renonciations qu'elle a déjà consenties, et que, la transcription d'un acte d'aliénation et l'inscription d'hypothèque, ainsi que la mention de la subrogation à cette hypothèque, ayant lieu chacune sur un registre différent, les créanciers qui auront consulté le registre des inscriptions pourront être excusables de n'y avoir pas trouvé ce qui n'est écrit que sur le registre des transcriptions ; mais il ne voit pas là un obstacle insurmontable à l'admission de sa théorie. Il semble cependant qu'on ne saurait y faire une réponse plus péremptoire ; car, s'il est vrai que le registre des inscriptions soit le seul mode légal de donner la publicité à l'hypothèque et de lui assurer son rang, le créancier qui l'a consulté et n'y a rien trouvé relativement à l'acquéreur, a le droit de considérer celui-ci comme complétement étranger à l'immeuble, en tant que créancier, et il est fondé à réclamer sur lui la priorité.

« Cependant, dit notre auteur, cette objection ne saurait nous ébranler. Oui, sans doute, la renonciation de « la femme à son hypothèque légale au profit d'un acqué-

« reur, et la subrogation qu'elle peut y consentir, font une
« situation semblable aux tiers. Il est bien vrai encore que
« la loi ne distingue pas, et que, dans le système auquel
« nous nous rangeons, les tiers devront consulter à la fois
« le registre des inscriptions et celui des transcriptions.
« Mais l'économie de la loi ne les y oblige-t-elle pas à
« peine de se voir déçus par l'apparition d'un acheteur
« qui aura fait transcrire, ou primés par une hypothèque
« inscrite antérieurement ? La loi du 23 mars 1855 établit
« pour les droits civils deux bases de publicité, la trans-
« cription des actes, quand il y a translation d'un droit
« réel, et l'inscription, quand il y a cession de l'hypothè-
« que légale d'une femme mariée et que cette hypothèque
« n'avait pas été inscrite. Si elle avait été déjà inscrite, le
« cessionnaire ou subrogé a dû requérir une mention de
« la subrogation en marge de l'inscription préexistante.
« Il suit de là que tout acquéreur doit à la fois consulter
« le registre des transcriptions, pour vérifier si son droit
« ne sera pas primé par quelque acte d'aliénation, et le
« registre des inscriptions, pous s'assurer que l'immeuble
« n'est pas grevé de quelque hypothèque légale cédée et
« inscrite. Pareil devoir est imposé à tout cessionnaire de
« l'hypothèque légale d'une femme mariée, et il l'est aux
« risques et périls du créancier cessionnaire ; car si ce
« créancier se borne à consulter l'un des deux registres
« seulement, il est exposé à voir apparaître un acte trans-
« latif de droit réel qui annihilera son hypothèque, ou
« une inscription qui le rejettera à un rang inférieur et
« pourra ne pas lui permettre de venir en ordre utile sur
« le prix. »

Nous adoptons pleinement ces prémisses ; on ne saurait raisonner plus juste. Nous sommes d'accord jusque-là
avec notre adversaire. Deux registres existent, et tout tiers

intéressé doit les consulter l'un et l'autre. Mais poursuivons et voyons quelles sont les conséquences que l'on tire de ces principes.

« Or, nous le demandons, si notre système hypothé-
« caire complété par la loi du 23 mars 1855 est tel dans
« son ensemble que la publicité véritable, entière et com-
« plète, ne résulte que du contenu du registre des transcrip-
« tions et du registre des inscriptions, et si, dans la pen-
« sée du législateur, ces deux registres doivent être tous
« deux consultés par les créanciers, acquéreurs, cession-
« naires d'une hypothèque, etc., qui veulent avoir une
« pleine sécurité, ces créanciers ou acquéreurs peuvent-
« ils être écoutés quand ils viendront dire *réellement* ou
« *faussement* qu'ils en ont consulté un seul ? Leur préten-
« tion, si elle devait passer en maxime, ouvrirait la porte
« à toutes les fraudes. Il ne manquerait pas de créanciers
« cessionnaires de l'hypothèque légale d'une femme ma-
« riée qui, après s'être contentés de la garantie que leur
« offraient d'autres immeubles affectés aux droits de la
« femme, et voyant leurs calculs trompés, viendraient
« prétendre qu'ils ont ignoré ce qu'ils savaient très-bien,
« à savoir, que leur droit était primé par celui d'un acqué-
« reur qui cependant n'aurait rien célé, puisqu'il aurait
« fait transcrire son contrat. »

Ainsi la conclusion que tire notre auteur du principe vrai que les tiers intéressés doivent, pour obtenir une complète sécurité, consulter les deux registres, est que le créancier qui prétend primer l'acquéreur qui n'a pas inscrit sa subrogation doit être repoussé, parce qu'il ne peut le faire qu'en prétendant qu'il n'a vérifié qu'un seul registre, celui des inscriptions. Mais cette conclusion est complétement inexacte, et le raisonnement par lequel on y arrive pèche d'une manière absolue par la base. Car on fait tenir au cessionnaire un langage qui n'est pas et ne peut pas être le sien. Le créancier ne dira pas qu'il n'a consulté qu'un seul registre; il reconnaîtra, au contraire, qu'il les a consultés tous les deux, et ajoutera que c'est parce qu'il les a vérifiés, et qu'il n'a pas vu, sur le registre des inscriptions, l'inscription ou la mention de la subrogation consentie au profit de l'acquéreur, qu'il a cru pouvoir accepter sûrement la cession, qui lui a été faite par la femme, de son hypothèque légale. Cette hypothèque était libre, en ce qui regarde les tiers, puisqu'elle n'était pas publiée selon les formes prescrites par la loi; il a donc été autorisé à penser que la femme pouvait en disposer en sa faveur sans avoir à craindre la primauté de l'acquéreur qui n'avait pas eu recours aux précautions nécessaires pour s'assurer cette primauté.

Peu importe qu'en consultant le registre des transcriptions le créancier ait pu avoir connaissance de l'existence de la subrogation antérieure de l'acquéreur, s'il est vrai que cette subrogation n'ait aucune valeur à l'encontre des tiers, quand elle n'est pas portée sur le registre des inscriptions. Nous savons que, lorsque la loi a édicté des formalités particulières pour arriver à la publicité, ces formalités ne peuvent être suppléées par aucune autre formalité, alors même qu'elle produirait une publicité égale, ou par la connaissance indirecte que les parties intéressées peuvent avoir de l'acte qui leur fait obstacle. Nous avons vu plus haut que ce principe était établi aussi bien en ce qui concerne la transcription qu'en ce qui a trait aux inscriptions. Dès lors il est bien évident que la mention de la subrogation sur le registre des transcriptions ne peut remplacer la mention sur le registre des inscriptions. Chaque registre a sa publicité propre, le registre des transcriptions ne concerne que les mutations de droit réel; celui qui est relatif aux inscriptions est spécial aux hypothèques. Il suit de là qu'un créancier ne peut se fier qu'au registre des inscriptions, lorsqu'il s'agit du rang qu'il doit avoir par suite d'une subrogation qui lui est consentie. Il en est ainsi, qu'il s'agisse d'une hypothèque ordinaire ou de l'hypothèque légale de la femme. Tel est le vœu exprès de la loi du 23 mars 1855. Quant au cas que suppose notre adversaire, où le créancier se serait contenté de la garantie que lui offraient d'autres immeubles que celui qui a été l'objet de la vente, nous n'en voyons pas trop l'application possible. Il est rare qu'un créancier qui stipule en sa faveur une cession de l'hypothèque légale ne la stipule pas tout entière et restreigne sa garantie à certains immeubles. Mais enfin si l'hypothèse se présentait, si le créancier laissait formellement en dehors l'immeuble vendu, nous ne comprenons pas comment il pourrait prétendre, surtout si la vente a été transcrite, qu'il peut exercer ses droits sur l'immeuble, parce qu'il n'a pas vérifié le registre des transcriptions et qu'il n'a pas connu la vente; il serait infailliblement écarté. Nous sommes d'accord en cela avec notre adversaire. Mais nous ne voyons pas trop quel rapport peut avoir cette espèce avec celle qui nous occupe, et ce qui peut autoriser à en tirer une raison de décider en faveur de l'opinion que nous combattons. Ici, le créancier n'a aucun droit sur l'immeuble vendu; comment pourrait-il en exercer un sous le prétexte qu'il n'a pas connu la vente, alors que cette vente a été transcrite? Il est clair qu'il serait repoussé; il ne peut être admis à soutenir qu'il a ignoré ce qu'il savait très-bien, ou que du moins il est légalement censé savoir. Dans l'hypothèse que nous étudions il s'agit au contraire d'un créancier qui, loin de se contenter d'une hypothèque restreinte, s'est fait céder tous

les droits de la femme, d'un acquéreur qui s'est fait subroger aux mêmes droits, et l'on veut savoir quel est celui des deux qui doit avoir la préférence. Le créancier dit
avec raison : J'ai consulté le registre des inscriptions et
celui des transcriptions ; ce dernier m'a bien appris que la
femme avait cédé son hypothèque à l'acquéreur, mais
comme je n'ai pas vu cette subrogation inscrite sur le
registre des inscriptions, j'ai cru pouvoir traiter sûrement
avec la femme, et accepter d'elle une subrogation à l'hypothèque qui, à mes yeux, était comme si elle n'avait pas
été déjà cédée, puisqu'elle n'était pas inscrite au nom du
premier cessionnaire, l'acquéreur. Il n'y a dès lors aucune
assimilation possible entre les deux hypothèses. L'argument de notre contradicteur se trouve donc dénué de valeur, et il ne saurait être considéré que comme une pétition de principe, sans aucune portée pour la solution de
la difficulté.

On ajoute, il est vrai : « A quel titre imposerait-on à
« l'acquéreur de l'espèce que nous discutons l'obligation
« de prendre inscription ? Quoique pour le règlement de
« l'ordre, il se présente en sous-ordre de la femme, il ne
« faut pas l'oublier, *il n'est pas créancier;* ou il serait créan-
« cier de lui-même, ce qui impliquerait une contradiction.
« Il est *propriétaire;* la situation *fictive* qu'il est obligé
« d'accepter jusqu'au règlement de l'ordre ne lui enlève
« pas ce *caractère.* Or, s'imagine-t-on cet acquéreur déchu
« de son droit pour n'avoir pas pris une inscription sur
« *son propre immeuble,* comme si une personne pouvait
« avoir à la fois sur la même chose un droit de propriété
« et une hypothèque? »

Ce raisonnement est spécieux, mais il manque de vérité, car il est en opposition aussi bien avec les principes
qu'avec la réalité des faits. Il n'y a rien, en effet, que de

très-simple et de conforme aux règles du droit à ce que la même personne soit en même temps acquéreur d'un immeuble et créancier de son vendeur. Aucune incompatibilité ne peut empêcher ces deux qualités de coexister; on ne peut donc en faire la base d'une argumentation sérieuse pour combattre une solution qui ressort des termes comme de l'esprit de la loi. L'acquéreur a une position mixte. Il est propriétaire, si l'on veut; mais il n'est pas propriétaire incommutable, puisqu'il est débiteur du prix vis à vis des créanciers, et dès lors il n'a qu'une propriété conditionnelle et résoluble. Mais en même temps il est créancier du vendeur pour le prix qu'il lui a prématurément et indûment payé. Pour la conservation de sa créance, il a le droit et l'obligation de remplir, comme un créancier ordinaire, les formalités à cet effet. Il en est si bien ainsi, que l'acquéreur se présente dans l'ordre, non comme propriétaire, mais comme créancier, il ne faut pas l'oublier; et il ne saurait y concourir et demander la collocation en une autre qualité. Qu'on ne dise pas qu'il ne peut pas être créancier; car il serait créancier de lui-même, ce qui impliquerait une contradiction. Ce serait là une grosse erreur : il ne se présente pas comme créancier de lui-même, mais comme créancier du vendeur; et s'il est propriétaire conditionnel de l'immeuble, il ne l'est pas du prix qui en est la représentation, lequel appartient au vendeur ou à ses créanciers qui viennent en son lieu et place, et qui est seul en discussion dans l'ordre. Dès lors il n'y a rien d'étrange à ce que, pour conserver un droit de préférence sur ce prix, il prenne une inscription sur l'immeuble qui a fait l'objet de la vente qui lui a été consentie. Le double caractère dont est revêtu l'acquéreur explique très-bien cette situation. Il y a deux choses parfaitement distinctes, on ne doit pas le perdre de vue : l'immeuble et le prix;

or, comme il s'agit ici d'un droit de préférence, ainsi que nous venons de le dire, on conçoit parfaitement une inscription destinée à sauvegarder ce droit de préférence. Le droit de propriété comprend, il est vrai, tous les droits dont l'immeuble peut être affecté; mais il n'en est ainsi que lorsque ce droit est complet, définitif, à l'abri de toute contestation et de toute attaque. Comme il n'est ici conféré que conditionnellement, c'est-à-dire sauf paiement du prix, ce qui revient à dire que, de même que l'acquéreur est propriétaire sous condition résolutoire, de même le vendeur n'a pas cessé de l'être sous condition suspensive, car l'on sait que l'existence d'une condition a pour corrélation immédiate et nécessaire la condition opposée et correspondante (1); on se figure alors très-bien l'existence simultanée du droit de propriété de l'acquéreur et d'un droit d'hypothèque relativement au prix de l'immeuble objet de la vente. Par la même raison on devra trouver tout simple, sans que les notions du droit puissent en être heurtées, que l'acquéreur prenne une inscription sur l'immeuble à l'effet de sauvegarder la créance qu'il a contre son vendeur, que cette inscription procède d'une hypothèque qui lui aurait été précédemment consentie par ce dernier, ou d'une subrogation à son hypothèque légale que lui aurait faite la femme. Ce n'est pas, en effet, sur lui-même qu'il prend inscription, mais contre son vendeur, et sur un immeuble qui, relativement au prix au moins, n'a pas cessé d'être la propriété de ce vendeur. Cette distinction entre le prix et l'immeuble n'est point chimérique ou contraire aux règles du droit, et elle est essentielle. Elle explique plus d'une difficulté qui, sans

____

(1) V. notre *Traité sur la transcription*, t. 1, n° 70; Marcadé, t. 4, n° 344, p. 433.

cela, ne pourrait pas recevoir une solution raisonnable. Nous avons eu occasion, dans notre *Traité de la transcription*, d'en faire ressortir la vérité et les avantages, en expliquant les principes qui doivent servir de règle au droit de préférence et au droit de suite inhérents à tout privilége (1). Là aussi on prétendait tirer de la perte du droit de suite la conséquence que le droit de préférence était également perdu, parce qu'il n'y avait plus d'immeuble sur lequel l'inscription pût être valablement prise. Mais nous avons démontré, avec la saine doctrine, que l'existence du prix qui était la représentation de l'immeuble et l'image de sa valeur suffisait pour légitimer une inscription et en assurer l'efficacité. Ce sont là sans doute des fictions ; mais le droit, on peut en convenir, car c'est là sa nature et sa raison d'être, ne vit que de fictions. Elles sont indispensables pour asseoir sur des bases sûres la vérité et la justice qui doivent être le fondement de la législation et de la jurisprudence. Quoi qu'il en soit, si l'on met de côté cette *antithèse d'un propriétaire prenant inscription sur son propre immeuble*, antithèse dont nous avons d'ailleurs établi suffisamment la fausseté par les considérations que nous venons de présenter, qui ne sent sa raison juridique et ses sentiments d'équité complétement satisfaits par la solution que nous adoptons? et qui pourrait se croire choqué par le résultat? Un acquéreur se trouve devenir créancier de son vendeur par le même acte par lequel la propriété lui est cédée ; pour la garantie de sa créance il stipule une subrogation à l'hypothèque légale de la femme de son vendeur ; dans l'ordre, pour la distribution de son prix, il se présente comme créancier ; il est donc forcément soumis à toutes les dispo-

(1) *Transcription hypothécaire*, n°s 529-532 *bis*.

sitions de la loi qui règlent le sort des créanciers. Or, du moment que celle-ci exige que la subrogation soit rendue publique par une inscription, et règle le rang entre les différénts cessionnaires, d'après la date des inscriptions, il n'est pas possible que celui-ci, s'il ne s'est pas inscrit, profite de l'hypothèque légale au détriment d'autres créanciers qui, plus avisés que lui, ont obéi aux prescriptions légales, et inscrit leur subrogation. On ne pourrait le décider autrement sans manquer aux règles de la logique la plus vulgaire, sans violer tous les principes de justice et d'équité, et sans méconnaître formellement la loi.

S'il en est ainsi, nous n'avons pas à insister davantage sur le système de notre adversaire, et nous ne nous arrêterons pas plus longtemps au dernier argument par lequel il termine son raisonnement. Il est déjà réfuté par les observations qui précèdent; car, s'il est vrai qu'il n'y ait en droit aucune incompatibilité entre l'existence d'une hypothèque sur un immeuble qui vous a été vendu et l'existence du droit de propriété qui résulte de la vente, il sera complétement inexact que la translation du droit réel d'hypothèque par le même acte qui confère le droit à la propriété en entraîne virtuellement l'extinction. Les deux droits peuvent parfaitement coexister : il en est si bien ainsi, qu'il ne s'opère pas une compensation ou une confusion entre la créance de l'acquéreur, et le prix dont il est débiteur, en tant du moins qu'il existe d'autres créanciers qui ont une cause légitime de préférence (1). C'est par la même raison qu'on décide qu'un créancier inscrit qui se rend acquéreur de l'immeuble sur lequel porte son hypothèque n'est pas dispensé de faire le renouvellement de son inscription. Là aussi ne pourrait-on pas

____

(1) Paris, 21 août 1862, Sir., 62, 2, 545.

dire que l'inscription a produit tous ses effets ; que son existence est incompatible avec celle du droit de propriété; et que, d'un autre côté, elle est impossible, car nul ne peut être créancier de lui-même, et prendre inscription sur son propre immeuble? Il faudrait enfin aller jusqu'à admettre que l'inscription d'un créancier qui se rend acquéreur de l'immeuble affecté à sa sûreté est dénuée de toute efficacité, dès l'instant où la vente est consentie et transcrite, alors même qu'elle ne serait pas encore périmée. Le droit de propriété, dirait-on, comprend tous les droits dont l'immeuble peut être grevé : la translation de ce droit au créancier entraîne, dès lors, virtuellement l'extinction de son droit d'hypothèque; car une personne ne peut avoir à la fois sur la même chose un droit de propriété et une hypothèque. Ces considérations, quelque spécieuses qu'elles fussent, ont dû céder devant la réalité des faits et la rigueur des principes (1). Il en doit être de même dans l'espèce que nous examinons. La loi est formelle; elle s'exprime d'une manière impérieuse, sans faire aucune distinction. On ne saurait donc en créer une pour l'acquéreur sans recourir à un arbitraire qui est condamné aussi bien par la lettre que par l'esprit de la loi. Dans un intérêt général, le législateur a voulu que l'hypothèque légale, lorsqu'elle passait par l'effet d'une subrogation entre les mains des tiers, devînt publique par son inscription sur le registre spécial destiné à cet effet. Il a par cela seul entendu qu'elle serait réputée occulte, toutes les fois qu'elle n'y serait pas portée, fût-elle d'ailleurs connue par sa mention sur un autre registre.

(1) Pont, *Priv. et hyp.*, n° 1054; Zachariæ, Massé et Vergé, § 818, p. 223; Martou, *Priv. et hyp.*, n° 1168; Table génér. Dev. et Gilb., v° *Inscript. hyp.*, n°ˢ 357-389.

Tout est de rigueur en matière de publicité, et s'il était permis de suppléer au registre des inscriptions par celui des transcriptions, on ne voit pas pourquoi, par une suite de la même logique, on ne pourrait pas remplacer le registre des transcriptions par le registre des inscriptions. Que deviendrait alors la loi? Ce serait sa suppression pure et simple. En définitive, une disposition précise existe; l'acquéreur est en faute de ne pas s'y être conformé; il doit en subir les conséquences et ne peut être relevé de la déchéance qu'il a encourue, sous le prétexte qu'il a rempli une formalité équivalente à celle qui était expressément imposée aussi bien à lui qu'à tout autre créancier; et n'est-ce pas le cas de dire : *dura lex, sed lex?*

Dans le système que nous repoussons, on assimile la renonciation à une véritable purge légale, laquelle a pour effet, dit-on, d'éteindre réellement l'hypothèque et par suite de l'empêcher d'être transmise à autrui. Mais cette assimilation est inexacte, car il est évident que la purge légale, soit par l'inscription qu'elle provoque, soit par la radiation qu'elle amène, après production dans l'ordre, ou même quand il n'y a pas eu d'inscription, par les formalités dont elle est environnée, imprime à cet acte une publicité protectrice de l'intérêt des tiers qu'on ne rencontre pas dans la renonciation, et que dès lors elle produit des effets plus importants. Mais, alors même qu'on admettrait cette assimilation, devrait-on en conclure que l'hypothèque est radicalement éteinte par la renonciation, et qu'elle ne peut pas être cédée? Pas le moins du monde. Car la purge elle-même n'opère pas l'extinction absolue de l'hypothèque légale. Elle affranchit bien l'immeuble et le met à l'abri du droit de suite, mais elle laisse subsister le droit de préférence, lequel peut être exercé selon certaines conditions déterminées par la loi (art. 717 de la loi du 21 mai 1858). Il en est à plus forte raison ainsi dans le cas d'une renonciation. Car, en supposant qu'elle n'eût pas le caractère translatif et qu'on dût la considérer comme purement extinctive, elle ne produirait ses résultats que dans les rapports de l'acquéreur, en tant qu'acquéreur, avec les créanciers qui se prévalent de l'hypothèque légale. Mais, en ce qui concerne les créanciers entre eux, et quand il s'agit de savoir à qui appartient dans l'ordre la préférence par rapport au prix à distribuer, la loi pose des règles sans l'observation desquelles nul ne peut être admis à exercer ce droit. Ces règles sont les formalités de l'art. 9. Or, dans l'espèce, l'acquéreur se présente comme créancier subrogatoire de l'hypothèque légale, ou plutôt comme porteur d'une renonciation de la femme en sa faveur: il tombe donc sous le coup de cet article. Les créanciers sont en droit de lui dire : Vous n'avez pas inscrit, vous n'avez pas mentionné votre subrogation; elle a été pour nous occulte; elle ne saurait nous être opposée; vous devez passer après nous, qui avons livré notre titre à la publicité et obéi aux prescriptions de la loi. Cette objection nous paraît sans réplique. Le but suprême de la loi, c'est, en effet, la publicité. Elle a voulu que tout tiers qui traite avec la femme pût s'assurer que celle-ci était encore maîtresse de tous ses droits et n'avait pas cédé son hypothèque ou n'y avait pas renoncé. Elle a voulu empêcher, en un mot, les surprises, et permettre à tout créancier de contracter en pleine connaissance de cause. Or, ne serait-ce pas rendre la loi inutile que de laisser à un créancier, fût-il l'acquéreur lui-même, la faculté de se dérober à la publicité et de frustrer les tiers, sous le prétexte que la convention qu'il a passée avec la femme a trait, non pas

à une transmission de ses droits, mais à une simple renonciation extinctive? Nous ne pouvons que le répéter :
quelle que soit la forme que revêt la renonciation consentie par la femme, quel que soit le but que l'acquéreur
s'est proposé en l'acceptant, dès que l'hypothèque légale
a été l'objet d'une convention destinée, non pas à l'é-
teindre, puisque cela est impossible relativement aux
tiers, mais à en paralyser les effets par rapport à celui,
créancier ou acquéreur, avec lequel elle a été passée, la
publicité prescrite par l'art. 9 est indispensable. La convention ne peut être opposée aux subrogés postérieurs,
si elle ne leur a pas été communiquée par cette voie.
Telle est la loi. Une autre interprétation ne saurait être
accueillie sans en méconnaître aussi bien l'esprit que la
lettre (1). La doctrine contraire est évidemment le résultat
d'une confusion. On perd de vue cette considération que
nous venons de mettre en relief que, quelle que soit la
pensée qui a présidé à la convention intervenue entre la
femme et l'acquéreur, elle ne peut produire aucun effet
à l'égard des tiers qui postérieurement traitent avec la
femme, lorsque cette convention n'a pas été rendue publique selon les formes prescrites. S'il en est ainsi, il est
certain qu'il n'y a pas pour eux d'extinction possible ;
leur droit est intact ; il n'y a plus qu'une question de préférence qui doit se régler d'après l'ordre des inscriptions
ou des mentions faites par les divers intéressés. C'est dans
cette méprise qu'est tombé notamment M. Mourlon en disant : que l'art. 9 de la loi de 1855 est inapplicable, quand
il est bien établi que la femme a renoncé à son hypo-

(1) Ducruet, *Etude sur la transcript.*, no 42; Hervieu, *J. des conserv.*,
t. 2, p. 296; Riv. et Huguet, *Quest. sur la transcript.*, no 361; Leroux,
Contrôl. de l'enreg., art. 10689; Bertauld, *Subrog. à l'hyp. légale*, 2e édit.,
no 99; Verdier, t. 2, nos 661-662, 664-667.

thèque au profit de l'acquéreur, non point pour l'investir ou l'affecter à sa sûreté, mais pour l'en *libérer en l'éteignant*, ce qui arrive, par exemple, lorsque, au moment de la renonciation, l'hypothèque seule de la femme grevait l'immeuble vendu : « La renonciation qui en a été faite, ajoute-t-il, constitue alors une véritable et bien réelle extinction, puisqu'elle n'a d'autre objet que d'affranchir l'acquéreur de la purge. Or, comment inscrire une hypothèque éteinte ? Combien ne serait-il pas étrange de voir l'acquéreur inscrire, au nom d'un tiers, une hypothèque sur un immeuble qu'il a voulu acquérir et qu'il a réellement acquis libre et franc de toute hypothèque ? Cette inscription, si elle était obligatoire, serait d'ailleurs complétement destructive de la renonciation, puisqu'elle aurait pour effet de rendre nécessaire, ou au moins très-utile, la purge que la renonciation a eu pour résultat d'écarter. » Les observations qui précèdent démontrent l'erreur de ce raisonnement. Si la convention passée par l'acquéreur avec la femme est inopposable aux tiers qui traitent postérieurement avec elle, il n'est pas vrai que son droit soit éteint à leur égard, et que l'acquéreur ait acquis l'immeuble libre et franc de toute hypothèque ; il y a donc pour lui possibilité de prendre une inscription, et utilité à le faire, puisque le bénéfice du droit hypothécaire auquel elle se rapporte peut être efficacement transmis à autrui. Tout se réduit en définitive alors, ainsi que nous l'avons déjà dit, à une question de préférence entre les divers créanciers qui ont contracté avec la femme, question qui ne peut se vider que par l'effet des formalités prescrites par l'art. 9 de la loi du 23 mars 1855.

Si les principes que nous venons de poser sont fondés, il faudra encore aller plus loin et ajouter que c'est à tort qu'on a soutenu que la renonciation pouvait remplacer et

rendre inutiles les formalités de la purge. Car si la renonciation n'éteint pas l'hypothèque, en ce qui concerne les
tiers, il est manifeste que la purge conserve toute son
efficacité. Par elle seule l'acquéreur peut se mettre à
l'abri des poursuites des créanciers que la femme a subrogés dans ses droits. Maintenant, la proposition qui
consiste à dire que l'acquéreur peut se dispenser de la
publicité prescrite par l'art. 9 de la loi de 1855 en purgeant, est-elle plus exacte? Nous ne le pensons pas. La
purge a ses effets, mais ne peut complétement tenir lieu
de l'inscription ou de la mention obligée (1). Il y a dans
l'hypothèque, il ne faut pas l'oublier, deux choses bien
distinctes : le droit de suite et le droit de préférence; par
rapport au droit de suite, la purge produit des effets
absolus; elle en opère réellement l'extinction; elle affranchit l'immeuble et met l'acquéreur à l'abri des poursuites. Mais il n'en est pas de même en ce qui concerne
le droit de préférence; car ce droit, nous le savons, survit à
la perte du droit de suite (art. 717-772, loi du 21 mai 1858).
Dès lors, quand l'acquéreur se présente comme créancier
dans l'ordre ouvert pour la distribution du prix de l'immeuble, il ne peut être fondé à primer les autres créanciers auxquels la femme a cédé son droit de préférence,
s'il n'a pas rempli les formalités exigées (2). De tout cela
il résulte que l'acquéreur ne saurait être à l'abri de tout
péril, que lorsqu'il aura fait inscrire la renonciation qui
lui a été consentie, et qu'il aura purgé. En prenant cette
double précaution, il sera aussi bien protégé contre la
crainte d'être dépossédé que contre le danger de perdre
les créances qu'il peut avoir; si, au contraire, il néglige

(1) D. P., 67, 1, 49, note *in fine*.
(2) Verdier, *Transcript.*, 1, 2, n° 663.

l'une ou l'autre, il s'expose à souffrir dans ses intérêts un préjudice quelconque. Telle est, selon nous, la seule manière logique, raisonnable, juridique, d'interpréter les nouvelles règles et de coordonner entre eux dans l'application les différents principes de la matière.

Fernand VERDIER,

Avocat à la Cour impériale de Nîmes, ancien magistrat
membre correspondant de l'Académie de législation.

2° contre l'application de l'art. 9 aux renonciations faites en faveur des acquéreurs.

1° BOULLANGER.

(Traité des radiations hypothécaires, p. 115, n° 112.)

..... Ou la femme intervient comme covenderesse au contrat, et y déclare donner mainlevée de son inscription, si elle a été formalisée ; ou bien, si elle n'a pas comparu, elle cautionne, par acte postérieur, l'obligation de son mari et abandonne son hypothèque ; ou bien, en troisième lieu, elle se borne, soit dans la vente même, soit dans un acte subséquent, à renoncer à cette garantie au profit de l'acquéreur, sans s'engager elle-même personnellement à l'exécution de la promesse du mari.

Quel est le sens de ces conventions diverses? L'hypothèque légale se trouve-t-elle éteinte au regard de l'acquéreur, ou ne lui est-elle pas plutôt transmise?

Il s'agit principalement pour cet acquéreur, non pas

d'obtenir une collocation au lieu et place de la femme, mais seulement de purger l'immeuble qu'il achète de l'hypothèque légale dont il est grevé, ou d'obtenir de la femme qu'elle lui en assure la possession paisible et incommutable. Or, la renonciation extinctive suffit, puisque par elle l'acquéreur obtient la liberté de son héritage, la seule chose qu'il demandait.

La solution ne va cependant pas de soi, et plusieurs auteurs prétendent que la renonciation est aussi bien translative dans ce cas que quand elle est faite au profit d'un créancier ordinaire. Ils enseignent, en conséquence, que, pour se conformer à l'art. 9, l'acquéreur devra faire mentionner sa renonciation, etc.....

Ce sont là, en effet, les formalités prescrites pour les cessions de l'hypothèque légale des femmes mariées ; mais il est douteux qu'on les puisse appliquer à la renonciation au profit du tiers acquéreur. Dire que, dans ce cas, la renonciation est translative, c'est prétendre que le détenteur acquiert le droit de suite qui appartenait à la femme ; or, n'y a-t-il pas quelque chose d'étrange dans cette position d'un propriétaire d'immeubles qui possède encore le droit de se contraindre au délaissement ?..... Nous inclinons à penser, avec M. Pont et les rédacteurs du *Journal des notaires*, que le détenteur, en invoquant la renonciation de la femme, n'exerce pas les droits de celle-ci, mais lui oppose tout simplement la perte du droit de suite à laquelle elle a consenti.

L'objection la plus grave que l'on fait à ce système, c'est qu'il a sur la publicité des renonciations un résultat peu admissible. Si l'on soutient que le désistement de la femme en faveur du tiers acquéreur est purement extinctif, il faut, pour être conséquent, admettre aussi qu'il est inutile de le publier, car l'art. 9 de la loi de 1855 n'est, de l'aveu de tous, relatif qu'aux subrogations ; or, comme les renonciations dont il s'agit sont les plus nombreuses, il arriverait que le but de la loi serait presque toujours éludé, et que les subrogés demeureraient livrés à cette incertitude que la publication est destinée à prévenir..... Ce résultat est regrettable : il eût été bon peut-être que le législateur étendît aux renonciations extinctives la nécessité de publication qu'il a imposée aux subrogations ; mais de ce qu'il ne l'a pas fait, il ne s'ensuit point que ce soit un motif pour altérer le caractère de ces actes et chercher à les faire rentrer, par une analogie exagérée, dans la classe des cessions. Or, il paraît bien certain que la renonciation au profit du tiers détenteur n'est pas entrée dans les prévisions de cet article. Cela résulte de ses termes mêmes, puisqu'il y est question exclusivement de l'ordre ou du rang dans lequel les cessionnaires ou subrogés exerceront les droits hypothécaires de la femme, et que la question d'ordre et de rang est absolument étrangère au tiers acquéreur.

Ici encore ce n'est pas le lieu de faire les mentions prescrites par la loi nouvelle ; le tiers détenteur n'aura pas besoin de publier la renonciation. Lorsqu'elle sera contenue dans le contrat de vente, la transcription de cet acte suffira, sans qu'il soit nécessaire d'inscrire la renonciation elle-même, et c'est l'usage constant à Paris.

2° COIN-DELISLE.

Dans une consultation délibérée par lui le 11 août 1856, M. Coin-Delisle, après avoir indiqué les variations de la jurisprudence sur l'effet du concours de la femme au contrat de vente, après avoir rappelé que la loi nouvelle n'a pas modifié à ce sujet les principes du Code Nap., résume ainsi son opinion :

« Il résulte des observations qui précèdent que, pour
« être saisis de l'hypothèque légale de la femme, seront
« assujettis à l'inscription ou à la mention de leurs droits
« en marge de l'inscription préexistante ceux auxquels
« la femme aura cédé ses droits à l'hypothèque légale,
« soit que, pour transférer cette hypothèque, elle ait fait
« une cession, soit qu'elle ait fait une renonciation *in fa-*
« *vorem creditoris.*

« La loi dit clairement que la cession ou la renoncia-
« tion à l'hypothèque légale en faveur d'un créancier sont
« une seule et même chose, qui, sous deux formes, pro-
« duit une subrogation.

« La renonciation à l'hypothèque légale, telle que l'en-
« tend l'art. 9, n'entraîne donc pas la déréliction de la
« chose ; c'est un transport, c'est un nantissement que
« consent la femme de ses créances à exercer sur son
« mari, par voie d'hypothèque, en son lieu et place.

« La renonciation dont parle l'art. 9 est donc une re-
« nonciation qui transfère activement les droits de la
« femme à son créancier, et qui lui confère le droit de les
« exercer.

« Ceci posé, y a-t-il dans l'espèce proposée la renon-
« ciation translative dont parle l'art. 9 de la loi ? Non : en
« ce qui concerne l'immeuble vendu, il y aurait tout au
« plus renonciation extinctive, ou, pour parler plus exac-
« tement, il y a extinction de l'hypothèque de la femme
« sur cet immeuble, et non pas renonciation.

« On ne peut pas appeler exactement renonciation ce
« qui n'est ni acte ni déclaration de renoncer, et se trouve

« n'être que la suite nécessaire d'un contrat. Quand je
« vends ma maison et que je la livre, je renonce certaine-
« ment au plaisir d'en jouir et à l'avantage de la possé-
« der. Quand je fais un bail, je renonce aux fruits natu-
« rels de ma ferme pendant la durée du bail. Quand je
« cautionne la vente d'un immeuble, je renonce aux droits
« de propriété que je pouvais prétendre sur la chose
« vendue. Or, toutes ces renonciations implicites ne sont
« ni acte ni déclaration de renonciation. Ce sont des
« suites ou des conséquences de mon obligation princi-
« pale, elles éteignent des droits qui sont contraires à
« cette obligation. Elles ne transfèrent rien à l'acquéreur
« du droit principal, quoiqu'il profite de l'extinction
« absolue ou temporaire de mon droit. C'est la consé-
« quence du principe écrit dans l'art. 1135 du Code Nap.
« Les conventions obligent non-seulement à ce qui est
« exprimé, mais encore à toutes les suites que l'équité,
« l'usage et la loi donnent à l'obligation suivant sa nature.

« Donc le concours solidaire de la femme à la vente,
« ou son consentement à la vente que fait le mari, n'opè-
« rent ni cession, ni renonciation translative de l'hypo-
« thèque légale en faveur de l'acquéreur dans le sens de
« l'art. 9 : ils en opèrent l'extinction par l'effet même de
« la convention à l'égard de la chose vendue. C'est l'extinc-
« tion par remise de dette, ou, pour parler plus stricte-
« ment, par remise ou libération du gage : et la femme a
« capacité pour consentir cette libération du gage, puis-
« qu'elle prend en même temps une obligation person-
« nelle envers un tiers. »

L'auteur concluait de ces explications :

« Que les tiers auxquels la femme céderait plus tard son
« hypothèque légale sont suffisamment avertis par le re-
« gistre des transcriptions qui contient la vente avec les

« conditions diverses du contrat, et qu'enfin la loi n'exige
« l'inscription ou la mention que pour les cessions et re-
« nonciations translatives ; qu'elle ne l'exige pas et ne
« pourrait pas l'exiger pour les extinctions d'hypothèque
« résultant de l'effet d'un contrat transcrit ; que l'acqué-
« reur n'a pas à prendre d'inscription d'hypothèque lé-
« gale à son profit, l'art. 9 lui étant étranger. »

—

3° LABBÉ.

NOTES SUR L'ARRÊT DE LA COUR DE LYON DU 22 DÉCEMBRE 1863.
(*J. du Palais*, 1864, p. 231 et suiv.)

.... Il nous semble prouvé que, si les créanciers subrogés ont ignoré la renonciation antérieure, c'est par
l'effet d'une négligence; la transcription de l'acte de vente
qui contient la clause de renonciation donne à cette clause
une publicité suffisante. Il nous répugne d'admettre que
des créanciers postérieurement subrogés, qui auront peut-
être connu la renonciation et auront uniquement compté
sur les droits de la femme relativement à d'autres immeubles de son mari, ou qui l'auront ignorée, mais, par
suite de leur négligence, puissent enlever au tiers acquéreur le bénéfice résultant des clauses d'un contrat régulièrement transcrit. Nous hésitons à croire que le législateur ait imposé deux formalités, transcription et inscription, quand une seule atteint le but. Il n'est pas naturel,
il est même contradictoire, que le tiers acquéreur qui stipule une renonciation, pour arriver à l'effet d'une purge,
c'est-à-dire pour débarrasser son immeuble de charges

hypothécaires et d'inscriptions, soit dans la nécessité de prendre une inscription nouvelle.....

———

4° MOURLON.

(*Traité sur la transcription hypothécaire*, t. II, n° 1105, p. 737 et suiv.)

1105. — Mais que décider quant aux renonciations purement *extinctives* de l'hypothèque qu'elles ont pour objet? (V., ci-dessus, les n°⁵ 948, 975-978 et 994 à 996.) Sont-elles, comme les renonciations *transmissives*, soumises au régime de la publicité? Ainsi, supposons, d'une part, que la femme d'un vendeur a renoncé à son hypothèque en faveur de l'acquéreur de l'immeuble sur lequel son droit est établi ; d'autre part, qu'elle y a renoncé, non point pour l'en investir ou l'affecter à sa sûreté, mais pour *l'en libérer en l'éteignant*. Cet acquéreur devra-t-il, pour se mettre à couvert contre les cessions, subrogations ou tous autres actes que la renonçante pourra consentir relativement à l'hypothèque dont elle l'a libéré, joindre à la transcription de son titre l'accomplissement des formalités imposées aux subrogés pour acquérir, au regard des tiers, le bénéfice de la subrogation consentie à leur profit? Ne suffira-t-il pas, au contraire, qu'il transcrive son titre?

Certes, si on se place au point de vue du simple bon sens, si on ne consulte que la logique des règles et l'intérêt du crédit public, les renonciations *extinctives* étant, de même que les renonciations *transmissives*, opposables aux tiers, leur clandestinité ne saurait être tolérée. Mais comment l'écarter en présence des termes de la loi ? Ceux-là seulement sont soumis au régime de la publicité qu'elle organise, qui sont *cessionnaires de l'hypothèque ;* l'art. 9 est bien précis à cet égard. Or, le bénéficiaire d'une renonciation *extinctive* n'acquiert point l'hypothèque qu'elle a pour objet ; il n'en est donc point *cessionnaire,* et s'il n'en est point saisi, s'il n'y est point subrogé, comment pourrait-il, dans le cas où elle n'a pas été antérieurement inscrite du chef de la femme, la faire inscrire *à son profit?* Évidemment, notre disposition ne le régit point.

Peut-être essaiera-t-on de combler, par une analogie, cette lacune de la loi. Sans doute, dira-t-on, l'acquéreur, dans l'intérêt duquel la renonciation a eu lieu, ne peut point inscrire à son profit une hypothèque qui, à son égard, est réputée inexistante ; mais pourquoi ne pas le contraindre à faire faire, en marge de l'inscription prise par la femme ou requise pour elle par lui-même, mention de la renonciation consentie à son profit? En procédant ainsi, on ne sera point peut-être dans les termes de la loi, mais assurément on se conformera à son esprit. Ce serait cesser de la comprendre que d'étouffer sa pensée sous un texte incomplet et mal digéré. Cet asservissement aveugle à l'empire des mots n'aurait d'autre résultat que de créer partout de déplorables injustices et des inconséquences ridicules. Ainsi, pour n'en citer qu'un exemple, tandis que les renonciations extinctives d'un droit d'usufruit, d'usage, d'habitation, de servitude ou d'antichrèse, seraient soumises au régime nouveau de la publicité, les abdications hypothécaires relèveraient seules du principe de la clandestinité ! Or, en conscience, se peut-il que la loi ait songé à introduire un distinction si singulière et aussi peu motivée? Vouloir, en une matière si étendue et si brièvement réglée, se passer du secours des analogies, ce serait tout simplement vouloir se passer de la loi elle-même ; car, sans cet auxiliaire naturel, elle serait et resterait forcément impraticable.

Admettrons-nous ce système? Nous le voudrions ; mais plusieurs raisons nous en écartent. Le procédé qu'on nous conseille se conçoit à la rigueur, lorsque l'hypothèque légale se trouve en conflit avec d'autres hypothèques qu'elle prime. Dans ce cas, en effet, la renonciation qu'en a faite la femme n'est point, à proprement parler, une vraie *extinction* de l'hypothèque ; à la vérité, la femme a pris l'engagement de la laisser dans l'inaction en tant qu'elle nuirait à l'acquéreur, mais elle la conserve sous tout autre rapport. Dès lors, rien ne répugne à ce qu'elle soit ou qu'elle reste inscrite. Dans cette hypothèse donc, nous eussions compris sans peine qu'on eût exigé la mention de la renonciation en marge de l'inscription de l'hypothèque qu'elle a pour objet. Mais si nous supposons que l'hypothèque de la femme grevait seule l'immeuble qui a été vendu, la renonciation qui en a été faite constitue alors une véritable et bien réelle *extinction*, puisqu'elle n'a d'autre objet que d'affranchir l'acquéreur du fardeau de la purge. Or, comment inscrire une hypothèque *éteinte?* Combien ne serait-il pas étrange de voir l'acquéreur asseoir, au nom d'un tiers, une inscription hypothécaire sur un immeuble qu'il a voulu acquérir et qu'il a acquis réellement *libre et franc de toute hypothèque?* Cette inscription, si elle était obligatoire, serait d'ailleurs complétement destructive de la renonciation, puisqu'elle aurait précisément pour effet de rendre nécessaire, ou au moins très-utile, la purge que la renonciation a eu pour effet d'écarter. C'est ce qu'il est facile de comprendre avec

un peu d'attention. Si l'acquéreur fait inscrire, au nom
de la femme, l'hypothèque dont il s'agit, et qu'en marge
de l'inscription il fasse faire mention de la renonciation
qu'il a stipulée, il n'aura rien à craindre, sans doute, tant
que cette inscription et la mention qui l'accompagne seront et resteront valables ; mais qui ne sait que leur efficacité est renfermée dans l'étroite limite de dix ans ? Il
faudra donc qu'il ait le soin, s'il veut perpétuer la garantie qui le couvre, de les renouveler tous les dix ans. (V., ci-
dessus, les n°s 1088-1091.) S'il néglige de satisfaire à cette
obligation, rien ne le protégera plus, ni dans l'avenir,
ni même dans le passé. Combien, dès lors, ne vaudrait-il
pas mieux s'affranchir une fois pour toutes par l'accomplissement des formalités de la purge ! et, bien certainement, c'est ce qu'il ferait toujours. La nécessité d'une
inscription lui enlèverait donc le bénéfice de la renonciation ; elle en ferait un acte complétement inutile et sans
objet.

1106. — Ainsi, bien qu'il tienne occulte la renonciation
extinctive qui a été consentie à son profit, l'acquéreur n'a
rien à craindre des actes ultérieurs de la renonçante.

Nous appliquerions notre solution même au cas où il
aurait tenu secret son titre d'acquisition. Le principe est
absolu : Les renonciations extinctives de l'hypothèque
qu'elles ont pour objet échappant au régime nouveau, on
est forcé d'en conclure qu'elles ont leur effet, même au regard des tiers, dès qu'elles sont parfaites entre les parties
qui les ont stipulées et consenties.

5° PAUL PONT.

(Commentaire-traité des priviléges et hypothèques et de l'expro-priation forcée, t. i, 2ᵉ édition, p. 512, nᵒˢ 484 et suiv.)

Nᵒ 484. — Dans tout ce qui vient d'être dit sur les effets de la subrogation à l'hypothèque légale de la femme, nous avons eu exclusivement en vue le cas où la femme se trouve en présence d'un créancier auquel elle abandonne son droit hypothécaire au moyen d'une cession ou d'une renonciation. Il nous reste maintenant, pour en finir sur ce point, à présenter quelques observations toutes spéciales au cas où la convention a lieu au profit d'un tiers acquéreur d'un immeuble grevé de l'hypothèque légale. Ici la situation diffère de la précédente, et la différence se manifeste dans la forme et dans les effets de la convention.

D'une part, quant à la forme, celle de la cession est hors de cause ; cela résulte déjà des explications qui précèdent (*supra*, nᵒ 465), et cela se conçoit à merveille. L'acquéreur, en général, n'a pas besoin, comme le créancier, d'être subrogé dans l'hypothèque légale, car il n'a pas, comme lui, à exercer activement le droit hypothécaire de la femme ; il s'agit principalement, en ce qui le concerne, non pas précisément de se mettre au lieu et place de la femme pour exercer, le cas échéant, le droit de préférence qu'elle a vis à vis des créanciers de son mari auxquels son hypothèque est opposable s'ils ne s'y sont pas fait subroger, mais seulement de purger l'immeuble qu'il acquiert de l'hypothèque légale dont il est grevé, ou d'obtenir de la femme qu'elle lui en assure et lui en garantisse, en ce qui la concerne, la propriété paisible et incommutable : or, la *cession* va au-delà de cet objet; la *renonciation* y suffit. Et en effet, c'est par la forme de la renonciation que l'on procède habituellement : ou la femme, en concourant à l'aliénation, déclare expressément qu'elle renonce à son hypothèque légale sur l'immeuble aliéné; ou bien, si elle n'a pas d'hypothèque inscrite, elle garantit solidairement la vente faite par son mari; ou bien encore, si l'hypothèque a été inscrite, bien qu'en principe elle soit dispensée d'inscription, elle donne mainlevée avec désistement de son droit; telle est, dans la pratique, la forme dans laquelle se produit la convention qui, ainsi, se résume en une renonciation, soit expresse, soit tacite à l'hypothèque légale.

D'une autre part, quant aux effets, il ne faudrait pas juger de ceux que la renonciation produit dans le cas où elle est faite en faveur d'un tiers acquéreur par ceux qui s'y attachent lorsqu'elle a lieu en faveur d'un créancier du mari ou de la femme. Dans ce dernier cas, la renonciation est *translative*, comme on l'a vu plus haut (voy. n°ˢ 476 et suiv.), et cela est nettement indiqué par l'art. 9 de la loi du 23 mars 1855, qui, assimilant la renonciation à la cession, les présente l'une et l'autre comme deux causes ayant la même valeur et produisant l'une et l'autre un effet commun, qui est la *subrogation* du créancier dans l'hypothèque légale de la femme. Mais la renonciation à l'hypothèque résultant de la vente faite solidairement par le mari et par la femme d'un immeuble grevé de cette hypothèque, ou de la vente faite par le mari sous le cautionnement de la garantie solidaire de la femme, n'est pas entrée dans les prévisions de cet article; cela résulte de ses termes mêmes, puisqu'il y est question exclusivement de l'*ordre* ou du *rang* dans lequel les cessionnaires ou subrogés exerceront les droits hypothécaires de la femme, et que la question d'ordre et de rang est, en thèse générale, étrangère au tiers acquéreur. C'est donc par les principes généraux en matière de renonciation qu'il faut y juger des effets de la convention. Or, que voyons-nous ici? Il y a bien moins un acte direct de renonciation que la conséquence obligée et nécessaire d'un contrat ayant un autre objet. Dans cette situation, faut-il dire, avec Proudhon, que l'aliénation du fonds, consentie par les deux époux, opère nécessairement au profit de l'acquéreur le *transport de tous les droits des vendeurs* ; qu'elle emporte par sa nature *la cession des droits que l'une et l'autre avaient dans. la chose* ; qu'en un mot, il y a renonciation *translative* (1)?

Non ! Il faut dire, au contraire, que la renonciation est purement *extinctive*, ou plutôt qu'il y a moins ici une renonciation proprement dite que l'*extinction* de l'hypothèque légale, *au profit du tiers acquéreur*, sur l'immeuble dont il a fait l'acquisition. M. Coin-Delisle a mis cela en lumière, avec sa sagacité habituelle, dans une consultation par lui délibérée. (Voir ci-dessus à l'appendice.) « Donc, « le concours solidaire de la femme à la vente que fait « le mari, ou son cautionnement à la même vente, n'opè- « rent ni cession ni renonciation *translative* de l'hypothèque « légale en faveur de l'acquéreur dans le sens de l'art. 9 « de la loi du 23 mars 1855 ; ils en opèrent l'extinction « par l'effet même de la convention, à l'égard de la chose « vendue : c'est l'extinction par *remise de dettes*, ou, pour « parler plus strictement, par *remise ou libération du gage*. » On ne saurait mieux dire ni rencontrer plus juste.

Quoi qu'il en soit, la renonciation dont il s'agit ici est

---

(1) Voyez Proudhon, *De l'usuf.*, n° 2349. — *Junge :* MM. Rivière et Huguet, n° 391.

faite dans l'intérêt du tiers acquéreurs, c'est une convention qui se forme de lui à la femme et n'a d'effet qu'entre eux ; de là deux conséquences que nous avons à préciser.

485. — La convention n'ayant d'effet qu'entre le tiers acquéreur et la femme, il en résulte que le droit *de suite* seulement est éteint, et aussi que désormais l'acquéreur est à couvert de toute surenchère tant de la part de la femme que de la part de ses subrogés postérieurs à la vente. Mais c'est tout ; et la femme conserve le bénéfice de son hypothèque légale vis à vis de tous les créanciers de son mari qu'elle prime, en sorte qu'elle peut se faire payer sur le prix tant qu'il existe entre les mains de l'acquéreur.

Cela a été cependant très-vivement contesté, et il faut dire que la jurisprudence de la Cour de cassation, sinon sur la question même, au moins sur une question analogue, fournissait à la contestation un appui très-puissant. On sait quelle est la doctrine de la Cour de cassation sur les effets de la purge, et comment, en persévérant dans une jurisprudence qui, depuis un arrêt du 11 août 1829 jusqu'à l'arrêt solennel des chambres réunies du 23 février 1852, n'a jamais varié, cette cour décide que la femme dont l'hypothèque légale sur les biens de son mari a été purgée ne peut plus exercer aucun droit sur le prix de ces biens, la purge éteignant l'hypothèque aussi bien à l'égard des créanciers et du prix qu'à l'égard de l'acquéreur et de l'immeuble. Nous n'avons pas, quant à présent, à apprécier cette jurisprudence : nous y reviendrons dans notre commentaire de l'art. 2195 (*infrà*, n° 1422). Tout ce que nous voulons dire ici, c'est que cette jurisprudence étant donnée pour le cas de purge de l'hypothèque légale par les formalités et suivant le mode établi par les art. 2193 et suivants du Code Napoléon, il y avait à en argumenter pour en conclure que, dans le cas aussi où la femme renonce à son hypothèque légale en faveur du tiers acquéreur (ce qui n'est, après tout, qu'une manière particulière de purger l'immeuble vendu de l'hypothèque légale dont il était grevé), l'extinction de cette hypothèque à l'égard de l'acquéreur et de l'immeuble emporte extinction également à l'égard des créanciers et du prix : et c'est en effet ainsi qu'on a argumenté.

Cependant les tribunaux ont constamment rejeté cette prétention, et la Cour de cassation elle-même s'est associée à cette jurisprudence. Elle semble, il est vrai, dans un arrêt avoir fait de ceci une question d'appréciation, en décidant qu'au cas de vente par un mari, avec le concours de sa femme, d'un immeuble appartenant au mari, les juges peuvent décider, par interprétation des stipulations accessoires du contrat, que la femme n'a renoncé à son hypothèque légale sur l'immeuble vendu qu'en ce qui concerne l'immeuble même et au profit de l'acquéreur uniquement, entendant conserver le bénéfice de son hypothèque sur le prix de vente (1). Mais elle a posé la solution en principe dans une autre circonstance, et, d'accord avec la jurisprudence des cours et avec l'opinion des auteurs (2), elle a jugé doctrinalement que le fait par une femme mariée d'avoir concouru à la vente, consentie par son mari, d'un immeuble dépendant de la communauté, n'emporte pas renonciation à son hypo-

---

(1) Rej., 6 nov. 1855. (S.-V., 56, 1, 235 ; Dall., 55, 1, 449 ; *J. Pal.*, 1855, t. 2, p. 454.

(2) Req., 21 février 1849 (*J. Pal.*, 1850, t. 2, p. 66 ; Dall., 49, 1, 157 ; S.-V., 49, 1, 643). *Junge* : Amiens, 19 déc. 1846 et 16 fév 1854 ; Caen, 17 mai 1858 et 26 avril 1852. (Dall., 47, 2, 97 ; 54, 2, 148 ; S. V., 47, 2, 198 ; 54, 2, 260 ; *J. Pal.*, 1847, t. 2, p. 99 ; 1854, t. 2, p. 397) ; Angers, 27 mai 1864 (*J. Pal.*, 1864, p. 1168 ; S.-V., 64, 2, 270 ; Dall., 64, 2, 152). — Voyez encore MM. Troplong (n° 600) ; Martou (n° 935).

thèque légale sur cet immeuble au profit des autres créanciers de son mari. Il serait difficile, à notre avis, de concilier cette jurisprudence avec les arrêts précités de 1829 à 1852 ; nous insisterons là-dessus dans le commentaire de l'art. 2195. Nous nous bornons donc à reconnaître que les arrêts dont nous nous occupons maintenant sont d'une exactitude parfaite, et nous concluons, comme eux, que la renonciation dont il s'agit ici n'a d'autre effet que celui de libérer l'immeuble vis à vis de l'acquéreur, en laissant subsister, mais seulement tant que les choses sont entières (c'est-à-dire tant que le prix reste entre les mains de l'acquéreur ou n'a pas été l'objet d'un transport ou d'une délégation régulièrement faits), le droit de préférence que la femme peut avoir vis à vis des créanciers. C'est la première conséquence que nous avions à déduire de la règle posée au point de départ, à savoir, que la renonciation dont il s'agit ici, purement extinctive, n'a d'effet qu'entre la femme renonçante et l'acquéreur au profit duquel la femme a renoncé.

486. — Voici la seconde : Même après la loi du 23 mars 1855, la renonciation de la femme à son hypothèque légale a, *par elle-même*, un effet plein et entier au point de vue de l'extinction de l'hypothèque et de la purge de l'immeuble, c'est-à-dire, en d'autres termes, qu'une telle renonciation n'est pas soumise à l'art. 9 de la loi du 23 mars 1855.

Et d'abord, il est certain qu'elle n'y est pas soumise *quant à la forme* réglée par cet article pour les actes qu'il prévoit. « Dans le cas, dit-il, où les femmes peuvent céder leur hypothèque légale ou y renoncer, cette cession ou cette renonciation *doit être faite par acte authentique.....* » Or, incontestablement, même après la loi du 23 mars 1855, la renonciation de la femme à son hypothèque lé-

gale en faveur d'un tiers acquéreur serait efficace, quoique
faite *par acte sous seing privé*. Par exemple, Pierre et Eugénie se sont mariés le 15 janvier 1856 ; un an après, au
mois de janvier 1857, Pierre vend l'un de ses immeubles
à Joseph par acte sous seing privé : Eugénie intervient à
l'acte et donne à la vente son concours solidaire ou son
cautionnement avec toutes garanties de droit. Évidemment, si cet acte est transcrit (et il peut l'être, puisque
les actes sous seing privé sont admis à la transcription);
si, d'un autre côté, Eugénie a été dans le cas de disposer
valablement de son hypothèque et d'y renoncer, la convention en cette forme sera opposable aux tiers, et la
renonciation d'Eugénie vaudra non moins que si tout
eût été fait en la forme authentique. Il y en a une raison
décisive, déjà indiquée dans cette circonstance, que
l'art. 9 de la loi de 1855 ayant eu particulièrement en vue
les cessions et les renonciations faites par la femme *en
faveur de ses créanciers ou de ceux de son mari*, et nullement
les renonciations *au profit de tiers acquéreurs*, ces dernières
renonciations ne sont pas astreintes aux conditions établies par cet article pour régler *la forme* des actes qu'il
prévoit (1).

Par cela même, nous tenons que ces renonciations,
affranchies quant à la forme de la règle édictée par l'art. 9
de la loi du 23 mars 1855, ne sont pas soumises à cette
règle *en ce qui concerne le mode de publicité*. Ainsi, le tiers
acquéreur, dès qu'il a fait transcrire son contrat, a, par
la seule transcription, assuré son droit vis à vis des
tiers ; et bien que la renonciation ne soit ni mentionnée
ni inscrite, il n'a rien à craindre, quant à l'immeuble,

____

(1) Tel paraît être l'avis de M. Mourlon (*Revue prat.*, t. 1, p. 188 et 307).
Voyez cependant MM. Rivière et Huguet (n° 391).

des subrogations que la femme pourrait consentir ultérieurement à son hypothèque légale. C'est là, cependant,
un point de grande controverse. Des auteurs enseignent,
au contraire, que, depuis la loi précitée, l'acquéreur est
tenu de faire connaître la renonciation de la femme, soit
par une inscription d'hypothèque légale au nom de
celle-ci, avec mention de la renonciation et déclaration
que l'hypothèque grève les immeubles du mari, autres
que celui qui a été vendu à l'acquéreur ; soit par une
inscription en faveur de la femme, en la faisant ensuite
émarger de la renonciation ; soit enfin par une inscription au profit de l'acquéreur lui-même sur l'immeuble
par lui acquis (1). Et la cour impériale de Lyon, saisie
récemment de la question, a décidé, dans ce dernier sens,
que l'acquéreur, en faveur duquel la femme du vendeur
a, dans l'acte de vente, renoncé à son hypothèque légale,
ne peut opposer cette renonciation aux tiers que la
femme a depuis subrogés dans cette hypothèque, qu'*autant qu'il a requis avant eux l'inscription ou la mention prescrite par l'art. 9 de la loi de 1855, et qu'il ne suffirait pas
qu'il eût fait transcrire la vente antérieurement aux subrogations consenties par la femme* (2). Mais le caractère même

(1) Voyez MM. Ducruet (*loc. cit.*, n° 42) ; Hervieu (*J. des cons.*, t. 2,
p. 296) ; Leroux, *Contrôleur*, n° 10689) ; Rivière et Huguet (*loc. cit.*) ; Aubry
et Rau (t. 2, p. 897, note 16) ; Bertauld (2ᵉ édit., n° 99) ; Moreau (S. V., 67,
1, 9, à la note), et l'annotation du Recueil de M. Dalloz (67, 1, 49, à
a note).

(2) Lyon, 22 décembre 1863 (*J. Pal.*, 1864, p. 231 ; Dalloz, 62, 2, 193). Le
pourvoi dirigé contre cet arrêt a été rejeté par la chambre civile de la
Cour de cassation. Rej., 29 août 1866 (*J. Pal.*, 1867, p. 11 ; Dalloz, 67, 1,
49 ; S.-V., 67, 1, 9). Toutefois, comme le font remarquer tous les recueils
dans lesquels la décision est reproduite, la Cour de cassation n'a pas entendu s'associer à la doctrine de l'arrêt attaqué. Il y avait, dans l'espèce,
cette circonstance particulière que le tiers acquéreur, laissant cette qualité
de côté, s'était présenté lui-même *en la qualité de créancier subrogé*, dont
il avait intérêt à exciper pour avoir raison de divers créanciers, soit anté-

de la renonciation, faite par la femme en faveur d'un tiers acquéreur, ne permet pas qu'il en soit ainsi. Cette renonciation, nous le répétons ici après l'avoir démontré plus haut (voy. n° 484), est, en principe, purement extinctive. Il est telles circonstances, nous en convenons, où, quoique faite en faveur d'un tiers acquéreur, la renonciation pourrait être translative en même temps qu'extinctive. Il faudra bien alors qu'elle soit rendue publique, suivant le mode indiqué par l'art. 9 de la loi de 1855, puisqu'elle se trouvera dans l'hypothèse textuellement prévue par cet article. Tel était le cas dans l'espèce récemment jugée par la cour de Lyon ; et c'est *par ce motif uniquement* que, sans vouloir résoudre notre question même, la Cour de cassation a rejeté le pourvoi dirigé contre l'arrêt de cette même cour (1). Mais en dehors de ces circonstances exceptionnelles, et lorsque la renonciation obtenue par le tiers acquéreur reste avec le caractère qui lui est propre, il ne saurait être question d'une inscription ou d'une mention spéciale, laquelle a bien pu être exigée pour les cessions ou les renonciations translatives, mais n'a pas dû être et n'a pas été exigée pour l'extinction d'hypothèques résultant du concours de la femme à la vente ou du cautionnement par elle donné. Ici l'immeuble est libéré par la renonciation même ; le tiers acquéreur n'a pas à se préoccuper de l'art. 9 de la loi de 1855 ; et, comme elle a cessé d'exister, l'hypothèque n'a plus à être rendue publique.

rieurs, soit postérieurs au contrat de vente, qui se présentaient à l'ordre. Et la Cour suprême s'est attachée à cette circonstance pour dire qu'*en cet état des faits*, la partie s'était placée elle-même dans la situation textuellement prévue par l'art. 9 de la loi du 23 mars 1855, et, par suite, n'avait pu se dispenser d'en suivre à la lettre les prescriptions. La question reste donc entière, au moins devant la Cour de cassation.

(1) Voyez la note qui précède.

Vainement, en s'attachant au mot *renonciation* de l'art. 9, oppose-t-on que la loi ne distingue pas, et, dès lors, que toute *renonciation*, quel qu'en soit l'objet, doit, pour avoir son rang, être rendue publique au moyen de l'inscription ou de la mention que cet article exige. Sous les apparences de la logique, c'est là une explication irrationnelle du principe de la publicité, et une de ces exagérations (et ce n'est pas la seule, voy. notamment *infrà*, n° 8 09) dont les conséquences funestes justifieraient bien mieux que tout ce qu'on a dit jusqu'ici les critiques, plus ou moins fondées, dont cette loi de 1855 a été l'objet (1). Il faut, avant tout, pour être assuré de ne pas dépasser la pensée du législateur, ne pas perdre de vue l'ordre d'idées dans lequel il a disposé. Or, on sait à quelles nécessités, de tout temps signalées par la pratique, a répondu l'art. 9 de la loi de 1855, et les dangers dont il a voulu prévenir le retour. En rendant l'efficacité *des subrogations*, consenties par la femme, indépendante de toute inscription ou mention sur le registre hypothécaire, et *en réglant la préférence entre divers créanciers* par les seules dates de leurs actes *de subrogation*, on avait exposé les tiers, ainsi que l'exprimait la Faculté de Strasbourg dans les observations ci-dessus reproduites (voy. n° 466), à d'inévitables déceptions, en ce que rien n'empêchait une femme, qui avait déjà absorbé son hypothèque légale par des *subrogations occultes*, de se procurer encore du crédit en offrant à *d'autres capitalistes*

---

(1) Les praticiens constatent que, si cette doctrine était admise, le sort de la plupart des mutations de propriétés immobilières accomplies depuis la promulgation de la loi se trouverait compromis, la pratique suivie de bonne foi par les tiers acquéreurs en faveur de qui la femme a renoncé à son hypothèque légale ayant été de s'en tenir à la transcription de l'acte, authentique ou privé, constatant la mutation. (Voyez la Circ. du comité des not. des départ., p. 83, n° 32).

de les associer au bénéfice de cette hypothèque. De quoi s'agissait-il donc? de rentrer dans la juste mesure, relativement à la dispense d'inscription dont jouit l'hypothèque légale de la femme; de ne pas souffrir que cette prérogative, qui a sa raison d'être dans l'état de subordination de la créancière vis à vis du débiteur, subsiste même au profit de tiers qui ne sont pas dans cet état de subordination; en d'autres termes, et en un mot, de soumettre l'hypothèque à la loi commune de la publicité dès qu'elle sort des mains de la femme pour passer aux mains d'un tiers, prétendant exercer le droit hypothécaire à la place de celle-ci : tels sont la cause et le but de l'art. 9. Et par eux-mêmes déjà ils montrent que la disposition n'aura nullement pour objet les conventions faites avec les tiers acquéreurs d'immeubles grevés de l'hypothèque légale. La situation et le droit des tiers acquéreurs, en faveur de qui la femme renonce au bénéfice de son hypothèque légale, n'étaient pas contestés avant la loi de 1855; ils n'étaient pour rien dans les conflits et les dangers à raison desquels l'intervention du législateur était sollicitée. Il était admis que le tiers acquéreur n'est pas *cessionnaire* de l'hypothèque, et qu'à son égard il s'agit non d'une *cession*, qui serait sans objet, le tiers acquéreur ne pouvant pas avoir hypothèque sur sa propre chose, mais d'une convention se résumant toujours en une renonciation extinctive de l'hypothèque (*supra*, n° 484). Il est, par là même, évident que, s'arrêtant au fait même qui a provoqué la réforme, l'art. 9 statuera spécialement sur le cas où l'hypothèque est livrée à un cessionnaire entre les mains duquel elle doit continuer de vivre, et ne comprendra pas, dans ses prévisions, le cas où cette hypothèque est abandonnée par la femme à un tiers acquéreur aux mains de qui elle va cesser d'exister.

En effet, on voit, tant par la discussion de la loi que par son texte même, que ses rédacteurs se sont strictement renfermés dans ces termes : « Le *cessionnaire* du droit de la femme, dit d'une part l'exposé des motifs, n'est protégé, quant à lui, par aucune des considérations qui peuvent empêcher la femme de prendre inscription contre son mari ; il ne doit donc pas jouir de la même exception, et l'intérêt des tiers se présente alors entier pour réclamer une publicité d'hypothèque si nécessaire à la sûreté des transactions..... On sait à quelles contestations a donné lieu l'*exercice des droits hypothécaires de la femme* par les créanciers subrogés, et quelles difficultés il a soulevées. Il y est mis fin en donnant à la date des inscriptions ou mentions l'effet de régler l'ordre dans lequel sont admis les *cessionnaires*. » D'une autre part, le texte répond exactement à la même pensée. Il dit, en premier lieu, que les *cessionnaires de l'hypothèque* n'en sont saisis, à l'égard des tiers, que par l'*inscription de cette hypothèque* prise à son profit ou par la *mention de la subrogation*. Or, le tiers acquéreur est propriétaire de l'immeuble qui était grevé de l'hypothèque ; il n'est pas cessionnaire de cette hypothèque, et son droit de propriété, incompatible avec le droit d'hypothèque sur le même immeuble, implique à son égard l'idée qu'il n'y peut avoir et qu'il n'y a ni hypothèque à inscrire, ni subrogation à mentionner. L'art. 9 ajoute ensuite que la date des inscriptions ou mentions détermine l'ordre dans lequel ceux qui ont obtenu des cessions ou renonciations exercent les droits hypothécaires de la femme : or, cette question de préférence, la seule que la loi s'attache à résoudre, est essentiellement l'affaire des *créanciers* qui prétendent droit au prix comme *exerçant les droits de la femme ;* elle n'est pas celle du tiers acquéreur, qui *n'a pas à exercer ces droits,* et auquel, pourvu qu'il se libère valablement, il importe peu que le prix soit touché par tels ou tels créanciers par préférence à tels ou tels autres ou à leur exclusion.

Ainsi, il n'y a pas à argumenter du mot *renonciation* de l'art. 9. Dans l'ordre d'idées où il est écrit, cet article parle comme il devait parler, en mentionnant les *renonciations* à côté des cessions, pour soumettre les unes et les autres à une règle commune. En effet, la convention par laquelle la femme abandonne ses sûretés hypothécaires, en tout ou en partie, au tiers qu'elle *subroge* dans ses droits, affecte, dans la pratique, soit la forme de la cession, soit la forme de la renonciation, suivant l'occurrence, et, sous l'une ou l'autre forme, elle aboutit à un résultat identique, la *subrogation*, qui est précisément le fait juridique dont cet art. 9 fixe les conditions d'existence et d'efficacité (*suprà*, n°ˢ 472-478). Le mot *renonciation* a donc sa raison d'être dans l'art. 9; mais il y est avec la portée restreinte que lui assignent la cause et l'objet de cet article, et par cela même on ne saurait le prendre comme embrassant les renonciations au profit des tiers acquéreurs, lesquelles, dégrevant l'immeuble par eux acquis de l'hypothèque légale de la femme, au lieu de transmettre cette hypothèque, sont tout autre chose que des *subrogations*.

Cela étant, nous répétons que l'art. 9 de la loi du 23 mars 1855 n'est pas fait pour les tiers acquéreurs, en faveur de qui la femme renonce au bénéfice de son hypothèque légale; que la renonciation, en ce cas, opère l'extinction de cette hypothèque sur l'immeuble vendu, et, partant, que l'acquéreur pourvoit à tout, dans son intérêt, par la seule transcription de son titre (1).

____

(1) Cette opinion, que nous avons exprimée dans notre précédente édi-

Mais ici MM. Aubry et Rau font une objection : « Il peut arriver, disent-ils, que la femme qui n'avait pas concouru à la vente passée par le mari renonce plus tard, et, par acte séparé, à son hypothèque légale au profit de l'acquéreur ; en pareil cas, la transcription de l'acte de vente n'apprendrait rien aux tiers quant à la renonciation à l'hypothèque légale, et *il faudrait bien en venir à l'art. 9.* » Et pourquoi donc le faudrait-il ? Nous avons dit, à la vérité, dans notre précédente édition, en nous renfermant dans l'hypothèse qui se produit habituellement, celle où

tion, a été soutenue depuis, au Sénat, par M. le comte de Casabianca, dans son Rapport sur une pétition qui appelait l'intervention du législateur en vue de l'interprétation de l'art. 9 en ce sens : « Quoique le texte puisse donner lieu à une double interprétation, a dit le rapporteur, cependant l'obligation d'inscrire n'est imposée qu'au cessionnaire des droits de la femme. L'inscription hypothécaire suppose toujours une créance qu'elle a pour but de conserver ; mais lorsque l'hypothèque légale a été éteinte par la renonciation de la femme, et que cette renonciation a été rendue publique par la transcription du contrat authentique où elle a été stipulée, le nouveau propriétaire est libéré ; il n'a aucune autre formalité à remplir ; on ne saurait l'astreindre à inscrire une hypothèque qui n'existe plus. La femme qui, après sa renonciation, transférerait à un tiers les droits qu'elle a perdus, commettrait une fraude qui ne profiterait pas au cessionnaire. Ce dernier, avant d'accepter la cession, devrait s'assurer au bureau de la conservation des hypothèques si l'immeuble aliéné par le mari n'était pas exonéré de toute charge hypothécaire ; il y aurait trouvé la preuve que la femme avait abdiqué elle-même ses anciens droits ; il n'aurait donc pas contracté avec elle, à moins de vouloir participer à la fraude : l'action qu'il intenterait aurait une cause illicite et serait déclarée infectée d'une nullité absolue. Par ces motifs, nous pensons qu'il n'est nullement nécessaire de provoquer une loi nouvelle pour modifier une loi récente dont la saine interprétation suffit pour obvier aux inconvénients signalés par le pétitionnaire... » (*Monit.* du 21 juin 1862, p. 913). La même opinion a été défendue en termes plus ou moins absolus par de nombreux auteurs. Voyez, outre l'opinion de M. Coin-Delisle, citée *suprà*, n° 484, celle de MM. Mourlon (*Transc.*, n°s 1155 et suiv.) ; Thiercelin (Dalloz, 64, 2, 193, à la note) ; Labbé (*J. Pal.*, 1864, p. 231, à la note) ; Duchesneau (*Journal du not.*, 1er janvier 1858) ; Lefebvre (*Id.*, 17, 20 et 24 février 1864) ; Berger (*J. du not.*, art. 1705) ; Verdier (*Trans.*, n°s 660 et suiv.) ; voyez aussi le *Dictionnaire du notariat* (v° *Subrogation*, n° 214), et la Circ. du comité des notaires des départ. (12 novembre 1866, p. 83 et suiv., n° 32).

la vente de l'immeuble par le mari et la renonciation à
l'hypothèque par la femme ont lieu dans le même acte,
que les tiers sont suffisamment avertis par le registre des
transcriptions qui leur fait connaître la vente avec toutes
les conditions du contrat, et que si, malgré cela, ils ac-
ceptaient une subrogation, il y aurait de leur part une
imprudence dont ils ne pourraient pas se faire relever, en
excipant contre le tiers acquéreur de ce qu'il n'aurait pas
requis inscription, en son nom ou en celui de la femme,
sur l'immeuble par lui acquis ou sur les autres immeubles du mari. Mais l'expression a mal servi notre pensée si on a pu en induire que, selon nous, le droit et la
sécurité de l'acquéreur résulteraient *uniquement* de ce que
les tiers ont pu connaître la situation par le registre des
transcriptions. Si nous avons contesté l'applicabilité de
l'art. 9 à la renonciation en faveur du tiers acquéreur,
c'est encore et *essentiellement* parce qu'une renonciation
faite spécialement pour dégrever l'immeuble de l'hypothèque dont il était affecté, ne saurait être soumise aux
règles établies par cet article en vue de cessions ou de
renonciations qui, au lieu de dégrever l'immeuble, main-
tiennent l'hypothèque toujours subsistante aux mains de
tiers que la femme y a subrogés. Or, ce caractère purement abdicatif de la renonciation milite pour l'acquéreur
dans l'hypothèse signalée par MM. Aubry et Rau, aussi
bien que dans celle à laquelle nous nous étions arrêtés. Il
exclut donc l'application de cet article, même dans cette
hypothèse (1). Et comment, en effet, l'acquéreur s'y pren-
drait-il pour en observer les prescriptions ? Ira-t-il au

(1) Nous rétractons l'opinion contraire que, faute d'un suffisant examen,
nous avons émise *incidemment*, en nous expliquant de nouveau sur la
question générale à l'occasion de l'arrêt précité du 29 août 1866, dans la
Revue du notariat et de l'enregistrement (t. 8, n° 1703, p. 170).

registre des transcriptions? Non, car l'acte par lequel
la femme vient, après la vente d'un immeuble par son
mari, renoncer, en faveur de l'acquéreur, à son hypothèque sur cet immeuble, n'est pas, par sa nature, sujet à
la transcription ; cela résulte même de la loi de 1855,
dont l'art. 2 ne fait pas figurer cette renonciation parmi
les actes de cette nature que, quoique simplement abdi-
catifs, il croit devoir soumettre à la formalité. D'ailleurs,
à supposer que le moyen fût praticable, ce ne serait pas
l'exécution de l'art. 9 qui, par son texte fort explicite,
veut la publicité du registre des inscriptions (1).

C'est donc à ce dernier registre que l'acquéreur devra
recourir. Mais que pourrait-il faire constater ? Tout au
plus une radiation, s'il se trouve que l'hypothèque de la
femme soit inscrite ; car l'acte par lequel une femme vient
renoncer en faveur de l'acquéreur au bénéfice de son hypothèque légale sur un immeuble déjà vendu par son
mari, n'est pas autre chose qu'une sorte de mainlevée de
l'inscription, un consentement à radiation. Or ce n'est pas
là ce que l'art. 9 demande ; il entend même tout le
contraire : il exige que le cessionnaire de l'hypothèque
en requière *soit l'inscription à son profit, soit la mention de la
subrogation*, c'est-à-dire ce qui légalement n'est pas possible dans notre hypothèse, puisque nous sommes en
présence, non pas d'un cessionnaire, mais d'un propriétaire qui, par cela même, ne peut pas *prendre à son profit
une inscription sur lui-même*, et d'une renonciation qui,

---

(1) Le moyen ne serait même pas suffisant, sans doute, aux yeux de
MM. Aubry et Rau; car ils enseignent (*loc. cit.*) que le créancier auquel la
femme offre la subrogation à l'hypothèque légale *n'a point à s'enquérir si
le mari a ou non vendu ses immeubles, et peut accepter cette offre sans avoir
préalablement recours au registre des transcriptions.*

ayant éteint l'hypothèque, est exclusive de l'existence d'une *subrogation à mentionner*.

Concluons donc que, même dans l'hypothèse où MM. Aubry et Rau ont cru pouvoir puiser une objection, la renonciation vaut par elle-même, et qu'elle n'a nullement besoin d'une publicité qui n'ajouterait rien à sa valeur au regard des créanciers subrogés ultérieurement par la femme à son hypothèque légale. En définitive, cette femme n'a pas cru, après avoir dégrevé un immeuble *déjà sorti des mains de son mari*, transmettre, par des cessions ultérieures de son hypothèque, plus de droits sur cet immeuble qu'elle n'en avait elle-même. Et si, *au nom ou du chef de la femme*, on vient contester la situation de celui qui a obtenu le dégrèvement, sous prétexte que la renonciation faite à son profit n'a pas été rendue publique, celui-ci sera fondé à répondre qu'après la transcription de la vente, l'immeuble s'est trouvé entre ses mains définitivement libéré et complétement à l'abri du droit hypothécaire de la femme, droit désormais éteint, quant à l'immeuble, non-seulement pour elle, mais encore pour ses ayant-droit généraux et particuliers.

6° *Extrait d'une lettre adressée à M. le directeur de la* Revue pratique *par M. Teste du Bailler, notaire, à Vienne* (Isère) (t. XXIV, p. 477).

.... L'auteur de l'article de la *Revue pratique* suppose très-rares les cas de renonciation extinctive; je crois qu'il se trompe, que ce sont les plus fréquents, et qu'au contraire les cas de renonciation subrogative n'interviennent que très-exceptionnellement.

En effet, une vente a lieu ; le plus habituellement, le vendeur entend transmettre l'immeuble libre de toutes hypothèques, et l'acquéreur n'entend payer que lorsque le paiement qu'il fera affranchira l'immeuble de tous droits hypothécaires ; pour cela, on s'occupe d'abord des hypothèques légales dispensées d'inscription ; s'il n'existe que celle de la femme du vendeur, on cherche à en éviter la purge par économie de temps et de frais ; si la femme a capacité suffisante, on l'appelle à la vente ; elle la garantit solidairement avec son mari, dispense l'acquéreur de purger son hypothèque légale, à laquelle elle renonce, soit tacitement comme conséquence de son obligation solidaire de garantie, soit expressément en tant que besoin serait. La transcription a lieu, et le paiement du prix est ensuite effectué s'il n'y a pas d'inscription, ou s'il est rapporté mainlevée de celles qui existaient à la transcription.

Voilà ce qui se passe le plus habituellement.

Peu d'acquéreurs accepteraient l'obligation qui leur serait imposée, de se libérer alors que l'immeuble resterait grevé de diverses inscriptions, quand même le vendeur leur offrirait la subrogation à l'hypothèque légale de sa femme. Comment, en effet, pourraient-ils savoir que la femme a des créances suffisantes sur son mari, et à un rang leur donnant l'assurance qu'ils n'auront pas à payer les créanciers du mari ?

Vainement ce dernier représenterait un titre de créance de sa femme contre lui d'une somme importante, ce titre ne peut-il pas avoir disparu par des paiements faits par lui à la décharge de sa femme ? Le rang hypothécaire de cette dernière ne peut-il pas être l'objet de difficultés ? Et il se trouverait beaucoup d'acquéreurs qui accepteraient une pareille position et s'exposeraient aux dangers qui peuvent en résulter ! Non ; il n'en est pas ainsi ordinairement. La renonciation de la femme éteint son droit, et lorsque toutes les autres inscriptions ont disparu, l'acquéreur paie parce qu'il n'a plus rien à redouter.

Voilà les cas ordinaires : les autres sont exceptionnels. M. Verdier suppose la pratique plus légère qu'elle ne l'est et fait de l'exception la règle. . . . .

7° Modifications soumises par les délégués des notaires des départements à MM. les membres de la Commission du Corps législatif chargé de l'examen du projet de loi concernant les ventes judiciaires d'immeubles, les partages et la purge des hypothèques (p. 51. — Circ. du 20 janvier 1868).

. . . . . Nous n'avons pas besoin, alors que nous nous adressons au législateur, de discuter longuement les raisons qui militent contre la jurisprudence inaugurée par un arrêt de la Cour impériale de Lyon du 22 décembre 1863, jurisprudence que la Cour de cassation (arrêt de la Chambre civile du 29 août 1866) n'a pas repoussée, par des considérations de fait, sans toutefois l'avoir pleinement confirmée en droit.

Nous voulons seulement indiquer les dangers de cette jurisprudence.

Nous nous plaçons en présence des ventes si nombreuses dont le prix varie de 100 à 500 francs, et nous disons que ces ventes ne peuvent supporter que très-exceptionnellement les frais, même réduits. qu'entraînent les formalités de la purge légale. Si la jurisprudence dont nous parlons devait prévaloir, la nécessité de remplir ces for-

malités, malgré la renonciation de la femme commune en
biens à son hypothèque légale, ou son engagement solidaire vis à vis de l'acquéreur, serait une cause de dépréciation considérable de la petite propriété. Quel doit être
l'effet de cette renonciation ou de cet engagement, sinon
l'extinction même de l'hypothèque sur l'immeuble vendu?
comment admettre ensuite qu'un tiers, subrogé par la
femme, postérieurement à l'aliénation, puisse se prévaloir d'une hypothèque éteinte et réclamer le bénéfice
d'une cession de droits qui n'appartenaient plus à la
cédante?

Si, avant la transcription de la vente, la femme a fait
inscrire son hypothèque légale ; si, comme conséquence
de son engagement vis à vis de l'acquéreur, elle en a consenti la mainlevée partielle, et si la radiation a été opérée depuis la vente, il est évident qu'un tiers ne saurait
invoquer contre l'acquéreur une subrogation postérieure.
Si, au contraire, ce qui arrive presque toujours, la femme
n'a pas pris inscription avant la transcription, il n'est pas
moins évident que l'acquéreur n'a pas à se préoccuper de
la radiation d'une inscription non existante. Dans ces
deux hypothèses, la situation n'est-elle pas exactement la
même?

Dans la première hypothèse, l'inscription n'existe
plus, puisqu'elle a été rayée ; dans la seconde, elle n'a
jamais existé, et la femme a agi dans la limite de ses
droits, soit en s'engageant envers l'acquéreur, soit en
renonçant à son hypothèque.

Mais, dira-t-on, le tiers subrogé dans l'hypothèque
légale, même depuis la vente et sans aucune restriction,
profite, néanmoins, de cette subrogation sur les biens
précédemment aliénés par le mari, parce qu'il n'a pas
été fait de purge légale. Admettre cette conséquence,

c'est annihiler l'engagement valablement contracté par la femme, c'est trancher la question de la manière la plus inique, c'est proclamer, en principe, que la femme peut céder une hypothèque à laquelle elle a renoncé, et qu'elle n'aurait pas le droit d'invoquer elle-même.

Cependant, dira-t-on encore, le tiers subrogé n'a pas eu connaissance de la renonciation antérieure, il a compté sur une subrogation illimitée; il serait victime d'une tromperie. Quant à l'acquéreur, s'il n'a pas purgé les hypothèques légales, il subit la peine de sa négligence.

Nous répondons que le tiers subrogé, en traitant avec le mari et la femme, n'a pu se considérer comme garanti par une hypothèque sur des immeubles qui ne sont plus entre les mains du mari; il s'est préoccupé seulement de ceux qu'il possédait lors de la subrogation, sans espoir de revenir sur des faits consommés. Au surplus, la transcription des actes a rendu public le concours ou la renonciation de la femme.

L'émotion causée par l'arrêt de la cour de Lyon a déterminé quelques acquéreurs à prendre une inscription sur l'immeuble à eux vendu, pour assurer la publicité soit de la renonciation de la femme, soit de la subrogation à son hypothèque légale. Mais cette précaution même,— quoique conforme à l'interprétation donnée par la Cour à la loi du 23 mars 1855 et à l'avis de quelques auteurs,— n'est qu'un palliatif insuffisant qui place l'acquéreur dans cette situation au moins bizarre, de chercher une garantie dans une inscription à son profit sur son propre immeuble. Si cette opinion pouvait prévaloir, elle aurait pour résultat de consacrer cette anomalie que l'acquéreur ne serait pas propriétaire incommutable, qu'il pourrait être forcé de faire des notifications aux créanciers subro-

gés postérieurement à la vente, de subir des suren-
chères, etc. En un mot, la propriété resterait en suspens ;
le détenteur trouverait difficilement à vendre et plus difficilement encore à emprunter, à cause de l'existence
d'une inscription qui devrait être conservée avec soin,
et dans le bénéfice de laquelle il faudrait subroger des
sous-acquéreurs ou des bailleurs de fonds. De là naî-
traient des entraves et des complications inextricables.

Puis, on se demande pendant combien de périodes
décennales il faudra renouveler l'inscription ; le renouvellement sera-t-il nécessaire, au moins pendant toute
la durée du mariage, soit pendant cinquante ou soixante
ans peut-être. Mais, pour exiger une inscription et son
renouvellement, que conservera cette inscription ? Rien,
ou plutôt un droit négatif, c'est-à-dire l'extinction du
droit lui-même.

De telles conséquences sont contraires au but de la loi
de 1855, puisqu'elles rendraient la purge légale obligatoire comme la transcription.

Un savant jurisconsulte, M. Pont, qui sait si bien concilier les principes de la doctrine avec les nécessités de la
pratique, et plusieurs autres jurisconsultes distingués,
ont professé hautement l'opinion que nous défendons ;
nous invoquons leur expérience et leur autorité.

Le législateur, en adoptant le paragraphe additionnel
que nous proposons, restituera à la loi de 1855 son véritable sens ; il donnera, pour l'avenir, toute sécurité aux
nombreux détenteurs d'immeubles susceptibles d'être
atteints par des subrogations sous lesquelles la fraude
ne manquerait pas de s'abriter.

VIII° J. GODIN.

De la subrogation dans l'hypothèque, et spécialement dans l'hypothèque légale de la femme mariée.

(Thèse pour le doctorat, 1868, p. 139 et suiv., 172 et suiv.)

.... Nous abordons actuellement l'étude d'une convention qui est séparée, par des différences profondes, de toutes celles que nous venons d'étudier. C'est la renonciation extinctive en faveur des tiers acquéreurs. Elle se distingue des précédentes aussi bien par sa nature que par ses effets. Les précédentes investissaient, plus ou moins complétement, le créancier de l'action hypothécaire; il n'en est plus de même ici. L'opération a pour but d'effacer l'hypothèque; on cherche le moyen d'atteindre ce but en évitant les longueurs et les frais de la procédure de purge. Aussi est-elle essentiellement extinctive de l'hypothèque........ La majorité des auteurs et des décisions judiciaires admet avec raison, croyons-nous, que l'effet de ces sortes de renonciations est extinctif (Cass., 29 août 1866;—Dev., 67, 1, 9;—Dalloz, 67, 1, 49), et que la femme entend le plus souvent conserver son droit de préférence, tant que le prix n'est pas payé (Agen, 14 et 21 mars 1866; — Dalloz, 67, 11, 129).

Ce système met le tiers acquéreur dans la situation où il serait s'il avait purgé, et si la femme n'avait pas notifié de surenchère. Elle a fait l'abandon du droit de suite; elle conserve encore son droit de préférence sur le prix tant qu'il n'est pas payé : qu'elle en laisse verser le montant entre les mains de son mari, son hypothèque sera éteinte d'une manière complète.

On a souvent prétendu que cette interprétation était inadmissible, une convention n'ayant jamais qu'un effet relatif. Quel sens attache-t-on à cette formule ? Nous avouons que sa signification nous échappe. Veut-on dire qu'une convention ne peut avoir d'effet qu'entre les parties contractantes et leurs héritiers, et n'en produit aucun à l'égard de tout autre ? Mais cet axiome est complétement faux : une convention a toujours un effet absolu. La preuve en est dans le concours qui a toujours lieu entre les créanciers d'un même débiteur, le concours supposant nécessairement que chaque convention produit une obligation *erga omnes*. Ce principe, vrai pour les droits de créance, ne l'est pas moins en matière de droits réels. Une personne fait un contrat par lequel elle crée, transfère ou éteint un droit de cette nature, ce contrat sera, dès sa naissance, opposable à tous, à ses ayant-cause subséquents en particulier. Qu'elle veuille, postérieurement à ce contrat, créer ou transférer le même droit au profit d'une autre personne, la nouvelle convention ne pourra porter atteinte au droit du premier cessionnaire. On a coutume de dire que ce résultat est la conséquence de l'effet relatif des conventions ; mais, bien loin qu'il en soit ainsi, on doit le faire découler de l'effet absolu qu'elles ont en général. La vérité est que le premier contrat ayant dépouillé son droit absolument et à l'égard de tous les propriétaires, il ne peut plus le transférer à un autre..... A cette généralité d'effets, le législateur n'a admis que deux classes d'exceptions. La première concerne la date à partir de laquelle un acte existe à l'encontre des tiers..... La seconde est relative à la publicité..... Puisque le législateur enlève à la convention son effet contre certaines personnes, c'est qu'en général il existe contre tous. Si donc la renonciation n'est pas soumise à la publicité, ce que nous essaierons de démontrer dans le chapitre suivant, elle vaudra contre les tiers dès qu'elle aura acquis date certaine.

MM. Aubry et Rau (t. 2, § 288 *bis*, texte et note 28), reproduisant en réalité dans une autre forme l'objection que nous venons de réfuter, repoussent l'effet extinctif de la renonciation en faveur d'un tiers acquéreur. Les savants auteurs soutiennent qu'elle laisse subsister l'hypothèque; elle ne vaudrait que comme promesse d'abstention. Quels sont exactement le sens et la portée de cette interprétation? Elle nous paraît fort difficile à saisir. Promettre de s'abstenir d'exercer un droit réel principal ou accessoire, une servitude ou une hypothèque, n'est-ce pas consentir à l'éteindre? D'ailleurs la loi ne range-t-elle pas la renonciation parmi les modes d'extinction de l'hypothèque (2180-2°)? L'expression employée est technique et parle assez clairement par elle-même.....

D'après nous, la loi de 1855 s'applique à tout acte dont l'effet doit être d'investir une personne de tout ou partie de l'hypothèque légale, et à ceux-là seulement. Cette formule laisse en dehors de la loi les renonciations extinctives en faveur des tiers acquéreurs; elle conduit à les soustraire aux deux conditions de la loi; l'authenticité ne leur serait pas plus imposée que la publicité.

Cette théorie est vivement critiquée; les auteurs qui la contestent se partagent en deux catégories. (L'auteur n'admet ni l'une ni l'autre, et il poursuit :)

..... Reste le système qui prétend appliquer à ces renonciations les deux formalités; mais c'est surtout au point de vue de la publicité que nous le combattrons;

car, à ce point de vue, il est contraire aux principes généraux de la loi et aux termes de la loi de 1855. En effet, pour ce qui est de l'art. 9, le texte est précis ; il dit d'abord : « Les cessionnaires n'en sont *saisis* à l'égard des tiers... » On n'est pas évidemment saisi d'un droit qui est éteint. De même : « Les dates des inscriptions ou « mentions déterminent l'ordre dans lequel ceux qui ont « obtenu des cessions ou renonciations *exercent* les droits « hypothécaires de la femme. » On suppose que le bénéficiaire de la renonciation veut exercer les droits de la femme ; le tiers acquéreur, au contraire, veut les éteindre : il n'est donc pas compris dans la classe des personnes dont parle l'article.

Ce texte n'est d'ailleurs que l'application des principes sur la publicité des hypothèques. En effet, quoi de plus singulier que de venir demander une publicité pour l'extinction d'une hypothèque ? Que la loi oblige à transcrire l'extinction d'un droit réel principal, usufruit, servitude ou autre, on le comprend ; en le faisant, elle est logique, et sa disposition est conforme au but qu'elle poursuit et au moyen qu'elle emploie. Le droit réel principal existe toujours ; il s'agit seulement de savoir dans quel patrimoine il est. En publiant l'acte destiné à l'éteindre, ce n'est pas, en réalité, son extinction, mais sa translation que l'on publie. En outre, la publicité s'opère au moyen d'une formalité à remplir une fois pour toutes. Il n'en est pas de même de l'hypothèque. Le droit accessoire s'éteint véritablement et est soumis à des causes d'extinction dérivant tant de lui-même que du droit principal auquel il sert de garantie. Aussi la loi n'a organisé de publicité que pour la durée de son existence. Du moment où il est éteint, il n'y a plus besoin de le faire connaître. De là encore est venue la nécessité du renouvellement de la publicité. Quand elle est faite, elle ne peut garantir le créancier que pendant un certain laps de temps. C'est le système des inscriptions hypothécaires, dans lequel la non-existence d'une hypothèque le prouve par l'absence d'inscription (2134).

La conséquence nécessaire à en tirer est que, du moment où quelqu'un renonce à son hypothèque et consent à l'éteindre, le bénéficiaire de la renonciation pourra se contenter de faire opérer la radiation de l'inscription, et, si elle n'avait pas été prise, n'aura aucune formalité à remplir.. . . . .

Le système que nous combattons conduit aux plus singuliers résultats. On se trouve dispenser l'hypothèque légale de publicité tant qu'elle existe et la lui imposer quand elle n'existe plus. Pour être logique, il faudrait, comme le faisait remarquer M. Pont, dans un article fort remarquable (le *Droit*, 8 mars 1868), forcer le tiers acquéreur à renouveler indéfiniment cette inscription.

La loi elle-même n'applique-t-elle pas les principes que nous venons de poser ? Dans l'art. 2144, parlant de la restriction de l'hypothèque, c'est-à-dire de son extinction sur un immeuble du mari, elle ne la soumet à aucune publicité. Cette solution doit être étendue *à fortiori* à l'extinction consentie sur un bien d'un tiers acquéreur.

. . . . Dans notre système, le consentement de la femme à la vente faite par le mari, même sous seing privé, emporte renonciation à l'hypothèque légale et l'éteint, que l'acte ait été transcrit ou non. . . . .

. . . . Les principes que nous avons posés seraient inapplicables, si le tiers acquéreur voulait se prévaloir de l'hypothèque de la femme et se faire considérer comme

cessionnaire de ses droits. Il serait alors un véritable subrogé et nous n'hésiterions pas à le soumettre aux formalités prescrites par l'art. 9. C'est l'espèce d'un arrêt de
la cour de Lyon du 22 décembre 1863 (Dall. 64, II,
193).

NOTE ADDITIONNELLE [1]

RAPPORT fait au Sénat par M. Lacaze, *à l'occasion d'une pétition de* M. Daulnoy, *président de la chambre des notaires de* Toul (*Meurthe*) (2).

Messieurs, l'art. 9 de la loi du 23 mars 1855, sur la transcription hypothécaire, est ainsi conçu :

« Dans le cas où les femmes peuvent céder leur hypothèque légale ou y renoncer, cette cession ou cette renonciation doit être faite par acte authentique, et les cessionnaires ne sont saisis à l'égard des tiers que par l'inscription de cette hypothèque prise à leur profit, ou par la mention de la subrogation en marge de l'inscription préexistante.

« Les dates des inscriptions ou mentions déterminent l'ordre dans lequel ceux qui ont obtenu des cessions ou renonciations exercent les droits hypothécaires de la femme. »

Avant cette loi, sous le régime du Code, aucune inscription n'était demandée aux cessionnaires. La date du titre de chacun déterminait son rang, et l'ordre dans lequel il

(1) On imprimait les dernières pages de ce volume, lorsque nous avons pris connaissance, dans le *Journal Officiel*, de la pétition de M. Daulnoy et du rapport de M. Lacaze. Ce document est trop important pour que nous puissions le passer sous silence ; nous le donnons tout entier avec les observations que nous a suggérées la lecture de ce travail.

(2) *Journal officiel de l'Empire* du 17 avril 1869, séance du Sénat du 16 avril.

pouvait exercer les droits cédés. La bonne foi des tiers qui traitaient avec la femme, de son hypothèque, demeurait ainsi exposée à des surprises. Ils pouvaient traiter dans l'ignorance des cessions, renonciations ou subrogations antérieures. L'avénement de cet art. 9 a donc été un véritable progrès, une garantie réelle donnée aux intérêts des tiers, et à la sécurité des transactions.

Le pétitionnaire, M. Daulnoy, notaire et président de chambre, estime que l'inscription à prendre par le tiers cessionnaire ou subrogé est une formalité surérogatoire, et partant une charge inutile, lorsqu'un acte translatif de propriété immobilière a été *transcrit* et que cet acte renferme la renonciation de la femme aux droits résultant de son hypothèque légale. M. Daulnoy pense que, dans ce cas, la publicité par la *transcription* de l'acte doit suffire, sans *inscription* nouvelle prise au nom de l'acquéreur, pour opérer à son profit la cession ou l'extinction de l'hypothèque contre tout cessionnaire postérieur en date. C'était, paraît-il, l'opinion générale au moins dans le notariat, jusqu'à ces derniers temps (1866) qu'un arrêt de la Cour de cassation a jugé le contraire. M. Daulnoy demande qu'une loi nouvelle, courte et simple, explique ou modifie l'art. 9 dans le sens que je viens d'indiquer, pour le cas où il y aurait translation de la propriété, avec le concours de la femme, et transcription de l'acte translatif. C'est aussi la doctrine et le vœu de l'assemblée générale des notaires de Toul.

Ce n'est pas la première fois que cet article est traduit devant le Sénat. M. Daulnoy rappelle qu'en 1862 une pétition ayant le même objet que la sienne y fut accueillie favorablement et le dépôt au bureau des renseignements ordonné. Le fait est exact, mais la doctrine qui fut professée alors par le savant rapporteur, se fondait sur une distinction que le pétitionnaire n'admet point, qui n'est pas non plus généralement admise, sur laquelle la Cour de cassation ne s'était pas encore prononcée, mais qu'elle a condamnée depuis.

Cette distinction, la voici : « Dans le cas de *cession* ou de *subrogation*, nécessité d'inscrire, parce que l'une et l'autre sont translatives d'une hypothèque qui continue d'exister et qui ne peut se manifester et se conserver que par l'inscription. Mais quand la femme n'a pas *cédé* ou *subrogé*, mais seulement *renoncé*, la renonciation opère *l'extinction* de l'hypothèque ; il n'y a plus rien à inscrire ; la publicité résultant de la transcription de l'acte qui contient cette renonciation suffira pleinement à sauvegarder la bonne foi et l'intérêt des tiers. » Le rapporteur ajoutait : C'est la saine interprétation de l'art. 9 ; aucune loi nouvelle n'est nécessaire, mais l'importance de la question doit faire ordonner le dépôt de la pétition. Ce qui fut fait.

On voit que cette distinction, en la supposant fondée, ne donnerait à la thèse plus générale du pétitionnaire qu'une satisfaction très-incomplète. Doctrinalement, elle n'admet pas l'équipollence de la transcription de l'acte à l'inscription de l'hypothèque ; pratiquement, elle maintient la nécessité de l'inscription pour le plus grand nombre des cas, on peut dire pour tous.

La distinction, en effet, est plus apparente que réelle, purement nominale. Sans doute, la *renonciation* est un mode *d'extinction* de l'hypothèque (art. 2180). Mais dans l'intention des parties, préoccupées des droits et du recours éventuel des tiers, dans l'intention de l'acquéreur principalement, la renonciation de la femme à son profit n'est en réalité qu'une *cession* ou *subrogation* qu'il se propose de faire valoir, le cas échéant. C'est bien ainsi que l'entend le pétitionnaire lui-même. De tous les commentateurs qui ont écrit sur la matière, le plus autorisé et le plus illustre (est-il besoin de le nommer?) traite de subtilités les controverses élevées à ce sujet. Ceux qui ont écrit après lui n'en parlent pas autrement. La loi même qui nous occupe fait voir la vanité de cette distinction. Qu'on se reporte, en effet, à l'art. 9 dont nous avons transcrit le texte au commencement de ce rapport : les termes de *cession*, *renonciation*, *subrogation*, y sont indifféremment employés comme des équipollents, et le créancier ou l'acquéreur, dans tous les cas, est qualifié de *cessionnaire*.

Nous avons dit aussi que la distinction avait été condamnée par la Cour de cassation, dans l'arrêt même qui a provoqué la pétition de M. Daulnoy. Dans l'espèce de cet arrêt, en effet, la femme n'avait pas *cédé* ni *subrogé*, mais *renoncé*, ce qui n'a pas empêché la Cour d'appliquer l'art. 9 comme une règle absolue, et d'étendre à ce cas la nécessité de l'inscription nouvelle, pour être admis à se prévaloir de la *renonciation* contre des cessionnaires postérieurs en date.

Déjà un arrêt de Cour impériale du 22 décembre 1863 avait jugé la même chose, dans une espèce toute semblable ; et cet arrêt avait provoqué, lui aussi, une pétition de notaire, conçue dans le même esprit et aux mêmes fins que celle qui nous occupe. Le rapporteur d'alors (1865), l'honorable M. Bonjean, fit admettre l'ordre du jour, se fondant, entre autres considérations, sur celle-ci : «qu'elle était au moins prématurée, rien ne prouvant encore que l'arrêt isolé du 22 décembre 1863 soit destiné à faire jurisprudence. »

Mais aujourd'hui, après l'arrêt de la Cour de cassation, on peut considérer l'interprétation de la loi comme fixée désormais, et la distinction qu'on voulait faire comme écartée sans retour, à moins de législation nouvelle, — le pétitionnaire l'a bien compris ; — il faut donc examiner la question comme il la pose, voir si les raisons qu'il donne justifient l'utilité et l'opportunité d'un nouvel article de loi, destiné à régler le cas unique de la renonciation de la femme stipulée, dans un acte de propriété immobilière et *transcrit*, tenant d'ailleurs l'art. 9 pour tous les autres cas.

L'inscription de l'hypothèque de la femme, au nom de l'acquéreur, venant s'ajouter à la transcription de l'acte même qui contient la renonciation, lui paraît, avons-nous dit, une formalité surérogatoire, à ne considérer que l'intérêt légitime des tiers, qui se trouve suffisamment garanti par la publicité résultant de la transcription ; injuste, si l'on considère que l'omission ou la péremption de cette formalité peut dépouiller l'acquéreur au profit de tiers qui n'ont pas à se plaindre de n'avoir pas été avertis : ils le furent par la transcription.

A vrai dire, ce qui touche le pétitionnaire, ce n'est pas tant la formalité d'inscrire une première fois, dont nous croyons qu'il prendrait facilement son parti, que l'obligation d'entretenir l'inscription, c'est-à-dire de la renouveler tous les dix ans, jusqu'à la dissolution de la communauté. A cela, on peut répondre que, si l'acquéreur tient à s'affranchir de cette charge du renouvellement, il a un moyen tout trouvé dans le Code, c'est de purger.

Mais le pétitionnaire répond à son tour que purger n'est pas chose si simple, et surtout que c'est chose dispendieuse. A Paris, dit-il, et dans les grands centres, on ne traite le plus souvent que d'intérêts considérables qui supportent facilement les frais d'une procédure de purge. Mais dans nos campagnes et nos petites villes, où la valeur moyenne des transactions sur immeubles peut se compter par centaines de francs, ces frais seraient une charge excessive, et l'on ne purge pas.

On purge peu en effet, non pas que la dépense soit l'unique raison de s'abstenir. On traite généralement entre voisins ou habitants du même lieu, on se connaît, on sait ce que l'on vaut, dans les deux sens du mot, le sens français et le sens anglais, moralement et pécuniairement ; on sait ce que l'on vaut et l'on suit un peu la foi les uns des autres.

Toutefois, il y a du vrai dans les observations du pétitionnaire, et la disproportion de la dépense est ce qui détourne plus d'un acquéreur de recourir à une procédure de purge pour consolider sa propriété. Mais alors qu'on se résigne à faire comme tout le monde, à prendre inscription et à renouveler, il n'y a rien là d'exorbitant ; la dépense est nulle, et la diligence n'est que celle d'un père de famille très-ordinaire.

La transcription de l'acte et l'inscription de l'hypothèque, bien que rapprochées dans les termes et appartenant au même ordre de garanties, ont cependant des différences essentielles. Nos lois ne les confondirent jamais, et la pratique les distingue ; les registres de l'une ne sont pas les registres de l'autre, celui qui a souci de vérifier la situation hypothécaire d'un immeuble ne consulte que le registre des inscriptions, et le conservateur n'est pas obligé de remonter, dans les recherches, au-delà des dix dernières années ; à la différence de ce qui a lieu, pour les transcriptions qui ne sont pas soumises à un renouvellement périodique, le changement dans la possession étant une manifestation publique et contenue dans la mutation de la propriété.

Répétons, en terminant, que cette obligation d'inscrire est la condition commune de tous les créanciers hypothécaires, même du vendeur privilégié, avec ceci de particulier que, dans ce dernier cas, comme dans l'espèce qui préoccupe le pétitionnaire, l'obligation d'inscrire et de

renouveler concourt avec la transcription (2108). Et concluons qu'il n'y a pas là de motif suffisant de toucher à une
loi récente, qui a été un progrès. Nous ne savons rien de
fàcheux comme ces remaniements incessants de la législation civile, quand ils ne sont pas commandés par de
graves considérations.

Messieurs, la nature de la question, la persistance avec
laquelle on y revient, et la compétence spéciale des pé-
titionnaires vous feront excuser peut-être les développements que nous avons donnés à ce rapport.

La commission propose l'ordre du jour.

(L'ordre du jour est adopté.)

Le rapport de M. Lacaze peut se résumer ainsi :

Avant l'arrêt de cassation du 29 août 1866, on distinguait les renonciations translatives des renonciations
extinctives de l'hypothèque légale, et quelques auteurs
enseignaient qu'on devait appliquer aux premières
seulement les dispositions de l'art. 9 de la loi de 1855.
Le rapport présenté en 1862 au Sénat, par M. Casabianca, sur une pétition de M. Parat, notaire, fut un
écho de cette doctrine aujourd'hui abandonnée ; car la
décision rendue par la Cour suprême, en 1866, a condamné sans retour cette distinction subtile, contraire à
l'intention vraisemblable des parties, au texte de la loi, et
enfin à l'opinion du plus illustre de nos jurisconsultes,
comme de tous les auteurs qui ont écrit après lui.

Est-il utile et opportun de modifier cette jurisprudence
par un texte législatif ? On ne saurait le soutenir ; en effet,

elle interprète sainement l'art. 9 de la loi de 1855 qui est un progrès dans notre régime hypothécaire, et le pétitionnaire ne signale du reste qu'un seul inconvénient à l'état de choses dont il demande la réforme : l'embarras que peut causer à l'acquéreur le renouvellement de l'inscription imposée. Mais l'acquéreur a-t-il vraiment bonne grâce à s'en plaindre ? Cette prescription n'a rien d'exorbitant, car la dépense est *nulle* et l'obligation d'inscrire est la condition commune de tous les créanciers hypothécaires, même du vendeur privilégié (art. 2108 C. N.).

Au surplus, s'il veut se soustraire à cette charge, qu'il purge les hypothèques légales, conformément aux articles 2193 et suivants du Code Nap. Cette purge, à la verité, coûte fort cher ; la dépense n'est pas en proportion avec l'intérêt qu'il y a lieu de protéger ; alors, que l'acquéreur se résigne à faire — comme tout le monde, à prendre inscription et à renouveler.

Il faut bien le dire, le rapport dont je viens de présenter une analyse fidèle n'a rien d'inquiétant pour ceux qui, malgré de vaines déclamations, ne croient pas encore la question jugée sans retour, et s'obstinent à voir dans l'interprétation donnée, par la cour de Lyon, de l'art. 9, un des plus grands dangers qui puissent menacer la constitution paisible de la petite propriété immobilière. Je n'hésite pas à avancer et je vais essayer d'établir brièvement que l'étude de l'honorable sénateur renferme autant d'erreurs que d'affirmations.

Et d'abord, la distinction entre les renonciations translatives et extinctives n'est pas *purement nominale*, quand ces renonciations s'appliquent aux acquéreurs. M. Lacaze confond, avec quelques jurisconsultes, deux situations essentiellement diverses, que le législateur de 1855, je l'ai prouvé ailleurs, n'a jamais eu l'intention d'assimiler :

celle des *créanciers subrogés*, celle des *acquéreurs renonciataires*. Il suffit, pour se bien convaincre de cette vérité,
d'étudier attentivement les précédents de notre loi sur la
transcription hypothécaire, depuis la grande enquête législative de 1841 jusqu'aux travaux préparatoires de la
loi même qui nous occupe. Le texte aussi de l'art. 9
n'est point contraire à cette opinion, et M. le Rapporteur,
assurément, a été trop perspicace en alléguant que *l'acquéreur*, comme le *créancier*, y est *qualifié de cessionnaire*.

Si le législateur, du reste, eût consacré pareille doctrine, il se fût mis en opposition avec notre ancienne jurisprudence qui a généralement admis le caractère extinctif de ces renonciations, avec la jurisprudence et presque toute la doctrine modernes surtout avec la réalité des
faits et l'intention positive des parties contractantes.

Le notariat tout entier, dont l'expérience pratique est
bien quelque chose en cette matière, s'est levé pour pro-
tester contre cette erreur qui consiste à dire que, dans la
pensée de l'acquéreur, la renonciation de la femme n'est
en réalité qu'une *cession* ou une *subrogation* que ce dernier
se propose de faire valoir, le cas échéant.

Que le pétitionnaire l'ait entendu ainsi, que M. Ducruet,
lui-même, l'ait antérieurement soutenu, que nous importe ? Il est permis de s'inscrire en faux contre l'opinion isolée de ces deux honorables membres de la corporation, dont je me garderai bien de contester partout
ailleurs la haute compétence ; mais ils me permettront de
leur opposer l'avis motivé du comité général des notaires
qui n'a pas hésité un instant à dénoncer les dangers d'une
jurisprudence novatrice. Je persiste à penser qu'il a raison contre eux et la cour de Lyon ; car, ce que l'acquéreur
demande et a toujours demandé à la renonciation de la
femme de son vendeur, c'est le dégrèvement des immeubles

qu'il acquiert, c'est l'anéantissement de l'hypothèque légale qui les frappe. Je n'en veux pour preuve que son
empressement à en exiger la mainlevée et à en faire opérer la radiation quand l'hypothèque se trouve inscrite. Il
ne faut donc voir, dans le système que nous combattons,
que le résultat de cette déplorable confusion de langage,
introduite d'abord en faveur des créanciers par quelques
praticiens inintelligents, et qui, passant ensuite des mots
dans les idées, a fini par brouiller et détruire tous les
principes reçus en matière de subrogation.

Pourtant, « de tous les commentateurs qui ont écrit
« sur la matière, fait observer M. Lacaze, le plus auto-
« risé et le plus illustre (est-il besoin de le nommer ?)
« traite de *subtilités* les controverses élevées à ce sujet.
« Ceux qui ont écrit après lui n'en parlent pas autre-
« ment. »

Je ne veux point rechercher ce qu'il peut y avoir d'optimisme flatteur dans le jugement, assurément susceptible d'appel, que M. Lacaze croit pouvoir déjà porter sur
son ancien président, mais je dois faire remarquer que
ce n'est pas précisément au sujet des renonciations consenties aux acquéreurs que M. *Troplong* parle de ces
subtilités qui faisaient les délices de nos vieux auteurs et
étaient bonnes tout au plus à mettre l'esprit à la torture.
Dans le passage de son *Traité sur les hypothèques*, auquel
il est fait allusion (t. ii, n° 600, p. 390, 391), le célèbre
jurisconsulte avait principalement en vue les créanciers
subrogés ou renonciataires, et les exemples par lesquels
il cherche à éclairer son système sont empruntés à cet ordre d'idées spécial. M. Troplong n'a point traité la question qui nous occupe, dans son *Commentaire sur la loi de
1855* ; son autorité, à tort invoquée, ne peut donc être ici
d'aucun secours.

Les auteurs qui ont commenté après lui l'art. 9 ont, n'en déplaise à M. Lacaze, parlé tout autrement, à quelques exceptions près. M. le rapporteur peut consulter à cet égard MM. Boulanger, Coin-Delisle, Paul Gide, Grosse, Labbé, Larombière, Mourlon et Paul-Pont. Il pourra ainsi se convaincre que, malgré l'arrêt de 1866, les jurisconsultes ne confondent point encore, en ce qui concerne les acquéreurs, les renonciations translatives et les renonciations extinctives, pour les assujettir les unes et les autres aux formalités imposées par l'art. 9.

Et, en vérité, l'arrêt de cassation du 29 août 1866 n'a rien décidé doctrinalement sur ce point. — C'est simplement un arrêt d'espèce. La cour, s'attachant à diverses circonstances particulières à la cause qui lui était soumise, a jugé « *qu'en l'état des faits,* « *la partie s'était placée elle-même dans la situation textuelle-* « *ment prévue par l'art. 9 de la loi du 23 mars 1855, et par* « *suite n'avait pu se dispenser de suivre à la lettre les pres-* « *criptions de cet article.* »

C'est ainsi que l'ont apprécié tous les arrêtistes qui ont enregistré cette décision dans leurs recueils ; tous ont reconnu, comme l'avait parfaitement indiqué M. Paul Pont, qu'à raison des circonstances particulières dans lesquelles il est intervenu, l'arrêt tient la question réservée (1).

La question reste donc entière, et l'arrêt de cour impériale que le savant rapporteur du Sénat cite encore, comme ayant jugé *la même chose, dans une espèce toute sem-* *blable,* ne saurait être d'aucun poids, car c'est précisé-

______

(1) Dalloz, 1867, 1, 49 ; — S. V. 1867, 19 ; J. Pal. 1867, p. 11 ; — *Revue du notariat,* t. 8, nº 1703 ; *Journal des notaires et des avocats,* art. 18992. — *Jurisprudence du notariat ;* — *Journal du notariat,* nº 2092, 1866.

ment celui que la Cour de cassation a confirmé en 1866. L'espèce n'est donc pas seulement *semblable, c'est la même* et il est permis de s'étonner quelque peu de l'inadvertance commise ici par l'honorable sénateur, inadvertance d'autant moins excusable que les arrêts de Lyon du 22 décembre 1863 et de cassation du 29 août 1866 sont les deux seules décisions rendues à l'occasion de cette difficulté.

Quoi qu'il en soit, M. Lacaze tient la question pour définitivement résolue, et, pour ne rien paraître négliger en un sujet aussi grave, il se demande s'il y a lieu de provoquer actuellement l'intervention du législateur. Sa réponse est négative, et en voici la raison :

La dépense occasionnée à l'acquéreur par l'inscription et le renouvellement est *nulle.* L'acquéreur *doit se résigner à faire comme tout le monde ;* on ne lui demande *rien d'exorbitant :* l'obligation d'inscrire et de renouveler est la *condition commune de tous les créanciers hypothécaires.....* Au surplus, s'il ne veut pas inscrire, qu'il purge !

Je rappellerai à M. le rapporteur que les frais d'une vente de 200 fr. pourraient s'élever au minimum à 120 fr. avec la purge ; que la moyenne de ces ventes, en France, est de 800,000 ; que les petites ventes de 300, 400, 500 fr. sont aussi très-nombreuses ; que si les frais, pour ces dernières, sont relativement un peu inférieurs, ils sont encore considérables ;

Que la renonciation est précisément demandée par l'acquéreur pour s'affranchir des frais de purge vis à vis de la femme ; que la doctrine nouvelle ne tend à rien moins qu'à supprimer cette intervention amiable de la femme, et à obliger l'acquéreur de recourir, dans tous les cas, aux formalités dispendieuses et presque ridicules des art. 2193 et suiv. du Code Nap., tant elles sont en disproportion avec l'intérêt que la petite propriété doit sauvegarder.

Est-il vrai maintenant que les frais d'inscription et de renouvellement soient nuls ? Ceux qui les paient ne seront certainement pas de cet avis. C'est une dépense de six à sept francs par inscription, en moyenne. Et s'il faut renouveler plusieurs fois, s'il faut obtenir plus tard une mainlevée, voilà déjà une somme de trente et quelques francs qu'il faut ajouter aux frais énormes du contrat. A la vérité, comme le disait déjà Courier, de son temps, le peuple *croit* et *paie ;* c'est là son métier, et je suis persuadé que M. Lacaze ne pense pas autrement.

Au surplus, qu'ont-ils donc à se plaindre, ces acquéreurs récalcitrants? L'obligation d'inscrire qu'on leur impose n'est-elle pas la *condition commune de tous les créanciers hypothécaires*, même du vendeur privilégié ?

M. le rapporteur oublie que l'acquéreur n'est pas un créancier hypothécaire, qu'il n'a pas une créance à conserver, mais un immeuble à acquérir et que, dans ce but, la formalité de la transcription seule doit suffire. En ce qui concerne le vendeur privilégié, l'obligation d'inscrire et de renouveler, ajoute-t-il, concourt avec la transcription. Mais, est-ce donc au vendeur que la transcription est imposée? Est-ce lui qui doit la faire opérer? Il me semble, si je me souviens bien de l'art. 2108 du Code Nap., que ce texte la met à la charge de l'acquéreur, dont elle sauvegarde et assure le droit de propriété. N'est-ce pas lui aussi qui en paie le coût ? Le vendeur n'a à se préoccuper que de l'inscription de son privilége, car il a son prix de vente à conserver ; encore ne fait-il point les frais de cette inscription.

Il n'y a donc aucune identité entre les deux situations rapprochées par M. le rapporteur, et c'est en vain qu'on cherche, par ces assimilations inexactes, à justifier une formalité superflue. Tous ces efforts ne servent qu'à démontrer l'injustice du système adverse.

Et l'obligation d'inscrire, les frais que cette inscription occasionne, ne sont pas les seuls inconvénients de la doctrine défendue par M. Lacaze. Il est regrettable que l'honorable rapporteur ait passé sous silence les autres faces de la question ; ce ne sont pas les moins sérieuses.

Si l'acquéreur, de par l'art. 9, est obligé d'inscrire la renonciation faite à son profit, il faudra bien admettre, comme conséquence, que la femme du vendeur peut consentir, postérieurement au contrat d'acquisition, d'autres subrogations ou d'autres renonciations ; de sorte que l'acquéreur sera condamné à perpétuité à voir des tiers inscrire leurs droits de créance sur son bien, du chef de la femme qui lui a vendu ; et pourtant, la transcription l'a rendu propriétaire à l'égard des tiers ! elle a arrêté à son profit le cours des inscriptions !

En outre, la renonciation faite au profit des acquéreurs étant réputée inexistante vis à vis des tiers, toutes les fois qu'elle n'aura pas été inscrite, ceux qui auront postérieurement acquis une subrogation de la femme pourront exercer indéfiniment contre l'acquéreur leurs poursuites, et il sera impossible à ce dernier, s'il n'a recours aux formalités ruineuses de la purge légale, de se mettre à l'abri d'une surenchère ou d'une sommation de délaisser.

En ce cas, l'immutabilité de la propriété ne sera plus qu'un vain mot.

Que M. le rapporteur ne s'étonne donc pas de la persistance avec laquelle le notariat s'est préoccupé de cette question vitale pour la petite propriété. Il y a, derrière la difficulté soulevée. Plus qu'une question de frais à vider, plus qu'une question de droit à résoudre, il y a aussi une question d'ordre social, qui peut ame-

ner de funestes contre-coups. Certes, comme l'a dit
M. Lacaze, rien de fâcheux comme les remaniements incessants de la législation civile, quand ils ne sont pas
commandés par de graves considérations ; mais aussi,
rien de plus dangereux et de plus triste que l'aveuglement
de certains esprits obstinés qui, pleins de dédain pour les
leçons de l'expérience, demeurent invinciblement cram-
ponnés à leurs idées et plaisanteraient au besoin sur les
dangers signalés ; qui ont peine à comprendre qu'on leur
rappelle de justes et légitimes réclamations, et craignent
sans doute de trop faire pour le bien public, puisqu'ils vont
jusqu'à s'excuser même du peu d'attention qu'ils daignent
donner à des sujets graves, non moins dignes d'intérêt
cependant que l'achat des graines de ver à soie du Japon (1) ou le choix des volumes de la bibliothèque popu-
laire de Saint-Étienne.

(1) Le jour même où M. Lacaze lisait son rapport sur la pétition de M.
Daulnoy, M. le comte de Sartiges faisait un autre rapport sur la pétition
d'un habitant d'Alais (Gard), signalant les erreurs qui se produisent dans
l'achat des graines de ver à soie importées du Japon. Malgré les observations de M. le ministre de l'agriculture, et en raison de *l'importance* de
la question et de l'absence de M. le commissaire du gouvernement, le Sénat a décidé le renvoi à une autre séance pour l'examen de la pétition.

La question soulevée par M. Lacaze n'a même pas eu les honneurs d'une
seule observation. Le Sénat a voté l'ordre du jour à l'unanimité !

23 avril 1869.

FIN.

TABLE DES MATIÈRES

Imprimé par Charles Noblet, rue Soufflot, 18.